广西壮族自治区"十四五"
新形态一体化教材

列车运行自动控制系统维护

主　编　陶汉卿　魏　群　李德珩

副主编　陈继国　黄永胜　陆新兰

主　审　陈发年

西南交通大学出版社
·成都·

图书在版编目（CIP）数据

列车运行自动控制系统维护 / 陶汉卿，魏群，李德珩主编. --成都：西南交通大学出版社，2024.1
ISBN 978-7-5643-9754-8

Ⅰ.①列… Ⅱ.①陶… ②魏… ③李… Ⅲ.①列车－运行－自动控制系统－维修－高等职业教育－教材 Ⅳ.①U284.48

中国国家版本馆 CIP 数据核字（2024）第 037415 号

Lieche Yunxing Zidong Kongzhi Xitong Weihu
列车运行自动控制系统维护

主编　陶汉卿　魏　群　李德珩

策划编辑	张　波
责任编辑	何明飞
封面设计	吴　兵

出版发行	西南交通大学出版社
	（四川省成都市金牛区二环路北一段 111 号
	西南交通大学创新大厦 21 楼）
邮政编码	610031
营销部电话	028-87600564　　028-87600533
网址	https://www.xnjdcbs.com
印刷	四川森林印务有限责任公司

成品尺寸	185 mm × 260 mm
印张	15
字数	375 千
版次	2024 年 1 月第 1 版
印次	2024 年 1 月第 1 次
书号	ISBN 978-7-5643-9754-8
定价	39.00 元

课件咨询电话：028-81435775
图书如有印装质量问题　本社负责退换
版权所有　盗版必究　举报电话：028-87600562

前言

列车运行自动控制系统是以技术手段对列车运行方向、运行间隔和运行速度进行控制，保证列车能够安全运行并提高运行效率的系统，是铁路信号系统中最重要的技术之一，是铁路安全畅通的基础和保障。随着我国铁路列车运行速度的提高，对列车的安全性提出了更高的要求，列车运行控制技术和设备越来越先进，需要提高信号维护人员的专业素质以适应列车运行控制系统维护的要求，由此也对介绍列车运行自动控制系统的教材提出了更高的要求，为培养我国铁路信号高素质技术技能型人才提供支持和保证。

本书是新形态一体化教材，对接国家颁布的新专业目录及专业教学标准，按照信号工等岗位的典型工作任务，融入铁路信号"四新"技术，对课程结构、内容进行优化和整合，对课程标准、教材内容的选取和编排、教材编写理念进行研究。

本书是国家级专业教学资源库、自治区级职业教育在线精品课程、首批课程思政示范课程配套教材，有机融入课程思政元素，设备检修采用任务工单形式，教学目标体现需求导向，教学内容体现工作任务导向。依托本书课堂上可采用灵活的教学方法，充分利用和整合铁道信号自动控制专业核心课"列车运行自动控制系统维护"自治区级职业教育在线精品课程和在铁道信号自动控制专业教学资源库的标准化课程的动画、微课、视频等教学资源，形成了立体化教材，克服了传统教材形式单一的不足，提高了适用性，支持学员自主式学习、探索式学习、协作式学习，满足现代学习者个性化、自主性和实践性的要求，可以有效提高教学质量和教学效果。

本书主要介绍机车信号、列车运行监控记录装置、站内轨道电路电码化、CTCS-2级列车运行控制系统地面设备和车载设备、CTCS-3级列车运行控制系统的地面设备和车载设备、轨道车运行控制系统等内容，按照"模块—专项技能—任务"的结构进行编写，包括学习目标、任务下达、理论学习、课程思政案例、作业任务单、练习等。

本书适用于高职高专院校的铁道信号自动控制、铁道通信与信息化技术专业以及应用型本科院校的轨道交通信号与控制专业，也可作为铁路企业职工培训教材，还可供相关工程技术人员参考，部分内容可以提供中等职业教育的铁道信号施工与维护专业相关课程选用。

本书由柳州铁道职业技术学院陶汉卿、魏群、李德珩担任主编，中国铁路南宁局集团有限公司南宁电务段陈发年担任主审，中国铁路南宁局集团有限公司陈继国、黄永胜、陆新兰担任副主编，具体编写分工如下：陶汉卿、黄永胜编写模块1和模块3，魏群和陈继国编写模块2和模块5，李德珩和陆新兰编写模块4和模块6。

书稿在编写过程中得到了柳州铁道职业技术学院、中国铁路南宁局集团有限公司和课程团队其他成员的支持和帮助；国家级铁道信号自动控制专业教学资源库共建共享单位黑龙江交通职业技术学院、辽宁铁道职业技术学院、重庆公共运输职业学院提供了部分数字教学资源；中国铁路南宁局集团有限公司乔思齐、王思思、吕永红、潘宏磊参与了资料的整理。书稿参考了许多专家的研究成果和有关文献资料，在此谨向各位领导、老师、专家和作者表示衷心的感谢。

由于本书涉及的列车运行控制新技术较多，在运用中设备会不断有所变化和完善，加之编者水平有限，疏漏和不足之处在所难免，恳请读者给予批评指正。

编 者

2023 年 12 月

智慧职教标准化课程　　　　　　智慧职教 MOOC 学院课程

二维码目录
LIST OF QR CODE

序号	模块	名称	类型	页码
1	模块1 机车信号	JT1-CZ2000型机车信号主机的结构与原理	微课	002
2		机车信号的产生	微课	002
3		JT1-CZ2000型机车信号主机的功能与原理	微课	006
4		机车信号信息使用	微课	013
5		四显示自动闭塞区段机车信号信息定义	微课	013
6		特殊区段增加的5种机车信号信息定义	微课	013
7	模块2 列车运行监控记录装置	列车运行监控记录装置起源	微课	033
8		LKJ2000型列车运行监控记录装置的组成	微课	036
9		LKJ的控制曲线	微课	039
10		TAX2型机车安全信息综合监测装置	微课	039
11		LKJ2000型列车运行监控记录装置显示界面介绍	微课	044
12		LKJ面板操作	微课	046
13	模块3 站内电码化	站内电码化认知	微课	064
14		正线电码化认知	微课	064
15		站内轨道电路电码化范围	微课	064
16		站内轨道电路电码化概述与方式	微课	064
17		发送器设置及结构	微课	067
18		站内电码化发送器工作方式	微课	067
19		发送器电平调整	微课	067
20		站内轨道电路电码化设备	微课	067
21		补偿电容的设置及机构	微课	076
22		预叠加电码化电路概述	微课	079
23		正线正方向接车进路预叠加电码化电路	微课	079
24		正线发车进路电码化电路	微课	079
25		正线正方向接车进路XJM发送器编码电路	微课	079
26		正线反方向接车进路SFJM发送器编码电路	微课	079
27		侧线股道电码化电路	微课	079

续表

序号	模块	名称	类型	页码
28	模块4 CTCS-2级列控系统	CTCS-2级列控系统概述	微课	114
29		CTCS-2级列控系统地面设备及功能	微课	118
30		CTCS-2级列控系统车载设备	微课	119
31		车站列控中心的功能及其原理	微课	122
32		LKD2-YH列控中心主机	微课	126
33		LKD2-YH列控中心结构	微课	126
34		LKD2-YH型列控中心主机柜及设备检修	微课	126
35		应答器原理	微课	139
36		200~250 km/h高速铁路CTCS-2级区段应答器的设置	微课	139
37		应答器数据传输	微课	139
38		应答器安装	微课	139
39		应答器结构	微课	139
40		应答器报文编制与临时限速设置	微课	139
41		CTCS-2级与CTCS-0级列控系统切换	微课	143
42		CTCS-2级二级列控车载设备及其功能	微课	156
43		列控车载设备的主要工作模式	微课	159
44	模块5 CTCS-3级列控系统	CTCS-2级与CTCS-3级列控系统的功能介绍及对比	微课	176
45		CTCS-3级系统故障和降级	微课	178
46		无线闭塞中心功能	微课	181
47		GSM-R系统	微课	186
48		CTCS3-300S列控车载系统介绍	微课	190
49		CTCS-3级列控车载设备显示与操作	微课	195
50		CTCS-3车载ATP检修作业标准	微课	206
51	模块6 轨道车运行控制系统	GYK检修标准作业流程	微课	217
52		轨道车GYK设备检测	微课	222

目录 CONTENTS

模块 1　机车信号 ··· 001
  专项技能 1.1　JT1-CZ2000 机车信号结构及功能 ······················· 001
  专项技能 1.2　机车信号低频信息定义、分配及使用 ······················· 010
  专项技能 1.3　机车信号设备维护 ·· 019

模块 2　列车运行监控记录装置 ··· 033
  专项技能 2.1　LKJ2000 型监控记录装置系统概述 ······················· 033
  专项技能 2.2　LKJ2000 型监控记录装置界面含义及操作 ············· 043
  专项技能 2.3　LKJ2000 型监控记录装置的维护 ··························· 051

模块 3　站内电码化 ·· 063
  专项技能 3.1　站内轨道电路电码化及器材 ·································· 063
  专项技能 3.2　叠加式轨道电路电码化 ·· 078
  专项技能 3.3　站内轨道电路电码化的维护 ·································· 093

模块 4　CTCS-2 级列控系统 ·· 113
  专项技能 4.1　CTCS-2 级列控系统总体结构 ································· 113
  专项技能 4.2　CTCS-2 级列控系统地面设备 ································· 121
  专项技能 4.3　CTCS-2 级列控车载设备 ··· 144
  专项技能 4.4　CTCS-2 级 ATP 车载设备检修作业标准及典型故障案例 ······· 164

模块 5　CTCS-3 级列控系统 ·· 175
　　专项技能 5.1　CTCS-3 级列控系统总体结构 ··· 175
　　专项技能 5.2　CTCS-3 级列控系统地面设备 ··· 180
　　专项技能 5.3　CTCS-3 级列控车载设备 ·· 189
　　专项技能 5.4　CTCS-3 级列控系统的维护 ·· 200
模块 6　轨道车运行控制系统 ·· 215
　　专项技能 6.1　GYK 系统基本构成和原理 ··· 215
　　专项技能 6.2　GYK 系统设备应急故障处置 ··· 222
参考文献 ··· 231

模块 1　机车信号

教学目标

能力目标

能运用所学的知识对机车信号设备进行检修和故障处理。

知识目标

（1）掌握机车信号系统设备构成及功能。
（2）掌握机车信号信息的分配和使用。

素质目标

（1）培养学生良好的行为习惯，增强责任意识、安全意识，遵守纪律。
（2）激发学生的奉献精神、爱国情怀、奋斗热情、历史责任感。
（3）培养增强学生的责任感使命感以及奉献铁路的理想信念，增强学生严格按规章制度操作的意识。

专项技能 1.1　JT1-CZ2000 机车信号结构及功能

【学习目标】

- 能力目标

（1）能正确地测试机车信号信息，通过测试判断机车信号系统是否满足各种技术条件。
（2）能正确分析二乘二取二的冗余原理，并能绘制双路接收线圈接收信息原理图。

- 知识目标

（1）掌握 JT1-CZ2000 机车信号系统设备构成及技术条件。
（2）了解双路接收线圈、机车信号机、机车主机的放置位置及功能。
（3）掌握机车信号主机的工作原理、设备冗余方式，双路接收线圈的工作原理。

- 素质目标

（1）严格遵守规章制度，养成良好的行为习惯。
（2）增强责任意识、安全意识，纪律意识。

【任务下达】

我国铁路从 1959 年开始安装机车信号和列车自动停车装置,但长期以来对它们的作用认识不足,发展十分缓慢。20 世纪 80 年代后,才加快了安装机车信号、列车自动停车和无线列调三项设备的步伐。请大家查阅资料,了解机车信号的发展历史,思考:JT1-CZ2000 型机车信号系统结构是什么样的?机车信号需要符合什么条件才能应用?JT1-CZ2000 型机车信号系统主机板与电源板都用双套,有何作用?

【理论学习】

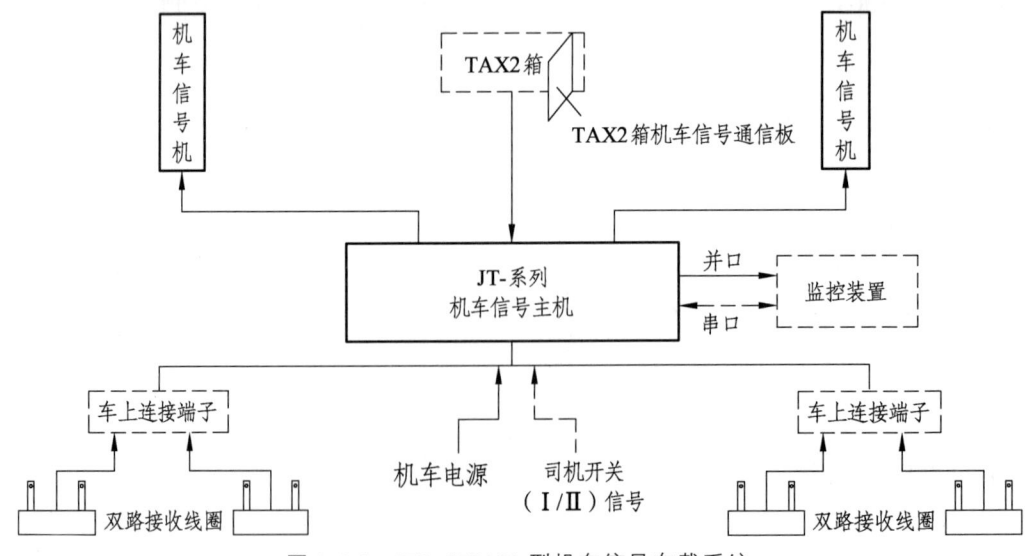

知识点 1　JT1-CZ2000 型机车信号系统结构

微课:JT1-CZ2000 型机车信号主机的结构　　　微课:机车信号的产生

JT1-CZ2000 型机车信号系统由地面设备和车载设备两部分构成。地面设备主要包括区间轨道电路和站内轨道电路电码化。JT1-CZ2000 型机车信号系统地面设备应采用 ZPW-2000 系列轨道电路。当地面设备能保证连续可靠地向列车提供机车信号时,JTI-CZ2000 型机车信号可作为行车凭证。

1. 机车信号系统构成

JT1-CZ2000 型机车信号系统车载系统由机车信号主机、机车信号双路接收线圈、机车信号机、含电源接线盒及连接电缆等构成,如图 1-1-1 所示。

图 1-1-1　JT1-CZ2000 型机车信号车载系统

1）机车信号主机

JT1-CZ2000 型机车信号主机由 2 块主机板、2 块电源板、1 块连接板和 1 块记录板构成，其主要作用是对接收信号进行处理、解码、译码，得到机车信号信息，并将信息结果输出给机车信号机，构成机车信号各种显示，同时将信息结果输出给列车运行监控记录装置或列车超防设备作为控车的基本条件。

（1）主机板。

主机 A 板和主机 B 板结构相同，构成双套电路。正常工作时，两板的一块处于工作状态，另一块处于热备状态。板面上设有上下行指示灯，如图 1-1-2 所示。

（2）电源板。

两套电源板电路基本相同，构成双套电源供电。电源板的输入电压为 110 V，输出双路直流 50 V。输出一路供机车信号主机，另一路做动态控制安全点灯电源。电源板 1、2 上均设有 50 V、50 VD 和 110 V 指示灯，如图 1-1-3 所示。

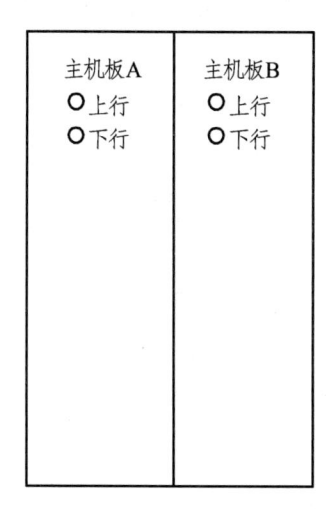

图 1-1-2　主机板面板

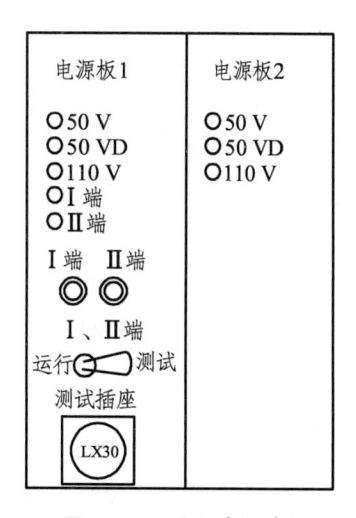

图 1-1-3　电源板面板

（3）连接板。

连接板主要实现电源的分配，主机 A 和主机 B 的自动或人工切换及对主机、电源及上下行工作状态的监督。连接板上设有监督主机 A 和主机 B 的正常表示灯、工作表示灯、电源表示灯、上下行输入表示灯和 A、B 机切换按钮，如图 1-1-4 所示。

（4）记录板。

记录板上插有能实时记录机车运行过程中各种动态信息的大容量 CF 卡和用于完成信息转录的 USB 插口。通过大容量 CF 卡作为记录介质的记录器能真实地反映机车信号动态运行中的各种状态变化，对机车信号相关信息进行全面的实时记录。

如图 1-1-5 所示，记录板上有 8 个红色表示灯：

STM——主机板状态指示灯。正常时，周期 2 s 闪光；故障时，周期 1 s 闪光。

COM——主机、TAX2 串口状态指示灯，主机与 TAX2 正常时，0.5 s 周期闪光；1 s 周期闪光（0.125 s 亮，0.875 s 灭）表示串口正常，无 TAX2 信息。1 s 周期闪光（0.125 s 灭，0.875 s 亮）表示 TAX2 信息正常，无主机串口信息。

CFC——CF 卡状态指示灯，0.05 s 一个周期快速闪烁表示在操作，每 2 s 亮 25 ms 表示没有操作，常亮表示 CF 卡有故障或无卡。

USB——U 盘状态指示灯，0.05 s 一个周期快速闪烁表示在操作，每 2 s 亮 25 ms 表示没有操作，常亮表示转储失败。

ERR——异常指示灯，设备正常灭灯，指示灯闪光表示操作故障或系统时钟源故障。

DTU——远程监测指示灯，工作时闪光。

BTM——应答器接收灯，暂时没用。

CAN——总线表示灯，暂时没用。

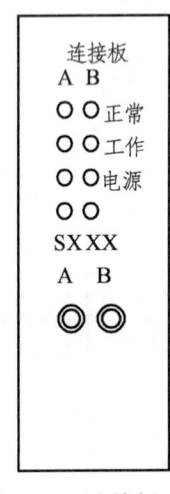

图 1-1-4　连接板面板 　　　　图 1-1-5　记录板面板

2）双路接收线圈

接收线圈又称传感器，是机车信号车载设备的接收器件。

接收线圈利用电磁耦合原理保持地面信号设备与车载设备间的信息联系。当地面轨道电路电流在钢轨中流通时，围绕钢轨产生交变磁通。磁通穿过接收线圈铁心，使绕在铁心上的线圈感应出电动势，即产生与轨面电流相同的信号电流。感应出的信号电流经机车主机放大译码后动作机车信号车载设备。

双路接收线圈可实现系统的闭环自动测试。

如图 1-1-6 所示，每个接收线圈盒内设有两个接收线圈，即 1 路线圈和 2 路线圈。每个接收线圈盒共引出 4 条线，2 条黑色，2 条红色。

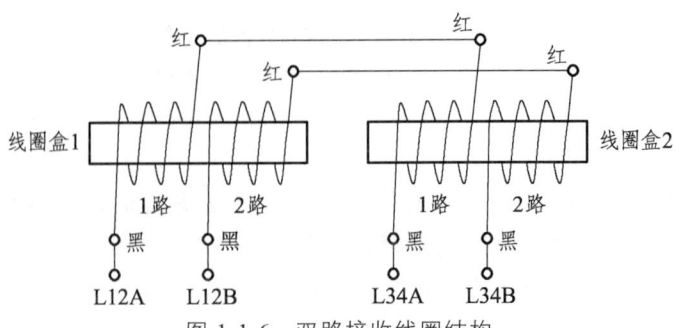

图 1-1-6　双路接收线圈结构

使用中，不同接收线圈盒相同路的红线相连。黑线 L12A 接线圈盒 1 的 1 路，黑线 L12B 接线圈盒 1 的 2 路，黑线 L34A 接线圈盒 2 的 1 路，黑线 L34B 接线圈盒 2 的 2 路。不同线圈盒的不同路的黑线通过电缆与主机相连。其中，L12A 和 L34A 对应主机中的一块电路板，L12B 和 L34B 对应主机中的另一块电路板。

双路接收线圈安装在机车排障器后与第一轮对之间距第一轮对轴心水平距离不大于 1.5 m 处的两吊架上。

3）机车信号机

JT1-CZ2000 型机车信号机可选用两种类型。一种为 JXS-8 型双面八显示机车信号机，另一种为双面点阵式机车信号机。现多采用前者，如图 1-1-7 所示。

图 1-1-7　JXS-8 型双面八显示机车信号机

传统的机车信号机是基于色灯显示信息的。每个显示器中对应 8 个灯泡，通过灯泡前面的有色玻璃片区分灯光。长期使用中，灯泡的不断转换及列车运行中出现的振动都会导致灯泡中的灯丝断丝，影响机车信号的正常工作。因此，传统的机车信号机无法满足行车凭证的机车信号机的基本要求。

（1）双面八显示机车信号机

JXS-8 型双面八显示机车信号机采用 LED（发光二极管）作为发光体，克服了传统的机车信号机的缺陷。供电电压为直流 48 V，功耗为 6 W。

信号机除了 8 灯显示外，机构下部还设有操作端显示、上下行显示、UM71 模式显示和 UM71 或 ZPW-2000 制式显示。

机车信号机的颜色显示由上向下分别为绿色、半绿半黄色、黄色、黄 2 色（黄色带有 2 字）、半黄半红色、双半黄、红色和白色 8 种。其装在司机室前挡风玻璃中间便于司机观察。

（2）双面点阵式机车信号机

双面点阵式机车信号机可以实现数字方式显示，也可以实现模拟现有色灯的图像方式显示。其具有以下特点：

① 使用方法与现有色灯显示器兼容，工作电源取自灯线输出，可以确保信号机灭灯时系统无显示，符合故障-安全原则。

② 双 CPU 同时采集来自点灯电缆中的点灯信息，通过串口进行比较。
③ 信息译码经双 CPU 校核，以防编码错误
④ 显示的数据经双 CPU 校核，以防数据存储单元出现故障。
⑤ 任何一个 CPU 发生故障都可以切断显示模块的显示操作。

2. 主要技术条件

（1）设备采用"二乘二取二"的容错安全结构，符合系统的故障-安全原则。采用双套热备，双套电源、双路接收线圈等冗余技术和 LED 机车信号机，提高了系统的可靠性。

（2）设备应能接收的轨道电路制式有：ZPW-2000、UM 系列、国产移频、交流计数。

（3）机车信号灵敏度：机车信号设备工作时的最小钢轨短路电流值。

（4）机车信号应变时间：机车信号设备从钢轨线路接收到新信息开始到给出相应机车信号显示所需要的时间。

（5）抗电化干扰：在钢轨回流为 1 000 A，不平衡系数为 10% 的电气化区段，设备应能正常译码。

（6）载频切换与锁闭：在 ZPW-2000 系列区段，根据地面传递的载频切换信息可实现接收载频的自动切换和锁闭。

（7）设备应具有数据记录功能，可为列车运行监控提供机车信号信息。

（8）车载设备应具有良好的可测试性。可通过便携式测试设备，实现在车上对系统的功能测试。

知识点 2　JT1-CZ2000 型机车信号功能与原理

1. 双路接收线圈

接收线圈又称传感器是机车信号的接收设备。

采用电磁耦合原理实现列车与地面的信息联系。双路接收线圈内部设计为双路，可实现车载闭环自动检测。

微课：JT1-CZ2000 型机车信号主机的功能与原理

JT1-CZ2000 型机车信号采用 JT1-JS-Ⅱ型双路接收线圈。当一路线圈、线圈电缆、插接件等故障时，另一路线圈仍可正常工作，从而提高了系统的可靠性。

2. 双路接收线圈增加功能

《JT-C 系列机车信号车载系统设备技术规范（暂行）》中规定，在接收线圈断线时要控制机车信号输出灭灯。

机车信号主机上增加电路器件，向接收线圈发送动态方波信号，主机通过检测接收线圈上的该信号的大小来判断是否出现断线问题。接收线圈作为一个负载起到泄放该信号的作用，如果接收线圈断线，则该信号变大。

机车信号发送测试方波间隔约 30 s，每次测试发送约 1 s，主机在连续检测到 2 次信号都是断线时，控制对应该线圈的机车信号主机灭灯。

只有在机车信号无码时才进行断线检查。也就是说只有无码时,断线大约 1 min 后才出现机车信号灭灯现象。

3. 机车信号主机

(1) JT1-CZ2000 型机车信号主机的主要功能是解调和译制轨面上传递的机车信号信息,并控制机车信号点灯;为监控装置或超速防护系统提供控车的基本条件;记录机车信号设备运用状态、地面信息、TAX2 箱列车定位信息。

(2) 主机电路原理。

如图 1-1-8 所示,双路接收线圈的一路接主机板 A,另一路接主机板 B,主机输出除原来并行输出外,预留了 RS485 输出,可支持双向信息传输。主机的每块主机板电路采用二取二容错安全结构。

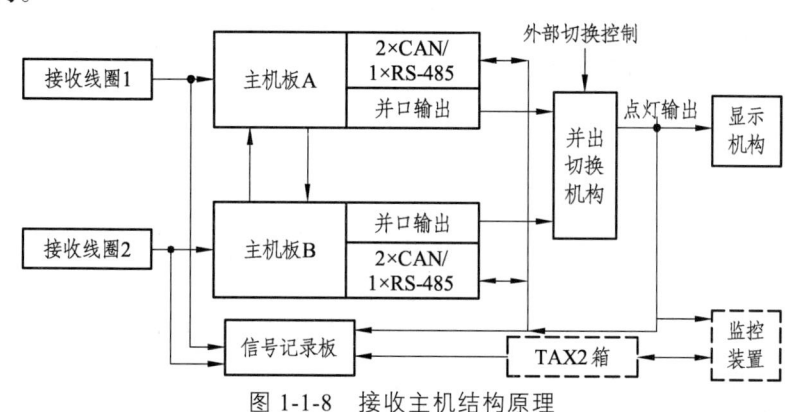

图 1-1-8 接收主机结构原理

二取二的原理:机车信号主体化的关键在于地面轨道电路自身的安全性和地-车之间信息传递的安全性、稳定性及可靠性。为了保证信息传递正确,JT1-CZ2000 型主体化机车信号采用了二取二原理。二取二原理是指系统中有两台计算机同时工作,两台计算机输出结果必须完全一致,系统才能输出,否则认为出现故障,必须导向安全侧。

CPU1 控制电路功能:控制点灯输出,光电开关,进行反馈检查。

CPU2 安全控制电路:控制大电流继电器,可关断点灯电源,控制动态控制安全点灯电源,进行反馈检查。

任何环节出问题,进入复位自检重启动。

工作原理:接收线圈 1→主机板 A→隔离→A/D 转换→DSP 处理地面信息→接收线圈 2→主机板 B→隔离→A/D 转换→DSP 处理译码结果→双口 RAM 与输出控制部分数据交换→一致后输出,否则禁止输出,系统进入复位自检状态。

双套热备的原理:JT1-CZ2000 的双套热备是指由机车信号主机内双套主机板、接线盒中的双路电源、双路接收线圈共同组成的双套热备系统。

4. 记录器功能

1) 组 成

车载部分:完成通过 CF 卡记录机车信号设备动态运用过程中的状态变化。

地面数据信息处理部分：将 CF 卡记录的信息通过 CF 卡读卡器进行读取、转换、显示、回放、分析，以文本及图形方式提供友好的人机界面，并提供自动统计、分析列表、打印输出等功能。

2）车载部分记录的信息内容

接收线圈信号波形，机车信号输入信息（上下行开关、Ⅰ/Ⅱ条件输入），机车信号输出信息（灯位显示信息、速度等级信息、制式区分信息、过绝缘节信息、主机双套工作正常表示及工作状态），运用状态信息（主机内温度、110 V 电源状态），辅助信息（记录器内时间、来自 TAX2 的线路公路标、机车号、时间、信号机号、车站号等）。

【拓展阅读】

JT1-CZ2000 一体化机车信号车载系统设备安装

1. 主机安装

主机采用自带固定架安装。机箱底座固定架上有两个安装孔（Φ9 mm），孔心距 140 mm。安装时，先将固定架固定在机车提供的安装位置，然后直接将机箱底座滑入固定架，然后用专用螺母将机箱固定。

主机的安装要求留有一定的空间，保证有较好的通风对流以便散热，提高可靠性。主机安装位置要能够便于日常维护。主机日常维护需要操作人员方便接触主机，按压主机面板按钮，转储机车信号记录数据等。

2. 车信号机安装

机车信号机安装在司机室前挡风玻璃中间或两侧，保证司机方便观察。机车信号机下方的开关和指示灯不能被遮挡。

3. 收线圈安装

接收线圈用机车厂提供的安装架安装在机车第一轮对之前。接收线圈中心与第一轮对轴心水平距离大于 1 500 mm。左右 2 个接收线圈外壳上表面的指示箭头须方向一致，以免同名端接反。静态条件下，接收线圈的底部与轨面距离为（155±5）m，接收线圈中心与轨面中心偏移小于 5 mm。

考虑到由于轮对的磨损和转向架的下沉等因素，会造成接收线圈偏离标准位置，因此建议机车的接收线圈安装架设计成能纵向调整 150 mm 以上。纵向调整范围：机车在安装新轮对、机车悬挂正常、机车信号接收线圈安装达到标准位置的情况下，安装点可向下调整 20 mm，可向上调整 130 mm。横向调整范围：以新出厂机车安装架作为横向调整的中心，横向调整 50 mm 以上。

对于制造精度满足在整个使用周期范围内，都能保证接收线圈静态安装位置要求的机车，可以按照机车轮径磨耗和车体下沉因素设计调整范围。

为了保证信号接收，在以接收线圈中心为基准的四周 300 mm 范围内，不应有大体积的金属物体。

应当在接收线圈列车运行方向前方设置必要的防护，并考虑各个方向防护的可能性。安装架应有电缆引上槽道或固定线缆线夹，及防护外界道碴冲击的措施。

接收线圈出线电缆安装布线时，须将电缆与机车底部固定点捆绑牢固，防止机车在高速运行中产生剧烈振动对线缆造成疲劳性损坏，以确保线缆的正常使用寿命。

4. 缆铺设及连接

按照设备电气连接关系（自行查阅资料），将设备各部件用相应电缆连接到一起。注意确保机车电源和司控开关（Ⅲ 端信号）的连接正确性。

注意电缆连接器连接时，须注意对号入座。插头顶部有颜色区分，插头和插座有鉴别位，注意对齐，严禁野蛮安装。连接器连接完成后，需要检查插头后面是否松动。

电缆应有专门走线槽，且远离电力电缆。

铺设电缆线时，电缆与固定点捆绑牢固，防止机车在高速运行中，产生剧烈振动对线缆造成疲劳性损坏，以确保线缆的正常使用寿命。

请查阅：JT1-CZ2000 一体化机车信号车载系统连接各航空插座的信号定义。

【电务小贴士】

勤学苦练强本领，深钻细研攻难题。

【作业任务单】

请在图 1-1-9 中写出机车信号设备的机车信号主机和机车信号机的接口。

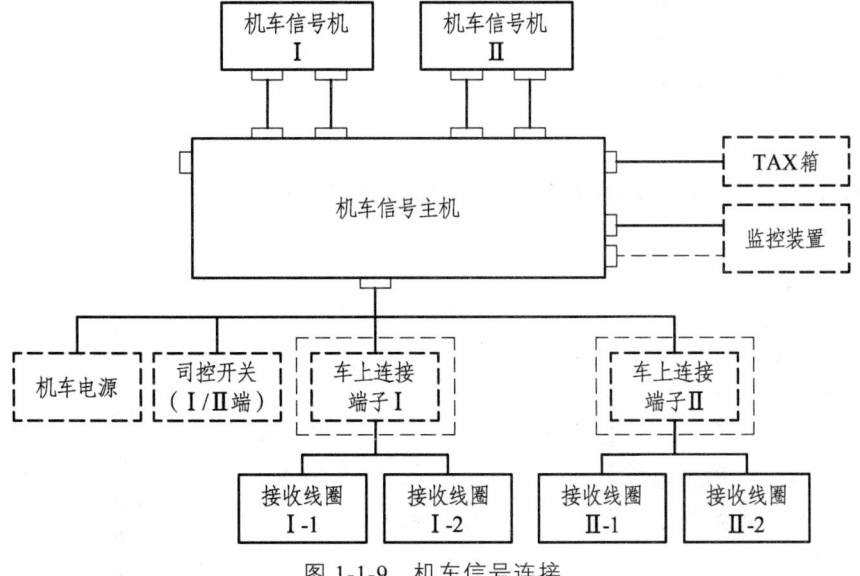

图 1-1-9　机车信号连接

【练习】

1. 填空题

（1）双路接收线圈利用_____原理保持地面信号设备与车载设备间的信息联系。

（2）通用机车信号系统主要由_____、_____、_____、_____等构成。

2. 判断题

（1）机车信号的作用是控制列车的行车速度。（   ）

（2）机车信号是一种双向控制设备。（   ）

专项技能 1.2　机车信号低频信息定义、分配及使用

【学习目标】

- 能力目标

能根据列车占用情况分析区段机车信号信息。

- 知识目标

（1）理解机车信号低频信息定义。

（2）掌握机车信号低频信息分配。

（3）掌握机车信号低频信息使用。

- 素质目标

培养增强学生的责任感和使命感以及奉献铁路的理想信念。

【任务下达】

机车信号信息分配曾经没有统一的标准，主要是因为机车交路短及设计部门间设计不统一。这对机车交路延长及规划和发展主体化机车信号及列车超速防护设备是不利的。为此，2002 年，铁道部颁布了《机车信号低频信息及定义》（TB/T 3060—2002），对机车信号低频信息做了统一的规定，《机车信号信息定义及分配》（TB/T 3060—2016）又进行了修改。请思考：机车信号低频信息是如何定义的？机车信号低频信息如何分配和使用？司机如何按机车信号显示来控制列车？

【理论学习】

知识点 1　机车信号低频信息定义

1. 半自动闭塞区段机车信号信息的定义

（1）L 码——准许列车按规定速度运行，机车信号机显示一个绿灯。

（2）LU 码——准许列车按规定速度注意运行，机车信号机显示一个半绿半黄灯。

（3）U 码——要求列车注意运行，机车信号机显示一个黄灯。

（4）U2S 码——要求列车注意运行，机车信号机显示一个带"2"字的黄色闪光。预告列车接近的地面信号机所防护区段开通发送"UUS 码"的进路。

（5）U2 码——要求列车注意运行，机车信号机显示一个带"2"字的黄色灯光。预告列车接近的地面信号机所防护区段开通发送"UU 码"的进路。

（6）UUS 码——要求列车限速运行，机车信号机显示一个双半黄色闪光。表示列车接近的地面信号机开放经 18 号及以上道岔侧向位置进路，且次一架信号机开通直向进路或开放经 18 号及以上道岔侧向位置进路；或表示列车接近的地面信号机开放经 18 号及以上道岔侧向位置进路，并开往站间无显示联系的区间。

（7）UU 码——要求列车限速运行，机车信号机显示一个双半黄色灯光。表示列车接近的地面信号机开放经道岔侧向位置的进路。

（8）HB 码——准许列车以不高于 20 km/h 的速度越过接近的地面信号机，机车信号机显示一个半黄半红色闪光。表示列车接近的地面信号机显示引导信号或容许信号。

（9）HU 码——要求及时采取停车措施，机车信号机显示一个半黄半红色灯光。表示列车接近的地面信号机显示禁止信号。

（10）H 码——要求立即采取紧急停车措施，机车信号机显示一个红色灯光。

2. 四显示自动闭塞区段机车信号信息的定义

（1）L 码——准许列车按规定速度运行，机车信号机显示一个绿色灯光。

（2）LU 码——准许列车按规定速度注意运行，机车信号机显示一个半绿半黄色灯光。

（3）U 码——要求列车减速到规定的速度越过接近的信号机，机车信号机显示一个黄色灯光。

（4）U2S 码——要求列车减速到规定的速度越过接近的信号机，机车信号机显示一个带"2"字的黄色闪光。预告列车接近的地面信号机所防护区段开通发送"UUS 码"的进路。

（5）U2 码——要求列车减速到规定的速度越过接近的信号机，机车信号机显示一个带"2"字的黄色灯光。预告列车接近的地面信号机所防护区段开通发送"UU 码"的进路。

（6）UUS 码——要求列车限速运行，机车信号机显示一个双半黄色闪光。表示列车接近的地面信号机开放经 18 号及以上道岔侧向位置进路，且次一架信号机开通直向进路或开放经 18 号及以上道岔侧向位置进路；或表示列车接近的地面信号机开放经 18 号及以上道岔侧向位置进路，并开往站间无显示联系的区间。

（7）UU 码——要求列车限速运行，机车信号机显示一个双半黄色灯光。表示列车接近的地面信号机开放经道岔侧向位置的进路。

（8）HB 码——准许列车以不高于 20km/h 的速度越过接近的地面信号机，机车信号机显示一个半黄半红色闪光。表示列车接近的地面信号机显示引导信号或容许信号。

（9）HU 码——要求及时采取停车措施，机车信号机显示一个半黄半红色灯光。表示列车接近的地面信号机显示禁止信号。

（10）H 码——要求立即采取紧急停车措施，机车信号机显示一个红色灯光。

3. CTCS-2/3 级区段机车信号信息的定义

（1）L5 码——列控车载设备人机界面（DMI）显示一个带"5"字的绿色灯光。表示列车运行前方至少有 7 个闭塞分区空闲。

（2）L4 码——列控车载设备 DMI 显示一个带"4"字的绿色灯光。表示列车运行前方有 6 个闭塞分区空闲。

（3）L3 码——列控车载设备 DMI 显示一个带"3"字的绿色灯光。表示列车运行前方有 5 个闭塞分区空闲。

（4）L2 码——列控车载设备 DMI 显示一个带"2"字的绿色灯光。表示列车运行前方有 4 个闭塞分区空闲。

（5）L 码——列控车载设备 DMI 显示一个绿色灯光。表示列车运行前方有 3 个闭塞分区空闲。

（6）LU 码列控车载设备 DMI 显示一个半绿半黄色灯光。表示列车运行前方有 2 个闭塞分区空闲。

（7）U 码——列控车载设备 DMI 显示一个黄色灯光。表示列车运行前方有 1 个闭塞分区空闲。

（8）U2S 码——列控车载设备 DMI 显示一个带"2"字的黄色闪光。预告列车接近的地面信号(机)所防护区段开通发送"UUS 码"的进路。

（9）U2 码——列控车载设备 DMI 显示一个带"2"字的黄色灯光。预告列车接近的地面信号(机)所防护区段开通发送"UU 码"的进路。

（10）UUS 码——准许列车按规定的速度越过接近的地面信号机，列控车载设备 DMI 显示一个双半黄色闪光。高速铁路及仅运行动车组的区段，表示列车接近的地面信号机开通经 18 号及以上道岔侧向位置进路，且进路允许速度不低于 80 km/h。普速铁路区段，表示列车接近的地面信号机开放经 18 号及以上道岔侧向位置进路，且次一架信号机开通直向进路或开放经 18 号及以上道岔侧向位置进路；或表示列车接近的地面信号机开通经 18 号及以上道岔侧向位置进路，并开往站间无显示联系的区间。

（11）UU 码——准许列车以不高于 45 km/h 的速度越过接近的地面信号机，列控车载设备 DMI 显示一个双半黄色灯光。表示列车接近的地面信号机开通经道岔侧向位置的进路。

（12）HB 码——列控车载设备 DMI 显示一个半黄半红色闪光。表示列车接近的地面信号机开通引导进路。

（13）HU 码——列控车载设备 DMI 显示一个半黄半红色灯光。表示列车接近的地面信号机未开通进路。

（14）H 码——列控车载设备 DMI 显示一个红色灯光。表示列车已进入未建立的进路，或表示列车所在区段有灾害发生。

（15）特殊定义对非 CTCS-2/3 级列控车载设备控车的列车定义如下：

① "L 码""L2 码""L3 码""L4 码""L5 码"在机车信号机显示为一个绿色灯光，表示列车运行前方至少有 3 个闭塞分区空闲；

② 高速铁路及仅运行动车组的区段，"UUS 码"要求列车限速运行，最高不超过 45 km/h。

4.特殊信息

（1）JC 码——本信息仅用于轨道电路占用检查。

（2）SP 码——本信息用于机车信号设备的载频锁定或切换。

知识点 2　机车信号低频信息分配和使用

微课：机车信号信息使用　　微课：四显示自动闭塞区段机车信号信息定义　　微课：特殊区段增加的 5 种机车信号信息定义

1. 机车信号低频信息分配

1）移频制式低频信息分配

移频制式低频信息分配见表 1-2-1。

表 1-2-1　移频制式低频信息分配

序号	1	2	3	4	5	6	7	8	9
信息名称	预留	JC 码	预留	预留	预留	L 码	预留	LU 码	U 码
机车信号显示	—	B 或 H（白或红）	—	—	—	L 绿	—	LU 绿黄	U 黄
频率/Hz	7.0	8.0	8.5	9.0	9.5	11.0	12.5	13.5	15.0
序号	10	11	12	13	14	15	16	17	18
信息名称	U2 码	U2S 码	预留	UU 码	UUS 码	预留	H 码	HB 码	HU
机车信号显示	U2 黄 2	U2S 黄 2 闪	—	UU 双黄	UUS 双黄闪	—	H 红	HUS 红黄闪	HU 红黄
频率/Hz	16.5	17.5	18.5	20.0	21.5	22.5	23.5	24.5	26.0

2）ZPW-2000 制式低频信息分配

ZPW-2000 制式低频信息分配见表 1-2-2。

表 1-2-2　ZPW-2000 制式低频信息分配

序号	1	2	3	4	5	6	7	8	9
信息名称	L3 码	L 码	L2 码	LU 码	U2 码	预留	U 码	UU 码	UUS 码
机车信号显示	L 绿	L 绿	L 绿	LU 绿黄	U2 黄 2	—	U 黄	UU 双黄	UUS 双黄闪
DMI 显示	L3 绿	L 绿	L2 绿	LU 绿黄	U2 黄 2	—	U 黄	UU 双黄	UUS 双黄闪
频率/Hz	10.3	11.4	12.5	13.6	14.7	15.8	16.9	18	19.1
序号	10	11	12	13	14	15	16	17	18
信息名称	U2S 码	L5 码	预留	L4 码	HB 码	SP	HU 码	JC 码	H 码
机车信号显示	U2S 黄 2 闪	L 绿	—	L 绿	HUS 红黄闪	—	HU 红黄	B 或 H（白或红）	H 红
DMI 显示	U2S 黄 2 闪	L5 绿	—	L4 绿	HUS 红黄闪	—	HU 红黄	—	H 红
频率/Hz	20.2	21.3	22.4	23.5	24.6	25.7	26.8	27.9	29

3）四显示自动闭塞区段机车信号低频信息分配

移频轨道电路使用的 9 种低频信息见表 1-2-3。

表 1-2-3　移频轨道电路使用的低频信息

序号	1	2	3	4	5	6	7	8	9
信息名称	L 码	LU 码	U 码	U2S 码	U2 码	UUS 码	UU 码	HB 码	HU 码
机车信号显示	L 绿	LU 绿黄	U 黄	U2S 黄 2 闪	U2 黄 2	UUS 双黄闪	UU 双黄	HUS 红黄闪	HU 红黄
频率/Hz	11	13.5	15	17.5	16.5	21.5	20	24.5	26

UM71 轨道电路使用的 9 种低频信息见表 1-2-4。

表 1-2-4　移频轨道电路使用的低频信息

序号	1	2	3	4	5	6	7	8	9
信息名称	L 码	LU 码	U 码	U2S 码	U2 码	UUS 码	UU 码	HB 码	HU 码
机车信号显示	L 绿	LU 绿黄	U 黄	U2S 黄 2 闪	U2 黄 2	UUS 双黄闪	UU 双黄	HUS 红黄闪	HU 红黄
频率/Hz	11.4	13.6	16.9	20.2	14.7	19.1	18	24.6	26.8

4）移频轨道电路和 ZPW-2000 制式低频信息分配

移频轨道电路使用的 14 种低频信息见表 1-2-5 所示。

表 1-2-5　移频轨道电路使用的低频信息

序号	1	2	3	4	5	6	7
信息名称	L3 码	L2 码	L 码	LU 码	LU2 码	U 码	U2S 码
机车信号显示	L 绿	L 绿	L 绿	LU 绿黄	U 黄2	U 黄	U2S 黄2闪
频率/Hz	9.5	8.5	11	13.5	12.5	15	17.5
序号	8	9	10	11	12	13	14
信息名称	U2 码	U3 码	UUS 码	UU 码	HB 码	HU 码	H 码
机车信号显示	U2 黄2	H 黄	UUS 双黄闪	UU 双黄	HUS 红黄闪	HU 红黄	H 红
频率/Hz	16.5	18.5	21.5	20	24.5	26	23.5

ZPW-2000 制式低频信息分配见表 1-2-6。

表 1-2-6　ZPW-2000 制式低频信息分配

序号	1	2	3	4	5	6	7
信息名称	L3 码	L2 码	L 码	LU 码	LU2 码	U 码	U2S 码
机车信号显示	L 绿	L 绿	L 绿	LU 绿黄	U 黄2	U 黄	U2S 黄2闪
频率/Hz	10.3	12.5	11.4	13.6	15.8	16.9	20.2
序号	8	9	10	11	12	13	14
信息名称	U2 码	U3 码	UUS 码	UU 码	HB 码	HU 码	H 码
机车信号显示	U2 黄2	H 黄	UUS 双黄闪	UU 双黄	HUS 红黄闪	HU 红黄	H 红
频率	14.7	22.4	19.1	18	24.6	26.8	29

2. 机车信号信息使用

以使用 ZPW-2000 示例轨道电路的四显示自动闭塞区段为例，介绍机车信号信息使用及轨面信息与机车信号显示对应关系。

1）进站信号机显示红灯

如图 1-2-1 所示，进站信号机显示红灯，向三接近区段发送 HU 码（26.8 Hz）。防护三接近的通过信号机显示黄灯，同时向二接近区段发送 U 码（16.9 Hz）。收到 U 码后防护二接近区段的通过信号机显示绿黄灯，同时向前一区段发送 LU 码（13.6 Hz）。防护一接近区段通过信号机接收 LU 码后显示绿灯，同时向前一区段发送 L 码（11.4 Hz）。前一区段收到 L 码后信号机显示绿灯，同时向前发送 L 码（11.4 Hz）。

机车运行时接收到 L 码后，机车信号显示绿灯；进入一接近区段后，机车信号显示绿黄灯；进入二接近区段后，接收 U 码，机车信号显示黄灯；进入三接近区段后，机车接收 HU 码，机车信号显示红黄灯。

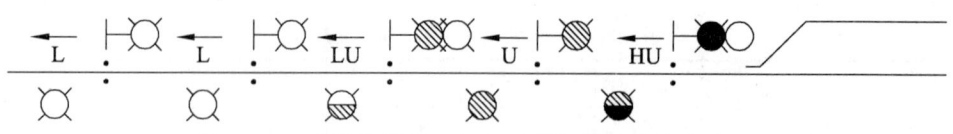

图 1-2-1　进站信号显示红灯时的机车信号信息使用

2）进站信号机显示黄灯

如图 1-2-2 所示，进站信号机显示黄灯表示经道岔直向位置进站并准备停车。进站信号机显示黄灯向三接近区段发送 U 码（16.9 Hz）。防护三接近的通过信号机接收到 U 码后显示绿黄灯，同时向二接近区段发送 LU 码（13.6 Hz）。收到 LU 码后防护二接近区段的通过信号机显示绿灯，同时向一接近发送 L 码。前一区段收到 L 码后信号机显示绿灯，同时向前发送 L 码。

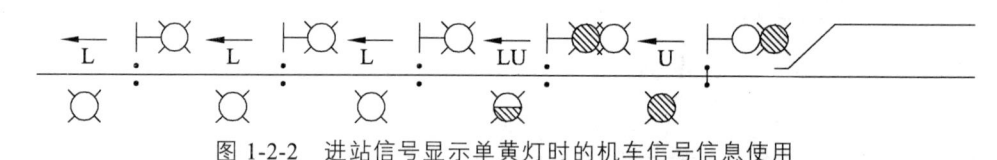

图 1-2-2　进站信号显示单黄灯时的机车信号信息使用

机车运行时接收到 L 码后，机车信号显示绿灯；进入二接近区段后，机车接收到 LU 码后机车信号显示绿黄灯；进入三接近区段后，接收 U 码，机车信号显示黄灯。

3）进站信号机显示双黄灯

如图 1-2-3 所示，进站信号机显示双黄灯表示经道岔侧向位置进站并准备停车。

进站信号机显示双黄灯向三接近区段发送 UU 码（18 Hz）。防护三接近的预告信号机接收到 U 码后显示黄灯，同时向二接近区段发送 U2 码（14.7 Hz）。收到 U2 码后防护二接近区段的通过信号机显示绿黄灯，同时向一接近发送 LU 码。一接近区段收到 LU 码后信号机显示绿灯，同时向前一区段发送 L 码。

机车运行时接收到 L 码后，机车信号显示绿灯；进入一接近区段后，机车接收到 LU 码后机车信号显示绿黄灯；进入二接近区段后，接收 U2 码，机车信号显示黄 2 灯；进入三接近区段后，接收 UU 码，机车信号显示双半黄灯。

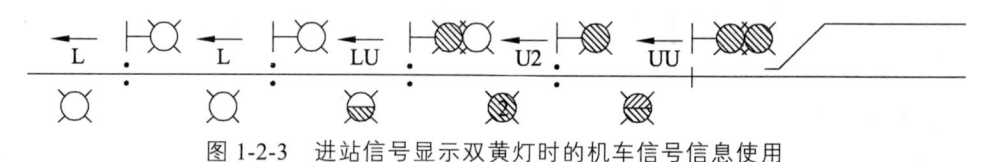

图 1-2-3　进站信号显示双黄灯时的机车信号信息使用

4）进站信号机显示黄闪黄

如图 1-2-4 所示，进站信号机显示黄闪黄表示开通了 18 号道岔及以上道岔侧向位置，且次一架信号机开放经道岔的直向或 18 号及以上道岔侧向位置进路。

进站信号机显示双黄闪向三接近区段发送 UUS 码（19.1 Hz）。防护三接近的通过信号机接收到 UUS 码后显示黄灯，同时向二接近区段发送 U2S 码（20.2 Hz）。收到 U2S 码后防护二接近区段的通过信号机显示绿黄灯，同时向一接近区段发送 LU 码。一接近区段收到 LU 码后信号机显示绿灯，向前发送 L 码。

机车运行时接收到 L 码后，机车信号显示绿灯；进入一接近区段后，机车接收到 LU 码后机车信号显示绿黄灯；进入二接近区段后，接收 U2S 码，机车信号显示黄 2 闪灯；进入三接近区段后，接收 UUS 码，机车信号显示双黄闪灯。

图 1-2-4　进站信号显示黄灯时的闪黄机车信号信息使用

5）进站信号机显示引导信号

如图 1-2-5 所示，进站信号机显示引导信号（一个红灯和一个引导白灯同时点亮）表示列车可不停车，以不超过 20 km/h 的速度进站并随时准备停车。

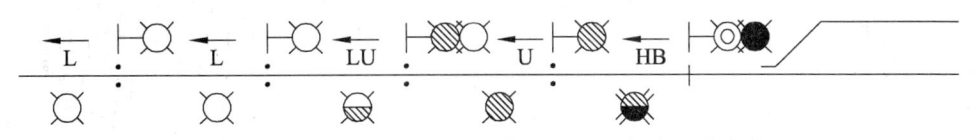

图 1-2-5　进站信号显示引导信号时的机车信号信息使用

进站信号机开放引导信号后向三接近区段发送 HB 码（24.6 Hz）。防护三接近的预告信号机接收到 HB 码后显示黄灯，同时向二接近区段发送 U 码。收到 U 码后防护二接近区段的通过信号机显示绿黄灯，同时向一接近区段发送 LU 码。收到 LU 码后，防护区段通过信号机显示绿灯，向前发送 L 码。

机车接收到 LU 码后机车信号显示绿黄灯；进入二接近区段后，接收 U 码，机车信号显示黄灯；进入三接近区段后，接收 HB 码，机车信号显示红黄闪灯。

6）通过信号机显示容许信号

如图 1-2-6 所示，进站信号机显示容许信号，即一个红灯和一个蓝灯同时点亮，表示列车可不停车，以不超过 20 km/h 的速度越过容许信号并按次一架信号机的显示行车。

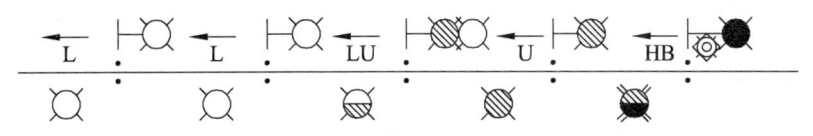

图 1-2-6　通过信号机显示容许信号时的机车信号信息使用

通过信号机显示容许信号后依次向前一区段、前二区段、前三区段发送 HB 码、U 码、LU 码。

机车接收到 LU 码后机车信号显示绿黄灯；接收到 U 码，机车信号显示黄灯；机车进入三接近区段后，接收 HB 码，机车信号显示红黄闪灯。

7）机车信号显示白灯

如图 1-2-7（a）所示，当机车由接收允许码信息，进入无码区段后，机车信号显示白灯。

如图 1-2-7（b）所示，自动闭塞区段列车反方向运行按站间闭塞行车时，轨道电路送受端改变位置，反方向发送 27.9 Hz 信息，机车收到后，机车信号显示白灯。

图 1-2-7　机车信号显示白灯

8）机车信号显示红灯

如图 1-2-8 所示，当列车由接收 HU 码区段进入无码区段后，机车信号显示红灯。

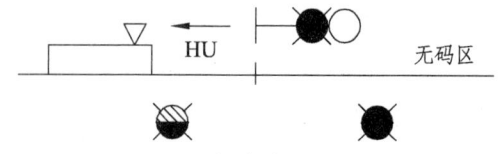

图 1-2-8　机车信号显示红灯

【拓展阅读】

机车信号掉码的原因分析

机车信号设备故障通常是由于缺乏日常维护，导致电容器老化。机车信号设备的日常维护是检测功率继电器、接收灵敏度等设备相应参数的测量值是否满足正常值的要求。如果有异常参数，会造成丢码现象。另一种情况是设置数据错误，关闭机车信装置，导致装置在参数检查时检测不到故障信号，导致灯故障。诊断机车信号设备 DTC 故障的方法是检查收线线圈上是否存在虚连接。一般来说，接地信号丢失的原因主要是带电噪声，接地信号的幅度不能匹配码链的触发条件，或其他一些因素。如果载波信号的上下频率幅度过大，也会对其接收和解码产生不利影响。

请分析：机车信号串码的原因主要有哪些？

【电务小贴士】

按标作业，坚守"安全红线"和"职业底线"。

【作业任务单】

通过查阅下面机车信号显示的材料，写出信息码名称。

地面信号显示					红灯
载频型号					
机车信号显示					
信息名称					

地面信号显示					黄
载频型号					
机车信号显示					
信息名称					

【练习】

1. 选择题

（1）四显示自动闭塞区段机车信号共使用（　　）种低频信息。
A. 7　　　　　　　　　　　　　　　　B. 9
C. 14　　　　　　　　　　　　　　　　D. 16

（2）进站信号显示红灯，向三接近区段发送（　　）码。
A. H　　　　　　　　　　　　　　　　B. HU
C. U　　　　　　　　　　　　　　　　D. LU

（3）CTCS-2 级区段的（　　）码—道岔开通侧向。200 km/h 动车组运行时默认道岔允许速度为 80 km/h。
A. U　　　　　　　　　　　　　　　　B. U2
C. UU　　　　　　　　　　　　　　　 D. UUS

（4）通用式机车信号接收并译出的低频信息为 11.4 Hz 时，机车信号机点（　　）。
A. 黄灯　　　　　　　　　　　　　　　B. 红灯
C. 绿灯　　　　　　　　　　　　　　　D. 绿黄灯

（5）通用式机车信号开机后，首先进行初始化，自检完毕后机车信号显示（　　）。
A. 黄灯　　　　　　　　　　　　　　　B. 红灯
C. 绿灯　　　　　　　　　　　　　　　D. 白灯

2. 判断题

（1）JT1 型通用式机车信号只能接收国产移频 4 信息，8 信息，18 信息。（　　）
（2）JT1 型通用式机车信号设备，是利用现代化数字信号处理技术及最新发展的高速超大规模集成电路设计而成的新一代通用式机车信号装置。（　　）
（3）低频 26 Hz 是代表红灯信号。（　　）

专项技能 1.3　机车信号设备维护

【学习目标】

- 能力目标

（1）能根据记录器记录的信息分析和处理机车信号设备故障。
（2）学会双路接收线圈断线问题处理方法。

- 知识目标

（1）了解机车信号设备检修方法。
（2）掌握机车信号工作异常案例分析。

（3）掌握双路接收线圈断线问题处理方法。

- 素质目标

增强学生严格按规章制度操作的意识。

【任务下达】

据报道，中国铁路昆明局集团有限公司广通工电段电务维修技术中心电子设备专修队队长起明针对机车信号窜码多发故障，苦练测试分析技能，运用载频分频方法抽丝剥茧，找准症结，通过替换关键零件破解了难题，节约整机更换费用50余万元。请思考：机车信号设备有哪些故障？如何处理机车信号设备故障？

【理论学习】

知识点 1　机车信号设备故障处理方法

当发生影响运输生产和安全的机车信号故障时，由电务段调度或机车信号"110"故障台（电维车间调度）统一指挥处理，具体处理方法如下：

1. 确认站内发码设备正常

（1）确认控制台面发码设备故障指示灯不亮及故障报警不响。
（2）确认发送盒载频、低频、输出电压参数符合要求。
（3）确认电源盒输出稳压电压、功放电压值符合要求。
（4）发送检测盒故障指示灯不点亮。
（5）发现设备参数不符合要求的及时更换相对应的设备。

2. 上机车操作的一般步骤

（1）了解机车是否停在股道中间出岔处。
（2）要求司机在机车运行端将手柄提到"前行"位，看机车信号显示。
（3）将机车操作端的上/下行开关打到相应位置，看机车信号显示。
（4）将机车操作端的区段开关打到相应位置，看机车信号显示。
（5）将机车的非操作端（另一端）的上/下行开关打到相应位置，看机车信号显示（仅限于非一体化设备机车）。
（6）按压主机A机或B机的切换按钮，看机车信号显示。
（7）重启机车信号设备后，看机车信号显示。

知识点 2　机车信号工作异常案例分析

机车信号设备在运用中，由于操作方法、应用条件、地面信号状况、设备工况等原因，可能会出现工作异常的现象。为了使运用单位能够了解这些异常现象的成因，掌握相关的分析和处理方法，本节列举了一些机车信号工作异常的案例，并加以分析说明。

1. 地面信号载频偏导致机车信号掉码

1）现　象

机车信号设备在移频区段运用中，出现双黄灯掉白灯现象。

2）分　析

对记录器数据进行分析。图 1-3-1 所示为记录器记录的状态信息，掉灯位置信号载频应为 650 Hz，而实际为 660 Hz；图 1-3-2 所示为掉灯处信号的频谱分析，也可以明显看出载频偏了 10 Hz。由此可见，地面信号载频偏移超标导致机车信号掉灯。

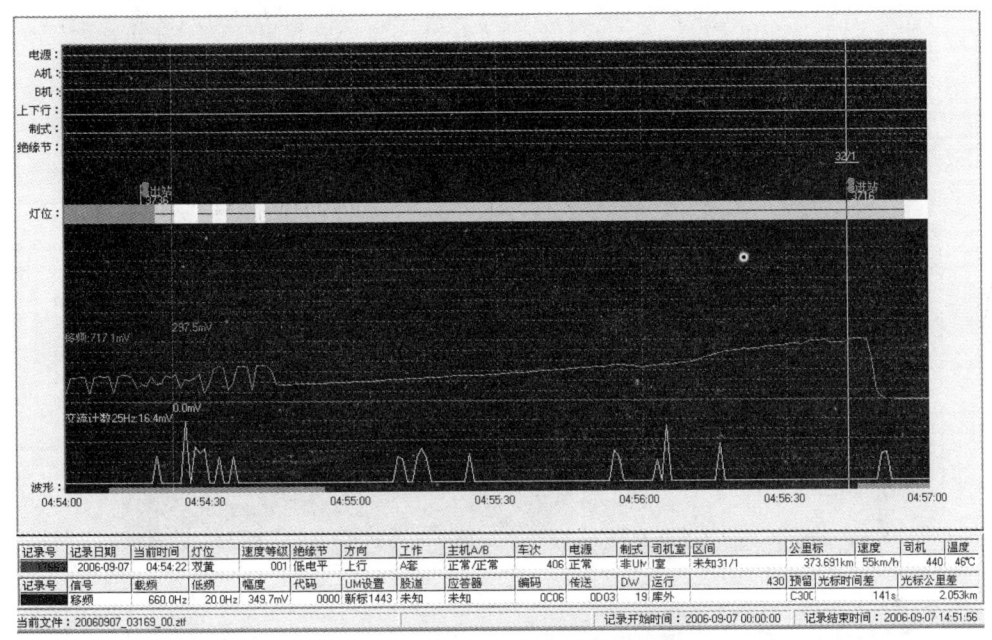

图 1-3-1　记录器记录的状态信息

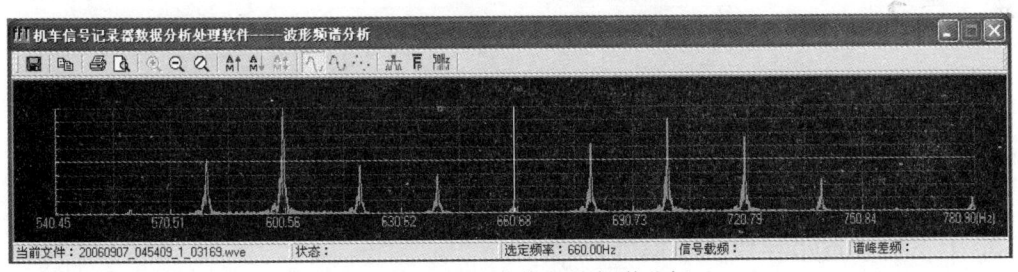

图 1-3-2　掉灯处信号的频谱分析

通过记录器，可以比较容易查明由于地面信号问题引起的机车信号设备工作异常，也可以尽早发现和处理地面信号参数超标的情况。

2. 灯位混线造成机车信号灭灯

1）现　象

机车信号设备运用中频繁出现复位灭灯。

2）分 析

记录器数据显示，机车信号运用中多次出现"多灯""灭灯"等异常情况，主机输出的故障代码提示灯位反馈错误。对"多灯"数据进一步分析，发现 L、LU、U、HU 与 UU 灯均有混线情况，如图 1-3-3 所示。

据现场反映，事故当天下大雨。工区人员处理故障时，拧下运用端（Ⅱ端）信号机航空插头，发现内部有水迹；再断开与主机和接线盒的连接线，用 500 V 兆欧表测试连接 Ⅱ 端信号机的电缆，灯线间绝缘为 0.2 MΩ，灯线对插头外壳绝缘为 0.2 MΩ，明显存在绝缘不良现象。用同样方法测量 Ⅰ 端，绝缘良好。

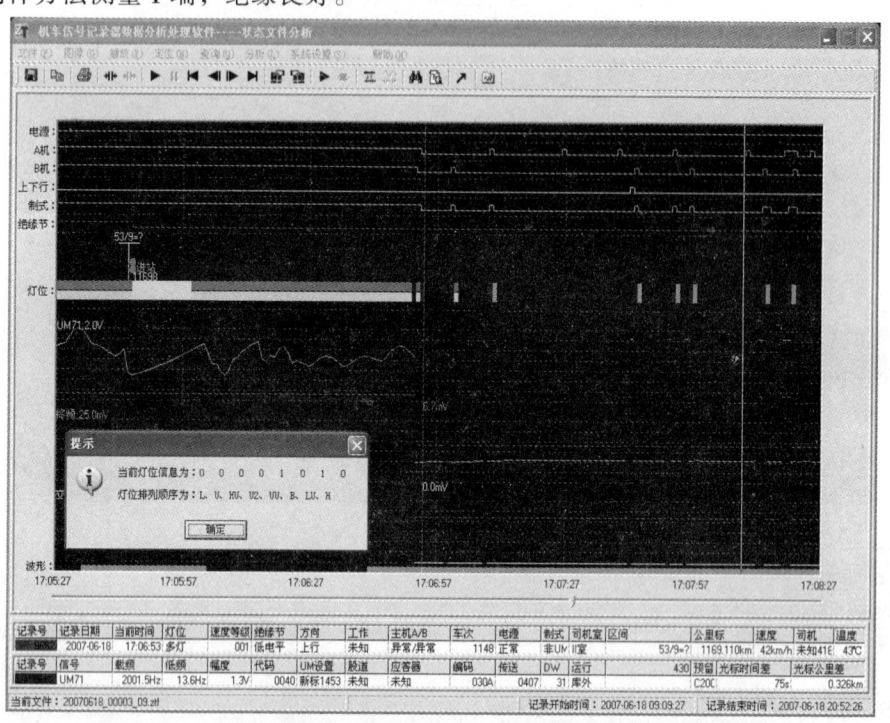

图 1-3-3 机车信号运用中多次出现"多灯""灭灯"等异常情况

根据对记录数据和现场检测情况的综合分析，可确定信号机航插进水造成灯线混线，导致机车信号反馈检查异常，出现频繁的复位灭灯现象。

3. 上下行设置错导致机车信号掉码

1）现 象

机车信号设备运用中出现黄灯掉白灯。

2）分 析

记录器数据显示，在掉灯的时刻，地面信号载频为 650 Hz，而上下行开关的位置为"下行"，因此机车信号无法正常译码，导致掉灯。在正确设置了上下行开关的位置后，机车信号译码恢复正常，如图 1-3-4 所示。

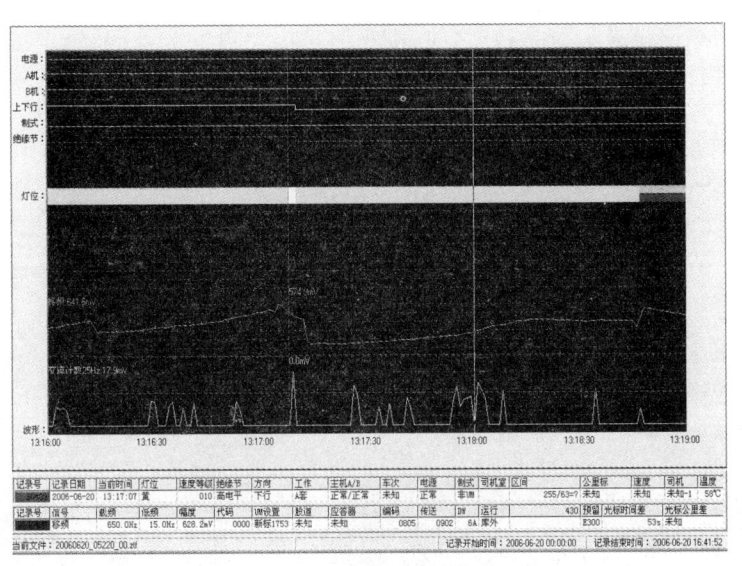

图 1-3-4　机车信号译码恢复正常

现场调查了解，此次掉白灯确是由于在机车跨越载频切换点时，司机没有及时扳动"上下行开关"而造成的。

4. 25.7 Hz 信号发码故障导致机车信号不译码

1）现　象

在闭环电码化区段，机车信号设备持续 12 s 不译码，出现黄 2 灯掉白灯。

2）分　析

掉灯记录如图 1-3-5 所示。

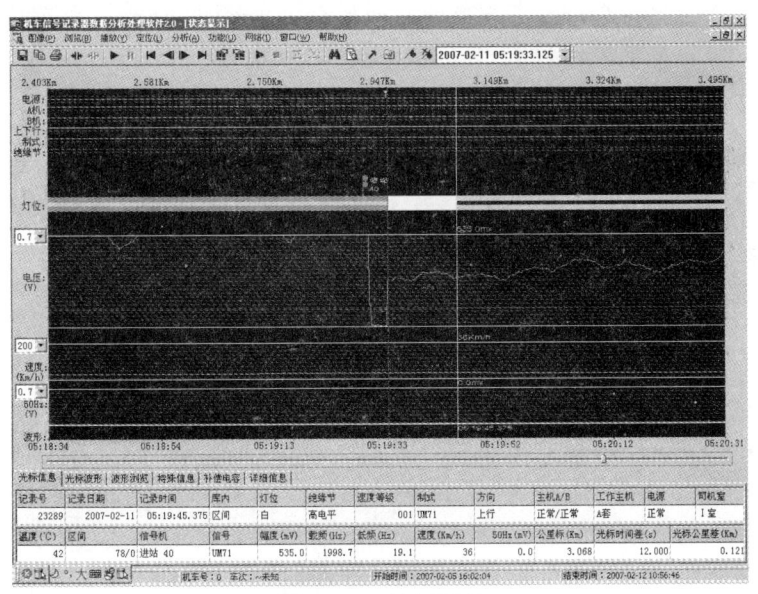

图 1-3-5　掉灯记录

图 1-3-6 的状态记录显示，在掉灯之前，机车信号接收到 2600-1 码，锁定接收载频 2 600 Hz 的信号，此后直到掉灯，机车信号未再接收到其他 25.7 Hz 信号。而掉灯处接收到的信号载频为 2 000 Hz，故机车信号无法译码。

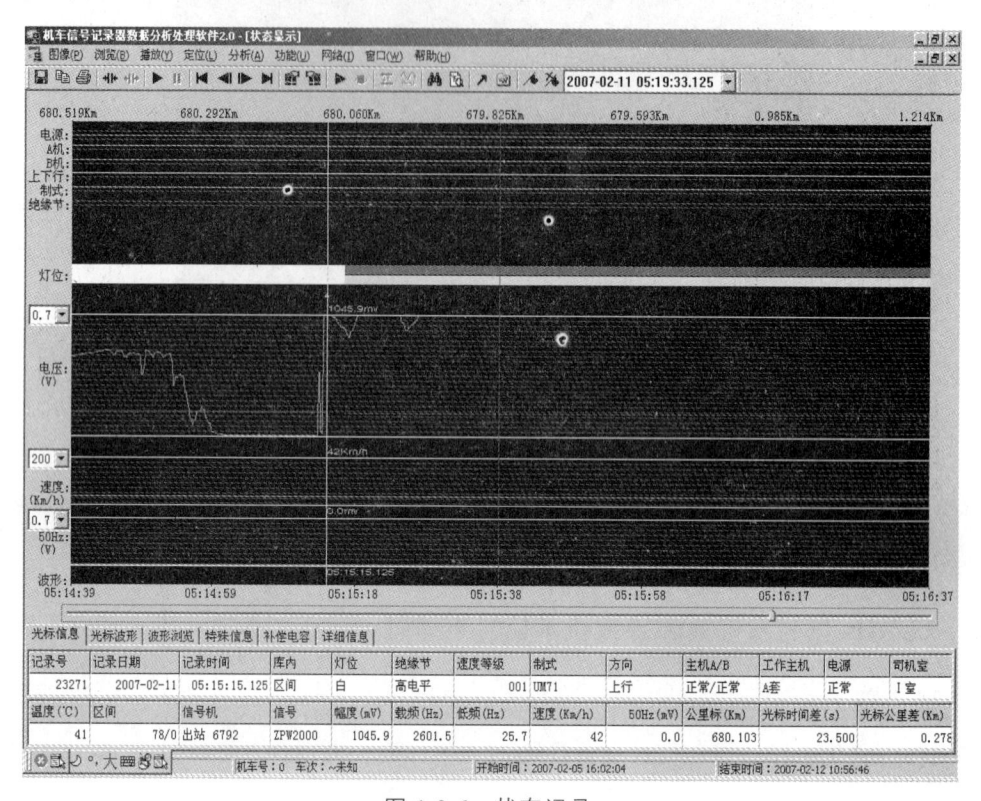

图 1-3-6　状态记录

掉码 12 s 后恢复译码的原因是，在信号转无码后，机车信号开始进入等待接收 25.7 Hz 载频切换信息状态，持续 10 s，不再接收其他信息；再经过 2 s 后，机车信号返回依据上下行开关位置接收信号的工作状态。也就是经过 12 s 以后，SX 行开关位置正确则可以正常译码。

5. 机车信号工作电源低压

1）现　象

机车信号 110 V 工作电源出现低压。

2）分　析

机车信号的工作电源为 DC 110 V，技术条件规定的电源允许波动范围为 77～138 V。当电压超出此范围，机车信号记录器会记录电源"低压"或"高压"。

由图 1-3-7 可以看出，机车信号工作电源多次出现低压的情况。由于机车信号工作电压的设计范围要比规定宽很多，所以设备仍然正常工作。但如果电源电压过低，则会导致机车信号复位灭灯。图 1-3-8 所示为记录器记录的同一台设备随后出现的低压灭灯现象。

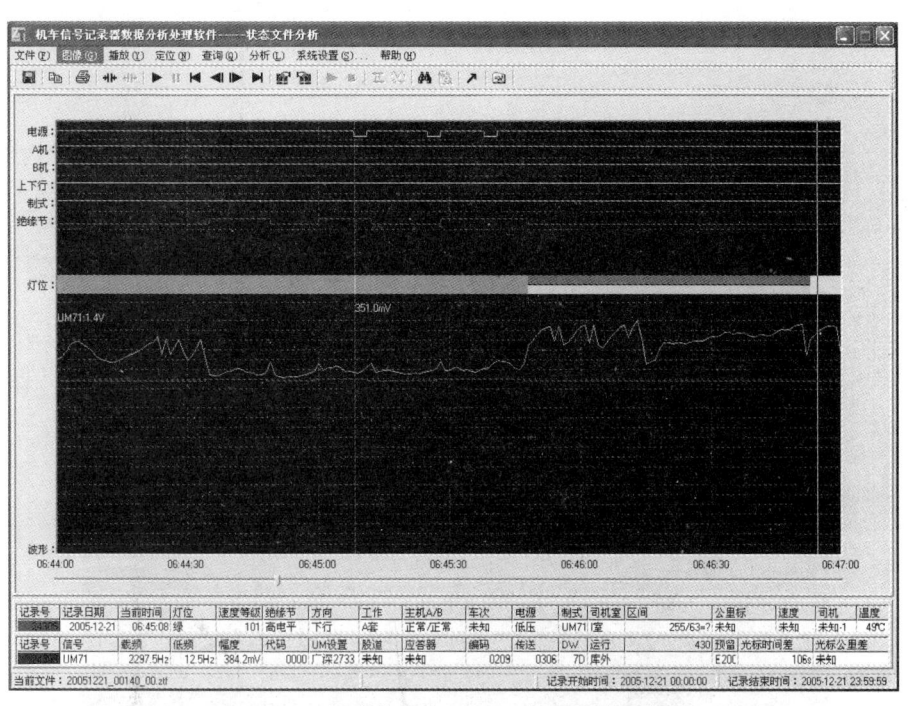

图 1-3-7　机车信号 110 V 工作电源出现低压

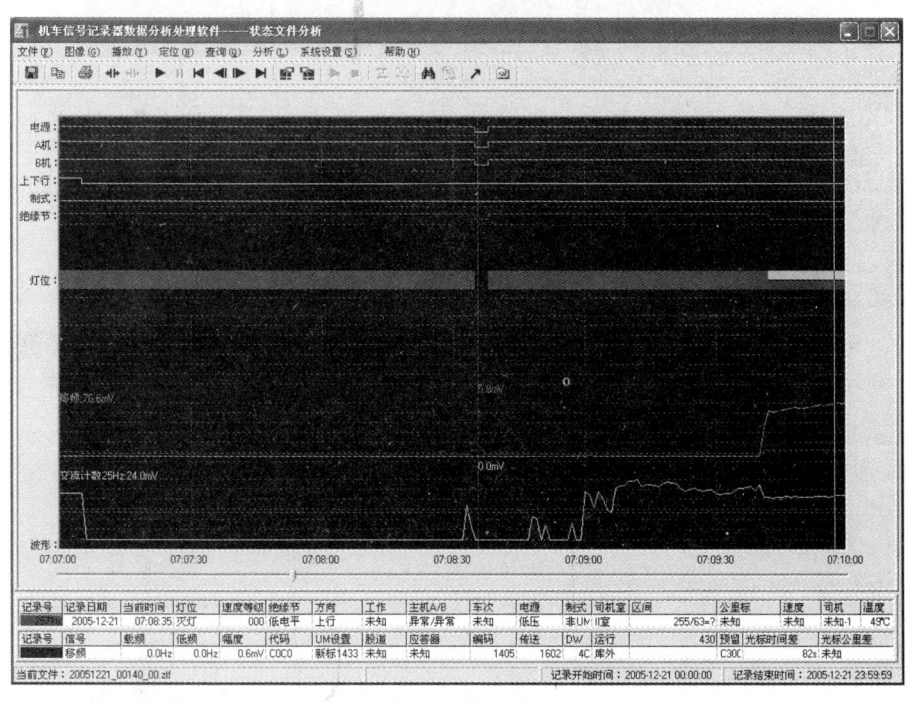

图 1-3-8　记录器记录的同一台设备随后出现的低压灭灯现象

6. 模式开关设置错误导致机车信号译码异常

1）现　象

在新标准（TB/T 3060）ZPW2000 的区段，对低频为 16.9 Hz 的信号应译码输出黄灯，而机车信号输出绿黄灯。

2）分　析

由图 1-3-9 所示的记录器状态数据可以看出，信号载频 2 300 Hz，低频 16.9 Hz，机车信号输出绿黄灯，速度等级 101。此区段为新标准（TB/T 3060—2016）ZPW2000，对此信号的正确译码输出应为黄灯，速度等级 010。

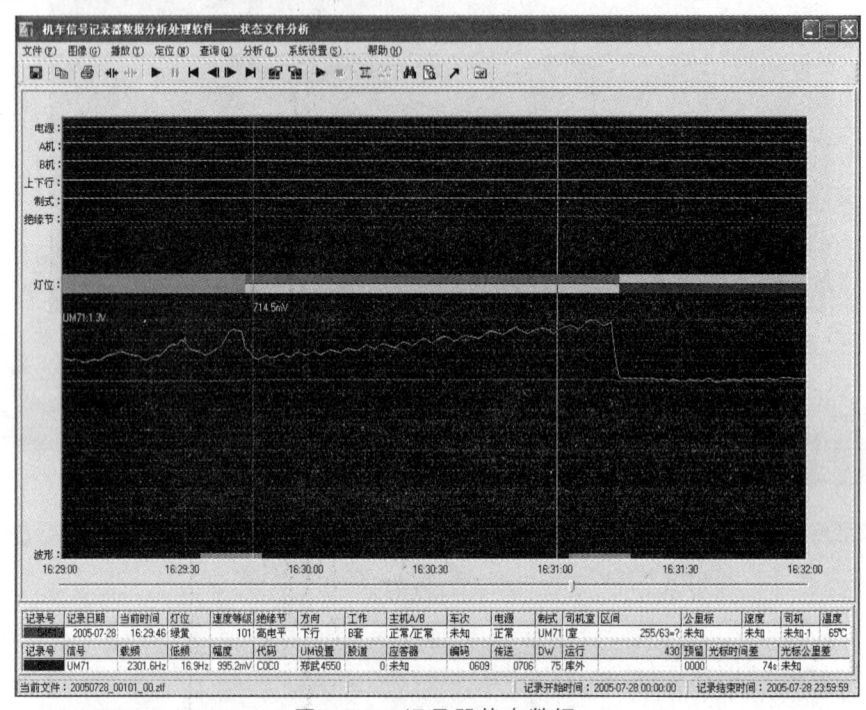

图 1-3-9　记录器状态数据

记录数据表明，机车信号的 UM71 制式设置为"郑武"，不是"新标准 UM71"。显然，由于 UM71 制式设置错误，导致机车信号译码输出异常。

经查，此机车信号设备外接了模式选择开关，信号制式选择取决于对此开关的设置。司机对模式选择开关的错误操作，造成了 UM71 制式设置错误，导致信号输出异常。

7. 移频信号上下边频幅度相差太大，导致机车信号不译码

1）现　象

机车信号在移频区段不译码。

2）分　析

检查车载设备的上下行设置和信号输入通道，未发现异常。查看记录器数据，相应位置的信号幅度、载频、低频均正常，但机车信号没有正常译码，输出白灯，如图 1-3-10 所示。

进一步分析信号波形，发现信号上下边频幅度相差很大，几乎达到 2∶1，也就是俗称的"歪肩膀"，如图 1-3-11 所示。出于安全考虑，机车信号对这种信号不能正常译码输出。现场将地面发码设备整改后，问题得到解决。

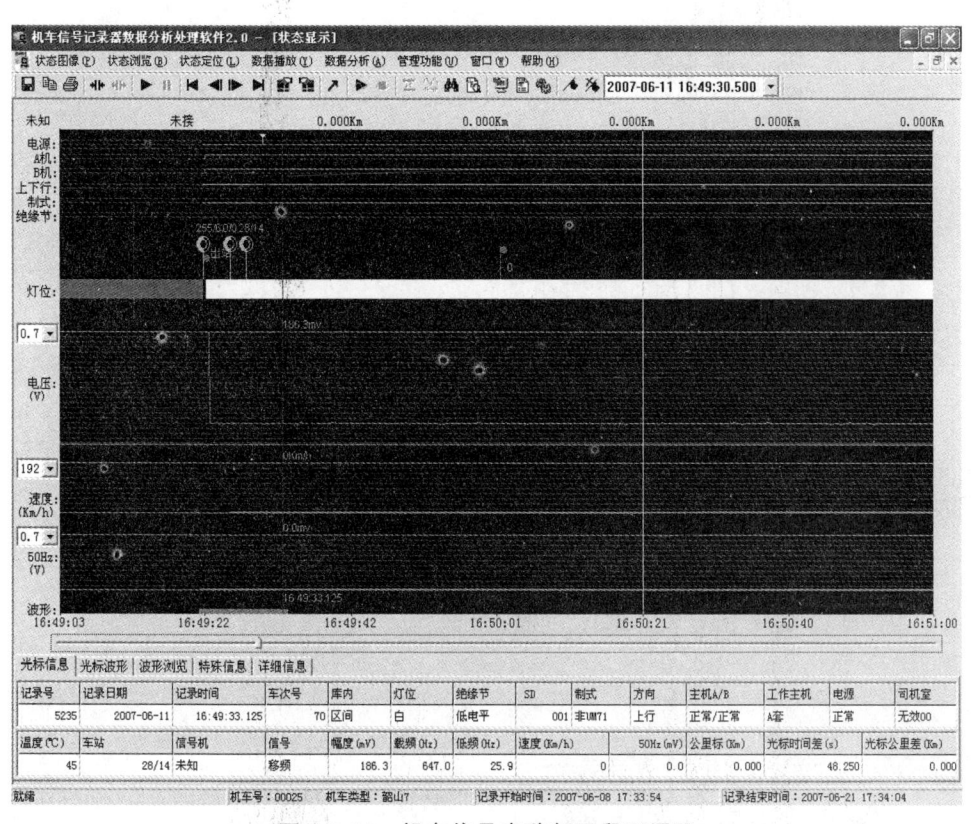

图 1-3-10　机车信号在移频区段不译码

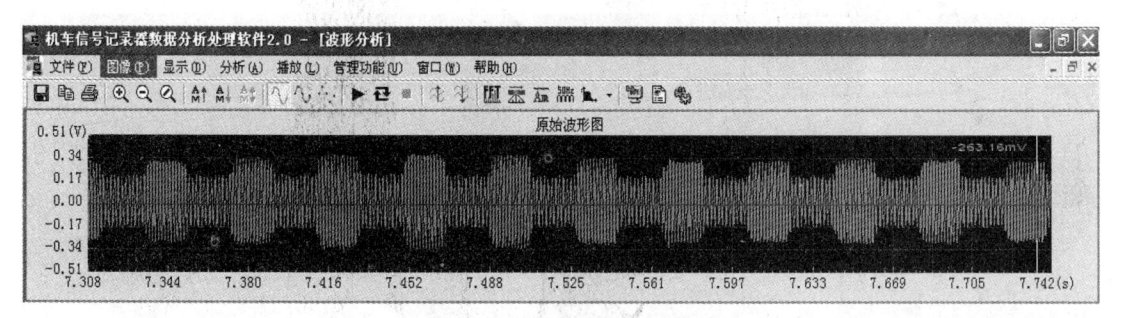

图 1-3-11　信号上下边频幅度相差很大

8. 地面信号质量差，导致机车信号掉码

1）现　象

机车信号在股道内掉码。

2）分　析

通过查看机车信号记录器记录的地面原始信号，发现在某些站侧线的股道上有信号中断或信号质量很差的情况。图 1-3-12 为侧线股道上 HU 掉为 H 灯的状态文件，图 1-3-13 为对应的信号波形。将信号波形展开后，可以清楚地看出此信号幅度很小，且根本不具备正常信号的特征，所以机车信号不可能译码。

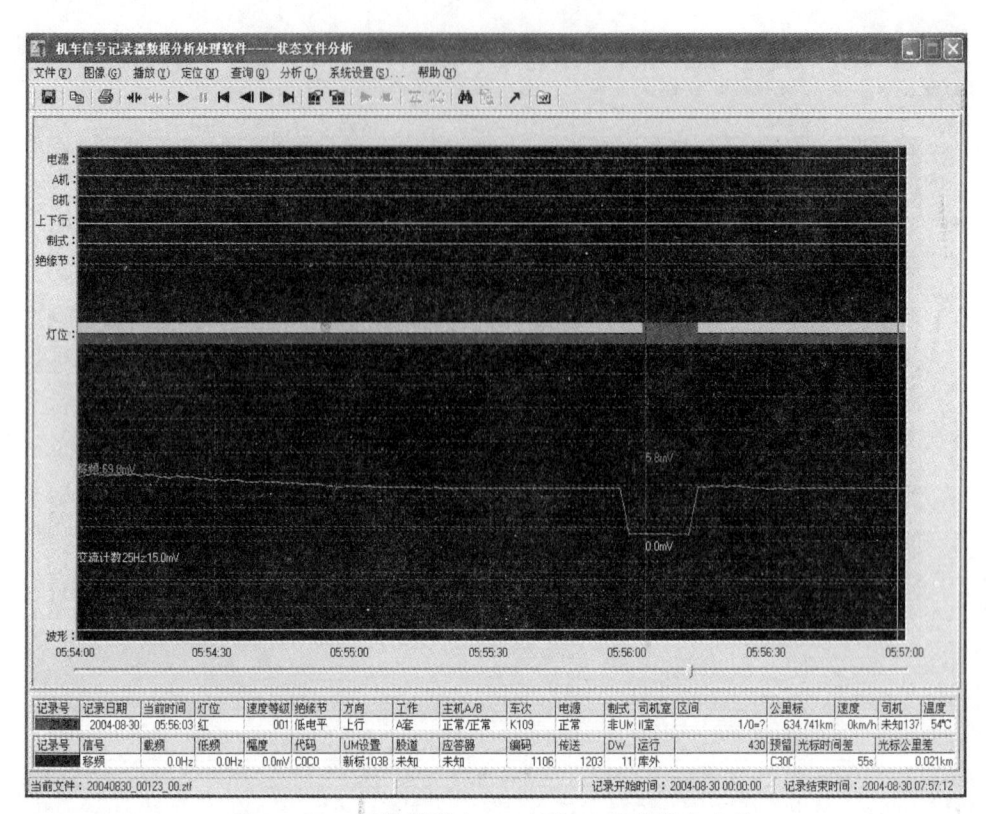

图 1-3-12 侧线股道上 HU 掉为 H 灯的状态文件

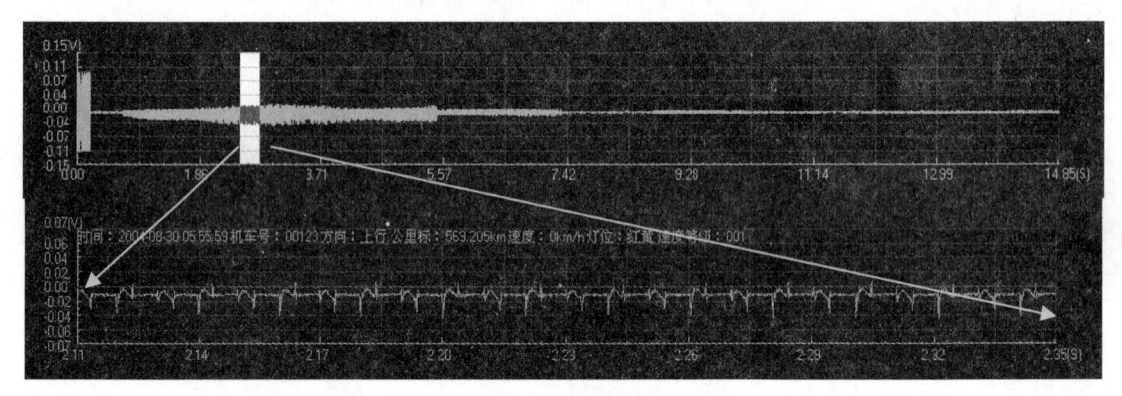

图 1-3-13 对应的信号波形

知识点 3 双路接收线圈断线问题处理

1. 双路接收线圈断线的原因

（1）接收线圈确实断线了。
（2）单端安装机车，测试运行开关打到测试位，接收线圈接到不存在的Ⅱ端上。
（3）X26 插头未完全连接可靠。
（4）地面发送了与测试方波频率完全相同的信号（可能性极小）。

2. 断线功能检查及失效原因

断线功能可以通过人为断开接收线圈来模拟，如果断开 1 min 以上（最好以 2 min 为判断门限），机车信号仍然点亮则可判断断线检查功能失效。

3. 测试时注意问题

如果只向主机提供 110 V 电源测试时，开机后 1 min，机车信号会检测到断线并灭灯，如果想克服此问题，需要将接收线圈信号短路。

如果利用测试台测试时，需要保证有接收线圈连接，或者测试台本身输出是低阻抗的信号源。

如果能一直向机车信号主机提供有效信号，则机车信号主机不进行断线检查，此时测试可正常进行，但是一旦机车信号主机接收不到有效信号连续超过 1 分钟，则机车信号主机灭灯。

【拓展阅读】

1. 电源Ⅰ板 110 V 电源指示灯不亮故障处理

（1）故障现象：电源Ⅰ板 110 V 电源指示灯不亮。

（2）原因分析：电源Ⅰ板 110 V 电源指示灯不亮，但是 A 主机板工作正常，判断只是指示灯工作不正常有故障，其他都能工作正常。

（3）处理方法：更换电源Ⅰ板。

2. 连接板 A 路正常指示灯不亮故障处理

（1）故障现象：连接板 A 路正常指示灯不亮。

（2）原因分析：连接板 A 路正常指示灯不亮，但 A 板主机工作正常，判断只是正常指示有故障，其他都能工作正常。

（3）处理方法：更换连接板。

请分析：记录板指示灯全部不亮故障应如何处理？

【电务小贴士】

严格遵守规章制度，养成良好的行为习惯。

【作业任务单】

（1）机车信号主机Ⅱ级修检修作业记录。

编号：　　　　　型号：　　　　　生产厂家：　　　　　　　检修时间：

下车机车（型）号			下车时间		第　次检修	
作业项目	作业范围		插件编号		作业情况	
清扫检查	机箱					
	主机板A					
	主机板B					
	电源板1					
	电源板2					
	连接板					
	记录器板					
整机测试	在机车信号测试台上进行测试： 1.测试台测试、测试文件检查各项指标合格 2.联调台测试 3.测试文件转储、测试文件分析 测试结果：合格□　　　不合格□					
更换记录						
存在问题及处理结果						
检修人：		互检人：		工区验收：		日期：
车间验收：			日期：	电务段验收：		日期：

（2）请写出自动闭塞区段定义的9种机车信息码。

序号	机车信息码名称	机车信息码的含义	机车信号机点灯
1	L		
2	LU		
3	U		
4	U2S		
5	U2		
6	UUS		
7	UU		
8	HB		
9	HU		

（3）填写四显示自动闭塞区段机车信息码低频信息分配情况表。

序号	1	2	3	4	5	6	7	8	9
机车信息码									
ZPW-2000 测量值/Hz									
机车信号机显示									

（4）填写 CTCS-2 级区段机车信息码低频信息分配情况表。

序号	1	2	3	4	5	6	7	8
机车信息码								
ZPW-2000 测量值/Hz								
机车信号机显示								
序号	9	10	11	12	13	14	15	16
机车信息码								
ZPW-2000 测量值/Hz								
机车信号机显示								

（5）填写 ZPW-2000 轨道电路低频信息及对应的低频信息编号（发送器背面）。

编号								
频率/Hz								
编号								
频率/Hz								

【练习】

1. 选择题

（1）通用式机车信号主机使用的工作电源是（　　）。
A. 直流 50 V　　　　　　　　B. 交流 48 V
C. 直流 220 V　　　　　　　 D. 交流 50 V

（2）通用式机车信号开机后，首先进行初始化，自检完毕后机车信号显示（　　）。
A. 黄灯　　　　　　　　　　B. 红灯
C. 绿灯　　　　　　　　　　D. 白灯

2. 综合题

如图 1-3-14 所示，机车在 ZPW-2000A 自动闭塞区段运行，试回答如下问题：

（1）根据通过信号机的显示，画出防护各区间地面信号机的显示（区间采用四显示自动闭塞行车）。

（2）填写对应发送的代码。

（3）画出列车此时机车信号显示。

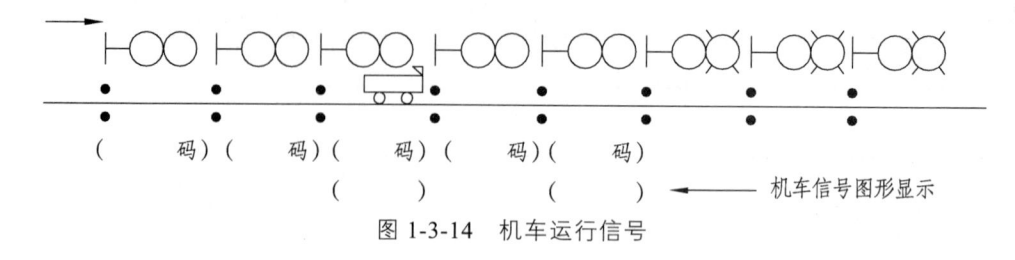

图 1-3-14　机车运行信号

模块 2　列车运行监控记录装置

教学目标

能力目标

（1）能熟练说出运行监控记录装置的功能、组成和工作原理。
（2）能正确操作监控记录装置的显示屏。
（3）能按照检修作业流程正确完成运行监控记录装置的检修。
（4）能根据故障现象分析和处理常见运行监控记录装置故障。

知识目标

（1）掌握运行监控记录装置的功能、系统组成和原理。
（2）掌握运行监控记录装置的界面显示含义。
（3）了解运行监控记录装置的小、辅修作业流程。

素质目标

（1）提升自主学习能力和团队合作意识。
（2）强化岗位安全意识和规范操作意识。
（3）践行严谨规范、精益求精的工匠精神。

专项技能 2.1　LKJ2000 型监控记录装置系统概述

微课：列车运行监控记录装置起源

【学习目标】

- 能力目标

（1）能简述运行监控记录装置的主要功能。
（2）能说出运行监控记录装置的系统组成和相关设备。
（3）能解释运行监控记录装置的工作原理。

- 知识目标

(1) 掌握 LKJ2000 型列车运行监控记录装置监控主机组成。
(2) 了解 LKJ2000 型列车运行监控记录装置记录、显示内容。

- 素质目标

(1) 培养严谨细致的学习习惯。
(2) 强化岗位安全意识。

【任务下达】

列车运行监控记录装置（LKJ）作为机车传统意义上的"三大件"之一，从 1995 年开始在全路机车上得到广泛的推广和应用，是防止列车冒进信号、运行超速事故和辅助机车司机（含动车组司机）提高操纵列车运行安全能力的重要行车设备。LKJ2000 型列车运行监控记录装置，吸取了 JK-2H 型和 LKJ-93 型监控装置的成熟技术经验，在技术等级、功能、性能和可靠性等方面都有了较大程度的提高，是新一代监控装置设备。通过本项目的学习，了解 LKJ2000 型监控记录装置的功能、组成和基本原理。

【理论学习】

知识点 1　LKJ2000 型监控装置的功能

1. 概　述

列车运行监控记录装置简称监控装置，是我国铁路研制的以保障列车运行安全为主要目的的列车速度控制装置。监控装置以轨道电路及机车信号作为列车运行指令信息源，以预置于主机的方式获取运行线路参数信息，采用计算机智能处理对列车运行速度进行安全监控。监控装置目前广泛应用于速度 160 km/h 以下铁路，并且在采用 CTCS-2 级列控系统的高速铁路作为备用系统。

LKJ2000 型监控装置具有车载存储线路参数、采用连续平滑速度模式曲线控制、实时计算取得速度控制值、主要控制过程全部采用计算机实现、提高可靠性设计、采用图形化屏幕显示器等特点。

2. LKJ2000 型监控装置的功能简介

监控装置的主要作用，一是防止列车越过关闭的地面信号机，二是防止列车在任何区段运行中超过机车车辆的构造速度、线路允许的最高运行速度和道岔的限制速度。

1) 监控功能

(1) 防止列车越过关闭的信号机。
(2) 防止列车超过线路（或道岔）允许速度以及机车车辆的构造速度。

（3）防止机车以高于规定的限制速度进行调车作业。

（4）在列车停车情况下，防止车辆溜逸。

（5）可按临时增加的运行要求控制列车不超过临时限速。

（6）自动闭塞区段列车在显示停车的通过信号机前停车 2 min 后，继续向此信号机防护的分区运行时，保证在该信号机防护的闭塞分区内运行速度不超过规定的限制速度。

（7）列车通过显示黄灯、双黄灯、黄闪黄的进站信号机进入站内无码区段时，监控装置按前方信号机关闭进行控制。经司机确认操作后，允许列车以低于规定的限制速度通过该信号机。

2）记录功能

（1）一次性记录项目。

① 开机记录，包括日期、时间、机型、机车号、监控装置编号、车轮轮径。

② 输入参数记录，包括车次、司机号、副司机号、区段代号、车站代号、客货车别、本务补机别、牵引总重、载重、计长、辆数、支线号、侧线股道号、出入段时间。

（2）运行参数记录项目。

运行参数记录主要包括时间、线路公里标、距前方信号机距离、前方信号机种类及编号、机车信号显示状态、地面传输信息、运行实际速度、限制速度、列车管压力和机车制动缸压力、机车工况（牵引制动别、零位、运行前后方向别）、柴油机转速（内燃机车）、原边牵引电流（电力机车）、监控装置控制指令输出状况（动力切除、常用制动、紧急制动、允许缓解等）、监控装置报警、司机操作装置状况（开车、调车、解锁、警惕键、坐标调整、IC 卡操作、事件打点记录等）、监控装置异常状况、平面调车灯显装置信息变化。

（3）运行条件。

① 运行记录。

当满足下列条件之一时产生一次参数记录：实际速度变化 2 km/h；限制速度变化 2 km/h；列车管压力或机车制动缸压力变化 20 kPa；柴油机转速变化 100 r/min；机车信号显示及平面调车灯显信息变化；机车工况变化；机车过闭塞分区（轨道绝缘节）；监控装置控制指令输出；司机操作装置；地面传输信息变化；监控装置报警；监控装置异常。

② 运行事故状态记录。

机车走行距离每变化 5 m 将上述"运行参数记录项目"内容记录一次。

3）显示和声音提示功能

显示和提示功能由监控装置配置的数码显示器或者屏幕显示器实现。

（1）数码显示器显示。

① 显示实际运行速度、限制速度/目标速度。

② 显示机车信号信息。

③ 显示可选择显示装置原始设定的参数、司机输入信息、运行参数、地面传输信息、监控装置故障信息。

④ 声音提示内容。进行下列各类信息的声音提示：机车信号灯状况；前方信号机处限速值变化；司机输入有关信息；临时限速地点及限速值；监控装置实施动力切除、常用或紧急

制动；监控装置允许缓解；车机联控作业；进入侧线股道或支线地点；监控装置报警；监控装置状况事故状态记录器状况。

（2）屏幕显示器。

屏幕显示器全部涵盖数码显示器的显示和提示内容。屏幕显示具有信息量大、显示方式灵活的特点，可充分发挥图形、符号、曲线的优势。屏幕显示器主要分两类显示界面形式。

① 综合信息显示。

a. 运行已经过的 1 km 路程至当前所处地点的实际运行速度值轨迹曲线。

b. 显示运行前方 3 km 路程内线路允许速度机车车辆构造限速或临时限制速度三者的较低速度值曲线。

c. 显示运行前方 3 km 路程内线路控制模式限制速度曲线。

d. 以曲线、图形符号和文字形式，沿线路里程的延展显示运行已经过的 1 km 路程至运行前方 3 km 路程内的线路平面曲线、桥梁、隧道、坡道、信号机、平交道口、电气化断电标车机联控作业地点及车站的布置情况。

e 显示运行前方 3 km 路程内机车优化操纵运行速度曲线和手柄级位或牵引电流曲线显示站间运行图规定运行时间。

f. 以图形或数字方式显示实际运行速度、控制模式限制速度、距前方信号机距离、时钟等。

② 单项信息显示。

与数码显示器中选择显示功能内容相对应的各种显示均以单项信息方式显示，每种显示依其功能性质采取了适宜的图形、表格等形式。

知识点 2　LKJ2000 型监控装置系统组成及工作原理

1. 系统组成

LKJ2000 型列车运行监控记录装置主要由监控主机、屏幕显示器、事故状态记录器、速度传感器、压力传感器、机车鸣笛记录接口装置、GPS 信息接收装置、总线扩展盒、本/补切换装置、调车灯显接口盒等组成，如图 2-1-1 所示。

微课：LKJ2000 型列车运行监控记录装置的组成

1）主机箱

主机箱采用 6U（1U = 44.45 mm）、19 英寸（1 in = 25.4 mm）标准机箱结构，其宽度尺寸为 84R（1R = 5.08 mm），深度 300 mm。插件尺寸为 6U（高度）×160（深度）标准插件。主机箱为装置的控制中心，采用双套热备冗余工作方式，其内部由 A、B 二组完全相同的控制单元组成。每组有 8 个插件位置（包括一个预留位置），各插件位置以机箱中心线为基准对称排列，从中线开始往左右各插件排列顺序依次为：监控记录、地面信息、通信、模拟量输入/输出、预留、数字量输入、数字量输入/输出、电源，如图 2-1-2 所示。各插件之间采用 VME 标准总线母板连接。机箱采用背板对外出线方式，所有输入/输出信号均通过机箱背部连接器引出。

图 2-1-1　LKJ2000 型监控记录装置系统组成

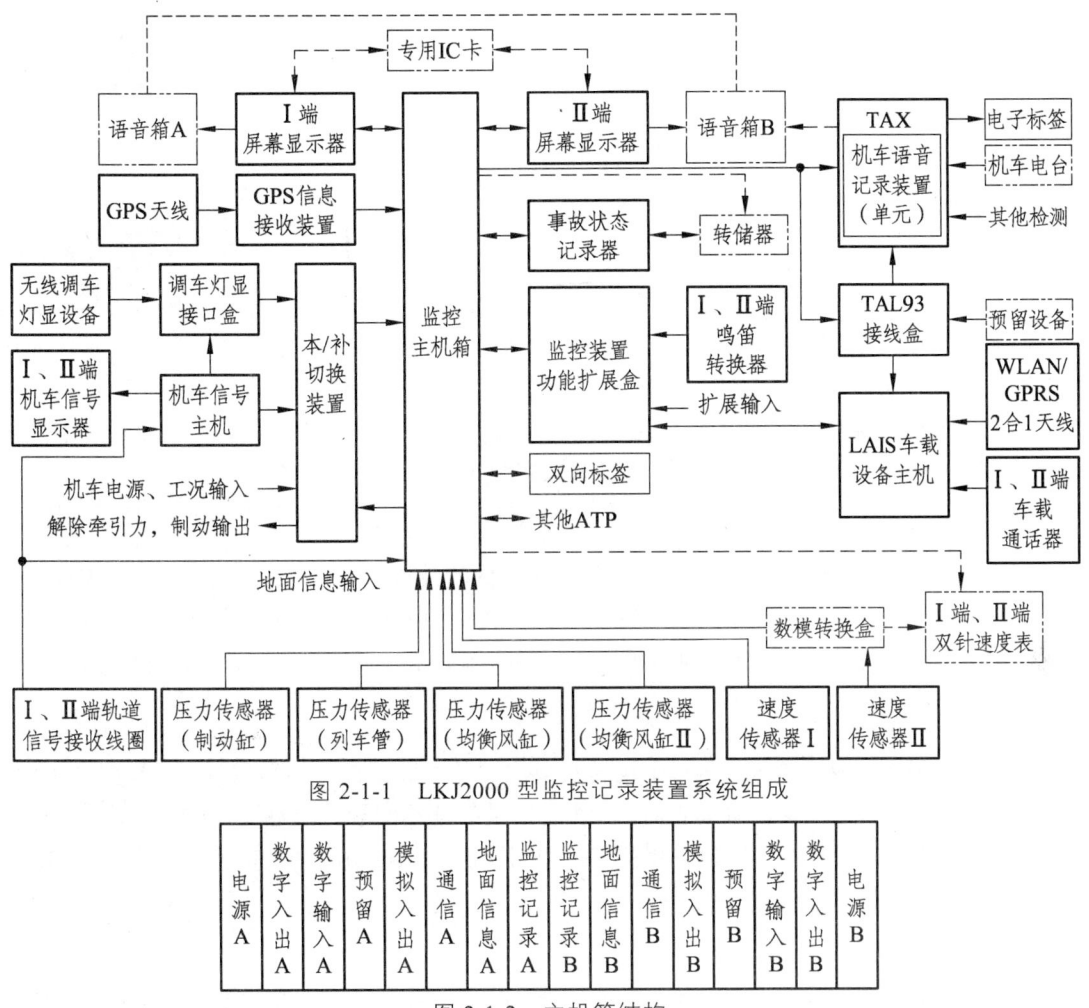

图 2-1-2　主机箱结构

主机箱内各插件的主要功能：

（1）监控记录插件。作为装置的主机模块，主要完成地面数据的存储与调用、运行状态数据的记录与同步、控制模式曲线的计算、实时时钟的产生，并通过双路 CAN 串行总线对系统其他模块进行控制与管理。

（2）地面信息处理插件。主要完成轨道电路绝缘节的识别，为监控记录插件提供以校正距运行前方信号机的距离绝缘节信号。此外，还有对轨道电路叠加信息处理电路的双端口 RAM 接口，实现与轨道电路叠加信息处理单元的通信，完成对轨道叠加信息的利用。

（3）通信插件。完成监控装置与其他设备之间的通信管理，以使不同通信格式、不同通信接口和速率的设备可以和监控主机交换数据。

（4）模拟量输入/输出插件。完成模拟量输入信号和频率输入信号的调整、隔离、模/数转换及模拟输出信号的数/模转换、隔离及调整输出。

（5）数字量输入插件。完成对机车信号的采集，并将转换后的电平送到数据总线，供监控记录插件采样。

（6）数字量输入/输出插件。一方面完成机车工况输入信号（110 V）的隔离与转换，另一方面完成制动指令的执行输出（继电器触点输出）。

（7）电源插件。采用模块电源方式将 110 V 输入电源转换成系统所需的各种电源。所有输出电源与输入电源隔离。输出电压包括供主机箱各插件工作的 5 V、+12 V、-12 V 及 24 V；供显示器的 15 V；供速度传感器以及供压力传感器的 15 V。

2）屏幕显示器

作为人-机界面的显示器有数码显示器与屏幕显示器两种。

屏幕显示器方式采用 10 英寸 TFT 高亮度液晶显示屏，以屏幕滚动方式显示实际运行速度轨迹曲线及模式限制速度（或线路允许速度）曲线，以图形、符号和文字形式显示地面信号机的位置、种类以及运行线路的曲线、坡道、桥梁、隧道及道口等信息，同时显示指导性机车优化操纵运行速度曲线和手柄级位曲线，以提示或引导乘务员操作。屏幕显示器内部采用 PC104 模块结构，具备语音提示功能以及大容量 IC 卡数据读写功能。

3）列车事故状态记录器

列车事故状态记录器（黑匣子）记录 30 min 以内的最新列车运行状态数据（事故发生将自动停止记录），其记录密度大大高于监控主机，列车走行距离超过 5 m 时，将产生一次相关参数记录，在发生事故后可提供详细、准确的列车运行状态数据。事故状态记录器具备抗冲击性能。

4）速度传感器

速度传感器提供速度信息，即与车轮转数成比例的电脉冲信号。采用 TQG15 型或 DF16 型光电式速度传感器，安装在机车轮对上。速度信号的基本配置为二通道（可扩充至三通道、四通道），如果二通道速度信号相位相差 90°，则可满足相位防溜功能的需要。在此功能时，速度信号可分别取自两个速度传感器。

5）压力传感器

压力传感器采用 TQG14 型机车压力变送器。压力传感器除了检测列车管压力外，还检测机车均衡风缸压力及制动缸压力。均衡风缸压力信号用于反馈控制以提高常用制动减压量控制精度；制动缸压力信号主要在机车单机运行时作为状态记录依据。

6）机车鸣笛记录接口装置

机车鸣笛记录接口装置由监控装置功能扩展盒、鸣笛转换器、相关电缆及地面软件组成。鸣笛转换器检测机车喇叭鸣笛时的气压，将鸣笛时的气压信号转换成电信号，并通过扩展盒输入监控装置，作为鸣笛记录用。

7）GPS 信息接收装置

GPS 信息接收装置为监控记录装置提供了定位信息，支持定位、测速、校时等需要。

8）总线扩展盒

总线扩展盒用于 LKJ 主机与 LAIS 车载主机、监控装置功能扩展盒和 GPS-2000 控制盒通信接口。

9）本/补切换装置

本/补切换装置主要实现硬件切换电气隔离的功能。

10）调车灯显接口盒

调车灯显接口盒提供无线调车灯显设备与监控装置之间的接口，能够在调车时实现机车信号与无线调车灯显信息的转换，并使 LKJ 能够接收无线调车灯显信息而无须对 LKJ 进行改动，同时接口盒也为无线调车灯显设备提供稳定的工作电源。

2. 工作原理

为了实现速度监控的目标，监控装置需要获得行车指令要求、运行线路状况和列车自身状况的信息。

行车指令要求主要指是否允许列车运行及允许运行的速度，是通过机车信号获得的。

运行线路状况指线路的坡道、曲线、隧道情况，以及道岔、信号机布置情况，是通过将有关参数预先存储于监控装置的主机中获得的。

列车自身状况指编组辆数、实际运行速度、列车所处线路的位置等。列车编组辆数是通过司机用键盘输入获得的。运行速度由机车轴端速度传感器得到。列车位置信息根据列车运行速度计算走行里程得到，并通过轨道电路校准。

速度监控装置以获得的上述各种信息作为依据，按照运行规章的要求进行一系列的计算判断和控制，完成速度监控功能。

监控装置采集列车和线路参数，获取运行指令，对照指令目标处的速度值计算出列车运行当前必须限定的速度值（限速值），将采集的实际运行速度与限速值进行比较，对实际运行速度达到限速值的情况发出报警，以切除牵引控制指令进行速度控制。

监控装置的核心是当前限速值的计算。计算的数学模型必须符合《列车牵引计算规程》（以下简称《牵规》），且要考虑系统参数采集存在的误差和列车控制系统性能的离散性而包含安全余量。

知识点 3　LKJ2000 型监控装置的相关设备

与 LKJ 配套工作的设备有转储器、机车安全信息综合监测装置（TAX2 箱）、铁路车号自动识别系统（ATIS）车载设备、列车运行状态信息系统（LAIS）车载设备、双针速度表等。

1. 转储器

LKJ2000 数据转储器用于将车载记录数据转录到地面微机系统供分析处理。其内部数据存储器采用大容量非易失性数据存储器（可不带电池长期保存数据）。存储容量为 8M 字节。转储器与车载主机的数据传输以及与地面微机的数据转录均采用 RS232 标准通信方式，通信具备数据校验功能。LKJ2000 型数据转储器既可转储 LKJ2000 型监控装置数据，也可转储 LKJ93 型监控装置数据，并能自动识别不同设备类型及记录数据格式。

2. 机车安全信息综合监测装置（TAX2 装置）

轨道动态检测设备、弓网检测设备、无线列调语音录音设备、铁路运输管理信息系统（TMIS）及列车调度指挥系统（TDCS）等都是与机车运行有关的安全检测及数据传输设备，它们均要共享监控装置的运行记录信息。为将这些设备集中化、系统化，使其规范、安全，便于实现共享监控装置信息，开发了机车安全信息综合监测装置（TAX2 装置）。该装置将各检测设备以标准模块单元置于工作平台中，由该平台中的通信记录单元获取监控装置的时间、公里标、速度和车次等信息，综合各功能模块单元检测到的信息进行记录，记录的格式与监控装置的数据记录格式相同，可以用监控装置转储器进行记录数据的转储，并利用监控装置的地面处理软件进行地面分析处理和数据管理。

TAX2 装置组成如图 2-1-3 所示，TAX2 装置以电源单元、通信记录单元作为基本单元配置，其他已开发的功能单元有轨道检测单元、弓网检测单元、TMIS 单元、TDCS 单元、无线列调语音录音单元。另外，预留 4 个单元位置用于备用功能单元的扩展。

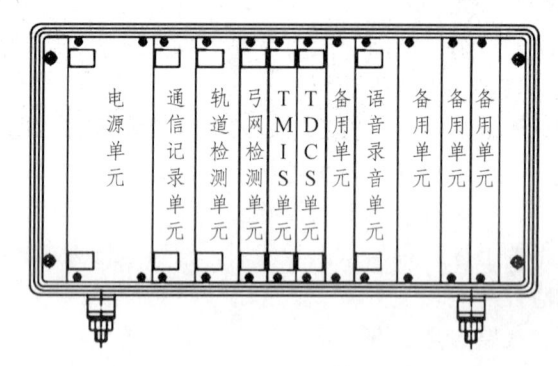

图 2-1-3　TAX2 装置组成

3. 铁路车号自动识别系统（ATIS）车载设备

铁路车号自动识别系统（ATIS）车载设备主要由机车电子标签、车载编程器（TMIS 板）、标签电缆三部分组成。

机车电子标签安装在机车底部，用于向地面 AEI 设备传送机车信息和接收地面上传的有关信息。

车载编程器安装在机车 TAX 箱中，用于存储机车有关信息、向机车电子标签写入信息和接收地面上传到机车电子标签中的信息、与机车监控装置进行通信接收车次等信息并向监控装置传送地面上传的信息。

标签电缆用于连接机车电子标签和 TAX 箱。

4. 列车运行状态信息系统（LAIS）

LAIS 系统由车载设备、车-地无线传输网络、地面有线传输网络、国铁集团/铁路局有限责任公司/站段三级数据处理中心、国铁集团/铁路局有限责任公司/站段三级综合应用系统，以及维护支持系统等部分组成。

车载设备安装在需要远程监控的机车、动车组上，由 LAIS 车载主机、车载通话器、外围接口设备、GSM/GPRS 天线、WLAN 天线和 TAL93 接线盒等组成，主要完成与机车安全运行相关的各种设备信息的采集，并通过无线方式传到地面。

5. 双针速度表

指针式速度指示采用双针速度表。双针速度表的实际速度与限制速度指针依靠装置主机驱动。国内双针速度表有 EGZ3/8 型和 ZL 型。两种表都是广角速度表,由上下机芯、里程计及外壳组成,能与监控装置配套使用,具有结构牢固、防振性好、寿命长等特点,适用于国内外各种类型的机车。两种表在技术参数和外形尺寸、电气接口上完全一致,可互换使用。

【拓展阅读】

某站电务天窗修试验不彻底影响行车事故

某日,某站排列××次8道接车进路时,20号道岔定位转反位无表示。影响客车1列、货车2列。经查,原因为电务部门在11时10分天窗修(9时13分至11时13分)结束前,未认真彻底试验,确认设备良好,未能发现天窗修期间从9时50分起20号道岔定位无表示挤岔铃响的故障,导致检修后设备出现故障影响行车。构成铁路交通一般D类(D9)事故。

1. 事故原因分析

经调查、调阅分析,事故原因为:某段电务驻站联络员在该站天窗修期间失职,未全程进行安全防护、监控作业和掌握设备状态,多次离开运转室并坐在远离控制台处与其他人员聊天,导致20号道岔出现定位无表示故障、挤岔报警铃响的情况后未能及时发现,错过了在天窗修期间发现并处理故障的最佳时机;电务作业负责人、驻站联络员严重违反《铁路电务安全规则》(铁总运〔2015〕26号)第34条"三不离"中"工作完了不彻底试验良好不离"的规定,在天窗修结束前未组织试验设备,导致20号道岔故障未处理便办理天窗修销记。

2. 事故暴露的主要问题

(1)违章违纪管理不力。电务段作业人员未认真执行"工作完了不彻底试验良好不离"的规定,天窗修结束前未组织试验设备良好便同意驻站联络员办理天窗点销记手续。

(2)维修天窗管理严重失控。天窗修管理混乱及天窗修作业管理松懈。天窗修日计划批复从段至车间至工区流转后,车间未建立管控制度,工区未建立天窗修执行方案,也未认真组织修前调查、派工、安全布置及总结会等,而各职能科室均未检查发现并加以管控。

(3)施工监控管理不严。一是车站信号员离岗。天窗修期间执行上行线天窗修,车站信号员在下行线正常行车的情况下离岗。二是车站值班员作业监控不力。

【电务小贴士】

电务工作人员必须认真执行"三不动、三不离"基本安全制度。

1. 三不动

(1)未登记联系好不动。
(2)对设备性能、状态不清楚不动。
(3)正在使用中的设备(指已办理好进路或闭塞的设备)不动。

2. 三不离

（1）工作完了，不彻底试验良好不离。
（2）影响正常使用的设备缺点未修好前不离。
（3）发现设备有异状时，未查清原因不离。

【作业任务单】

1. 填写图 2-1-4 中的空白，说明 LKJ 系统的功能。

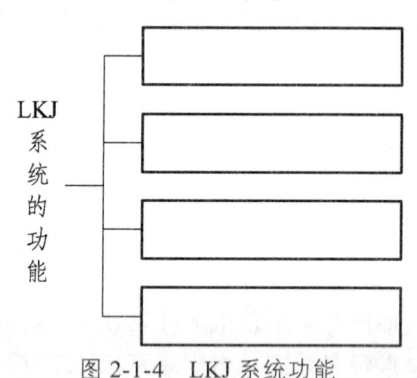

图 2-1-4　LKJ 系统功能

2. 填写图 2-1-5 中的空白，完成 LKJ 系统组成。

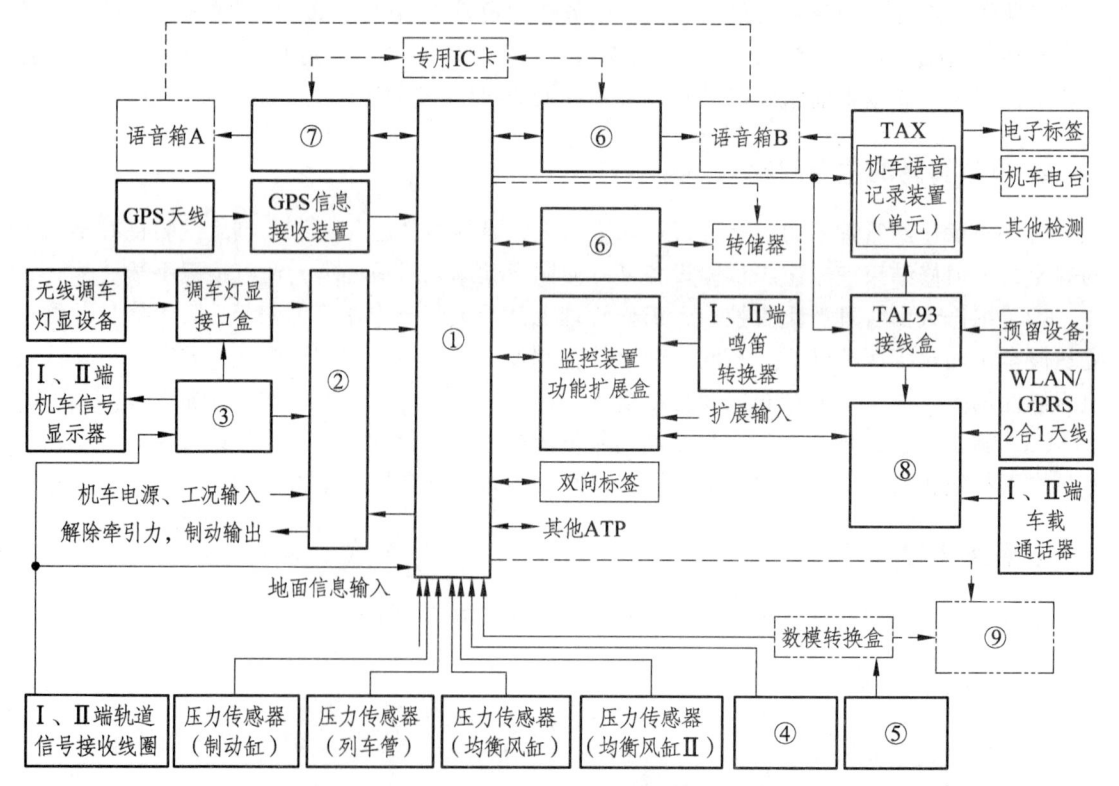

图 2-1-5　LKJ 系统组成

3. 根据 LKJ2000 型监控记录装置监控主机正常工作时面板指示灯含义，检查监控主机工作情况，并填写表 2-1-1。

表 2-1-1 LKJ2000 型监控记录装置监控主机显示情况

灯	含义	显示情况	备注
1A	工作正常（A 机快闪、B 机慢闪）		
2A	亮：实时时钟正常		
3A	亮：双机同步通信正常		
4A	亮：数字量输入插件正常		
5A	亮：数字量入/出插件输入部分正常		
6A	亮：程序和数据片一致		
7A	亮：未复位；闪得越快：复位次数越多；灭：复位超过 10 次		
8A	（无定义）		
1B	亮/灭/闪：主机备机/单机		
2B	亮：CAN A 通信正常（株所）亮/灭：CAN A/B（思维）		
3B	亮：CAN B 通信正常（株所）亮：CAN 通信正常（思维）		
4B	亮：模拟量输入/出插件正常		
5B	亮：数字量入/出插件输出部分正常		
6B	亮：记录同步		
7B	亮：控制同步（思维无定义）		
8B	闪一下/快闪：产生一条记录/转储		

专项技能 2.2　LKJ2000 型监控记录装置界面含义及操作

【学习目标】

- 能力目标

（1）能说出 LKJ2000 型监控记录装置界面显示含义。
（2）能正确完成 LKJ2000 型监控记录装置参数设定等操作。

- 知识目标

（1）掌握 LKJ2000 型监控记录装置各窗口显示含义。
（2）了解 LKJ2000 型监控记录装置功能键操作方法。

- 素质目标

（1）培养严谨细致的学习习惯。

（2）强化岗位安全意识。

【任务下达】

LKJ2000型监控记录装置的屏幕显示器以图形、曲线、文字等方式来显示前方线路状况、运行情况等信息，并在列车超速、冒进信号等危险情况时自动采取紧急制动，保障铁路运输安全。通过本项目的学习，了解LKJ2000型监控记录装置的界面显示含义和基本的操作。

【理论学习】

知识点1　显示内容说明

1. 屏幕最上方的数据窗口显示

LKJ2000型监控记录装置屏幕最上方的数据窗口显示如图2-2-1所示。

视频：LKJ2000型列车运行监控记录装置显示界面介绍

图2-2-1　列车运行监控记录装置屏幕最上方的数据窗口

（1）信号灯状态显示窗口：显示机车当前的信号状态，有绿灯、绿/黄灯、黄灯、红灯、半黄红半灯、双黄灯、黄2灯、白灯八种显示。

（2）速度等级显示窗口：从上至下有LC、SD3、SD2、SD1四种速度等级，亮的部分表示当前所处的速度等级状态。其中，LC亮表示绿灯信号状态下的最高速度等级。SD1、SD2、SD3分别表示速度等级1、速度等级2、速度等级3。

（3）速度窗口：显示机车当前的实际运行速度（绿色数字）。限速窗口：显示列车当前运行位置的模式限制速度（红色数字）。

（4）距离窗口：显示列车当前运行位置距前方信号机的距离（黄色数字）。

（5）编号窗口：显示前方信号机的编号和类型。运行中收到过绝缘节信号且监控产生校正时显示背景为绿色，收到过绝缘节信号没有满足校正条件监控不产生校正时，显示背景为红色。

（6）里程标窗口：显示当前机车行驶位置的里程标。

（7）日期和时间窗口：显示当前的系统日期及时间。

2. 屏幕右边的状态窗口显示

LKJ2000型监控记录装置屏幕右边的状态窗口显示如图2-2-2所示。

（1）故障：当 CAN 总线故障时，指示灯点亮。

显示"CANA"时表示 CAN 总线 A 路有故障；显示"CANB"时表示 CAN 总线 B 路有故障。显示"故障"时表示 CAN A 和 CAN B 均故障。当显示"故障"时，显示器不能与监控主机进行正常通信。

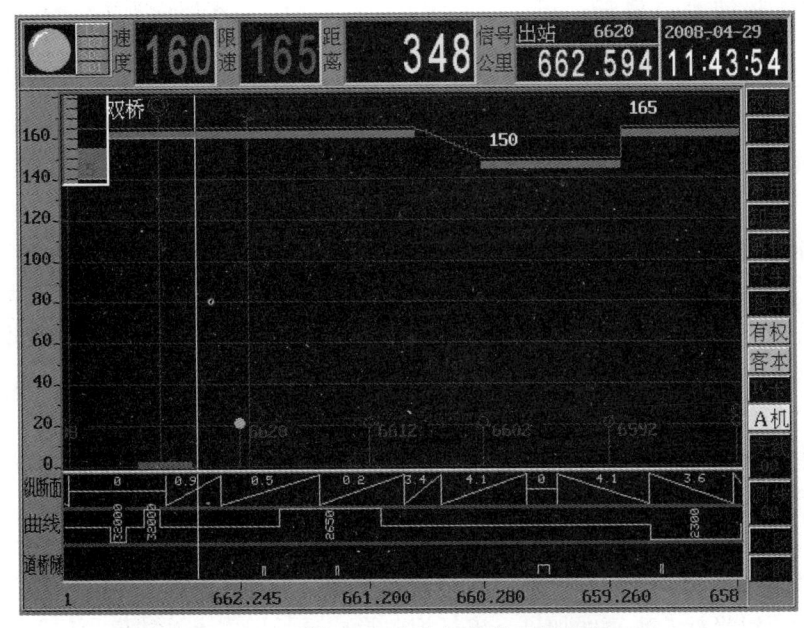

图 2-2-2　列车运行监控记录装置屏幕显示

（2）降级：装置处于 ZTL 工作状态时，点亮此指示灯。
（3）紧急：施行紧急制动时，点亮此指示灯，退出则灯灭。
（4）常用：装置施行常用制动时，点亮此指示灯，退出则灯灭。
（5）卸载：装置施行卸载动作时，点亮此指示灯，退出则灯灭。
（6）解锁：解锁成功后，此灯点亮，4 s 后自动熄灭。
（7）开车：参数有效设定完毕灯亮，按压"开车"键响应后灯灭。
（8）调车：处于"调车"状态时灯亮，退出"调车"状态时灯灭。
（9）控制权：指示本端显示屏是否有操作权，显示"有权"表示有操作权，显示"无权"表示无操作权。
（10）巡检：按压"巡检"键有效后，指示灯点亮，4 s 后指示灯自动熄灭。
（11）IC 卡：正确插入 IC 卡时，该灯点亮，无卡时灯灭。
（12）A/B 机：指示当前工作主机是 A 机还是 B 机，显示 A 表示 A 机是工作机，显示 B 表示 B 是工作机。
（13）支线：列车运行中，当允许支线输入操作时，指示灯点亮，支线输入有效后，显示所输入的支线号。
（14）侧线：列车运行中，当允许侧线输入操作时，指示灯点亮，侧线输入有效后，显示所输入的侧线号。

（15）入库：进入入库状态显示"入库"，进入出库状态显示"出库"，退出出入库状态时指示灯熄灭。

（16）诊断：当机车故障诊断显示器故障时，在监控屏的状态指示栏位置诊断灯被点亮。

3. 速度、限速窗口显示

屏幕中间的窗口为主窗口，如图 2-2-2 所示。显示范围为 5 km。靠左侧 1/5 处的竖直线将窗口分为两部分，左侧显示列车越过 1 km 范围内的运行信息，右侧显示列车运行前方 4 km 范围内的监控模式允许速度、信号机信息、道岔、电分相及线路纵断面状态等信息。

（1）限制速度：以（红色）曲线方式显示当前区段的限制速度和前方 4 000 m 以内的限制速度情况。

（2）实际速度：以（绿色）曲线方式显示列车当前运行速度和刚走行的速度曲线情况。

（3）信号机位置、编号、信号机的状态：以坐标的方式显示前方 4 000 m 以内的信号机位置信号机的编号、前方一架信号机的信号状态。

（4）站中心及站名：以坐标（垂直线）的方式显示前方 4 000 m 以内所有站的站中心位置并用汉字标注对应车站的名称。

（5）机车位置：在整个曲线显示的约 1/5 处有一条垂直分隔线（黄色线），表示此处为当前列车位置，下部显示一个列车图标，图标的长度与输入的列车计长成正比。

（6）道岔：以坐标（垂直线加进、出标记）形式显示进、出站的道岔位置。

（7）线路纵断面、线路曲线、道桥隧：在整个屏幕的下方 3 个窗口显示运行前方线路纵断面线路曲线、桥梁、隧道的情况，指导乘务员操纵。监控数据中在本分区或者下分区有支线时，在曲线窗口左下角以文字方式提示显示各支线号及走行方向。

（8）里程标：在屏幕的最下方显示里程标的变化及走行情况。

（9）优化操纵曲线的显示：预留有优化曲线显示的功能，指导乘务员操作。

知识点 2　功能键说明

1. 面板操作按键

面板操作按键如图 2-2-3 所示。操作按键为带背光薄膜按键，在光线变暗时，按键上的字可自动透光。按键共 21 个，0～9 共 10 个键为复合键，其他为单功能键。

视频：LKJ 面板操作

图 2-2-3　屏幕显示屏操作按键示意

1）复合键

键上带有数字的键，在监控状态作功能键用，在参数修改状态作数字键用，用于功能键时的定义如下：

[巡检]键：在运行中，按压该键，执行副司机机械间巡视记录操作。

[向前]键：运行过程中，先按压[车位]键，3 s 内再按压[向前]键，调整滞后误差。

[向后]键：运行过程中，先按压[车位]键，3 s 内再按压[向后]键，调整超前误差。

[自动校正]键：运行过程中，当距离误差较小的时候，可在地面实际信号机位置按压[自动校正]键，监控自动判断滞后或超前误差，进行距离调整。

[调车]键：在速度为零时，按压[调车]键，进入或退出"调车"工作状。

[车位]键：该键为组合键，调整距离误差时先按压[车位]键，3 s 内再按压[向前]或[向后]键进行车位调整。

[进路号]键：运行中，当支线号或侧线号选择允许灯点亮而支线或侧线输入窗口消失时按压[进路号]键可再进入支线号或侧线号输入操作状态。

[开车]键：按压[开车]键，执行对标开车操作。特定引导时和[解锁]键作为组合键使用进行解锁操作。

[出入库]键：按压该键，进入或退出出入库状态

[定标]键：线路坐标打点记录或者进站确认解除报警。

2）单功能键

[设定]键：进入或退出参数设定操作。

[转储]键：按压该键，进入文件转储操作状态。运行中此键与[1]~[5]数字键组合使用，可解除前发调度命令。

[警惕]键：降级 ZTL 报警时起暂停报警作用；防溜报警及防溜动作后的报警解除，终止当前语音报警。

[缓解]键：按压该键，进行常用制动后的"缓解"操作。

[解锁]键：进站（进路）信号机普通引导或特殊站靠标开口操作；与其他键组合进行某些特定的解锁操作。

[查询]键：按压该键，进入信息的查询操作状态。

[确认]键：按压该键，参数设定或修改有效，保存退出；与其他键组合使用进行某些特定操作。

[←]、[↑]、[→]、[↓]键：在参数设定或查询状态，按压这些键，可以改变光标的位置在输入数字时，[←]键为退格键。

需要弹出"非正常行车窗口"时，按压[↑]键 2 s 以上可弹出非正常行车窗口。

在非参数编辑状态按压[←]键或[→]键可以调整语音大小，按压[↑]键或[↓]键可以调整显示器亮度。

2. 参数设定操作

由于装置采用地面参数内存储，运用时顺序调用的工作方式，因此，运行前应将本次乘

务的车次、车站等参数输入装置。设定操作在机车运行或停车时均可操作。设定操作分为手动输入和 IC 卡输入两种。

1）手动输入

按压[设定]键，进入参数的设定状态，界面显示如图 2-2-4。

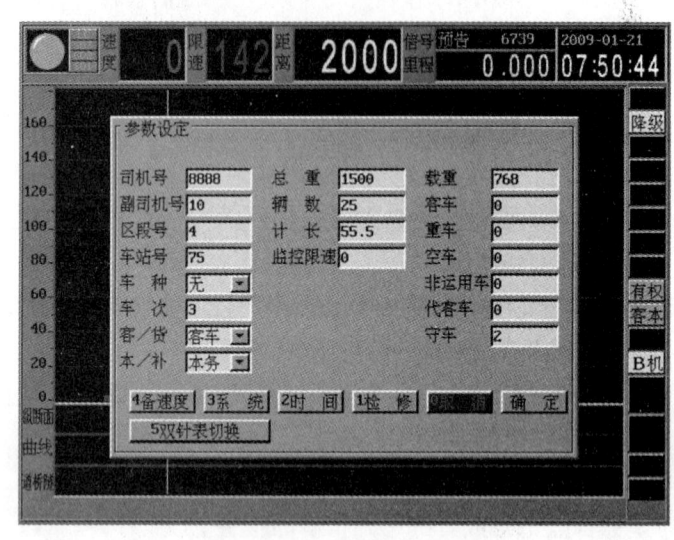

图 2-2-4　参数设定窗口

操作方法：

（1）按压[设定]键，进入参数设定状态。

（2）在参数设定窗口，可以通过[←]、[↑]、[→]、[↓]键，移动光标的位置。通过[0]~[9]键，改变对具体项的设置。修改完任一项设置，要按压一次[确认]键，使光标到下一项。

（3）客/货、本/补项可以在窗口内直接选择需要填写的内容。

（4）所有参数修改完毕，将光标移到"确定"按钮，按压[确认]键或直接按压[设定]键，确认修改有效并退出参数设置状态。否则，将光标移到"取消"按钮，按压[确认]键修改无效并退出参数设置状态。

2）IC 卡输入

（1）将写有参数的 IC 卡，正确插入屏幕显示屏 IC 卡座内，"IC 卡"指示灯点亮。

（2）按压[设定]键，装置就会将卡内的揭示信息和设定参数读出，自动弹出参数设定对话框，其中的参数为 IC 卡中预先写入的参数。此时，可按照上面的手动参数设定更改不正确项。

（3）设定完毕，装置发送参数的同时将揭示信息传送给监控装置，然后弹出信息窗口说明发送揭示是否成功，按压[确认]键后返回。

（4）如果卡中没有揭示信息，直接返回。

【拓展阅读】

某站电务人员天窗点外作业工具掉落造成红光带事故

某日，某站 24-34DG 区段（超限绝缘区段）闪红光带，造成站内 SL 至 12G 接车进路

（42034 次）信号和某站六场 42034 次 7 道出站信号机非正常关闭。2 时 20 分，工务、电务销记恢复正常行车，影响货车 1 列。构成铁路交通一般 D 类（D10）事故。

1. 事故原因分析

经调查分析，事故的直接原因是某电务段作业人员在站点外作业跨越站场线路搬运工具和材料时，搬运的梅花板手掉落在接车进路之外的超限绝缘轨道区段不同电源极性的 2 块铁垫板上（32 号与 34 号交分道岔心轨间），造成超限绝缘轨道电路红光带，影响行车。事故的主要原因是某电务段天窗点外作业现场防护员违反《某铁路局电务安全规则实施细则》第 104 条、第 108 条有关防护安全的规定，在未向驻站联络员汇报并征得同意的情况下，擅自同意作业人员搬运工具和材料跨越线路，而在接到来车通知后，又未组织现场人员停止搬运作业，导致工具掉落造成轨道电路红光带。

2. 事故暴露的问题

（1）防护员履职不到位。一是现场防护员在未向驻站联络员汇报并同意情况下，让作业人员上道，不符合《某电务段劳动安全守则实施细则》有关"横越线路时，必须经驻站联络员允许，方可横越"的规定。二是现场防护员对站场情况不熟悉，在接到驻站联络员通知 12 道接车信号已开放好后，仍然准予室外作业人员往有超限绝缘区段处所搬运材料工具，导致工具跌落造成轨道电路故障。

（2）干部现场履职不到位。一是当晚天窗修前车间副主任、技术员在场组织作业，班前布置会没有强调作业地点是超限绝缘区段要注意的安全风险事项和搬运工具材料的径路等。二是对现场防护员未告知室内上道情况不提醒、不纠正，导致相关的进路办理好后，现场还不清楚进路和信号开放情况。三是工区管图未上墙（只配备工长办公室），造成职工日常对站场特殊设备不熟悉。

（3）施工组织关键作业重视不够。一是作业前未进行预想。复式交分道岔外锁闭装置杆件、配件较多，安装也较为复杂，日常更换此类型道岔装置较少（这次是该车间首次更换复式交分道岔外锁锁钩），存在经验不足够等问题，但车间在组织更换 32 号道岔时，准备工作不充分，未考虑因配件不对换不上要装回原设备、个人搬运负重材料（锁钩、锁框、锁铁共 12 个，每个约 15 kg，动作杆 2 条，每个约 30 kg）工具较多、路程较远等因素。二是班前布置会流于形式。当天班前召开过布置会，虽然做了分工布置，但对在超限绝缘区段更换较为复杂的复式交分道岔装置要注意的事项未作布置，未作安全风险研判。

（4）拉网式风险隐患排查工作不全面。某信号车间在开展拉网式风险隐患排查活动中，对集团公司《关于开展拉网式风险隐患排查整治工作的通知》要求排查的项目存在打折扣，只重视设备隐患排查，对现场作业控制、施工安全、劳动安全方面排查工作较少，排查深度不明显。

【电务小贴士】

电务工作人员必须认真执行"七严禁"基本安全制度：

（1）严禁甩开联锁条件，借用电源动作设备。

（2）严禁采用封连线或其他手段封连各种信号设备电气接点。

（3）严禁在轨道电路上拉临时线沟通电路造成死区间，或盲目用提高轨道电路送电端电压的方法处理故障。

（4）严禁色灯信号机灯光火灯时，用其他光源代替。

（5）严禁甩开联锁条件，人为沟通道岔假表示。

（6）严禁未登记要点使用手摇把转换道岔。

（7）严禁代替行车人员按压按钮、转换道岔、检查进路、办理闭塞。

【作业任务单】

1. 请根据现场设备显示，补充图 2-2-5 中的显示内容及作用。

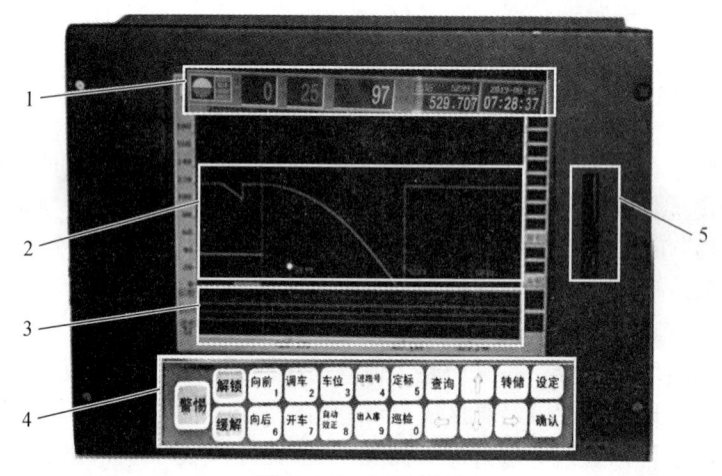

图 2-2-5　LKJ 显示

2. 根据 LKJ 界面显示，说明图 2-2-6 中的显示内容含义。

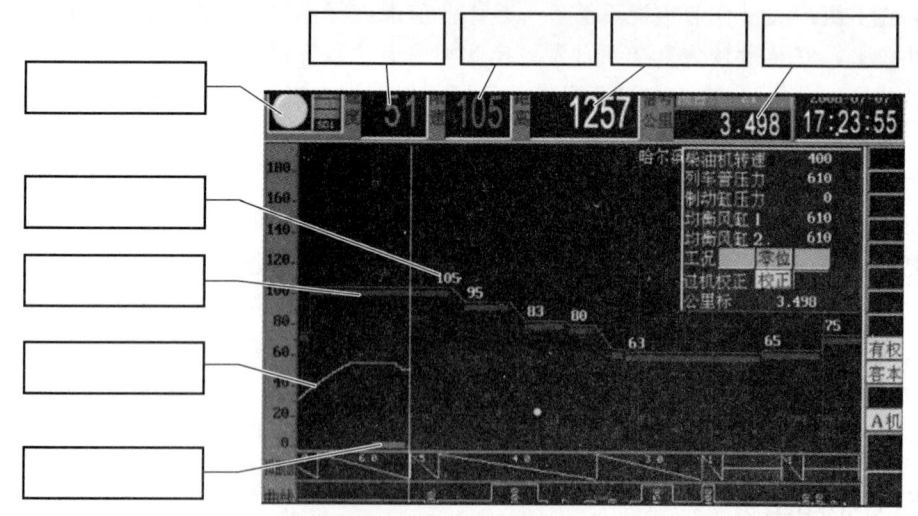

图 2-2-6　LKJ 显示界面含义

3. 根据功能键说明，完成表 2-2-1 中 LKJ2000 监控记录装置的操作。

表 2-2-1　LKJ2000 监控记录装置的操作

序号	操作内容	完成情况	备注
1	输入司机号		
2	输入支线号		
3	输入侧线股道号		
4	查询数据		
5	解锁		
6	输入换长		
7	插入I卡		

专项技能 2.3　LKJ2000 型监控记录装置的维护

【学习目标】

- 能力目标

（1）能按照作业流程正确完成 LKJ2000 型监控记录装置入库检修作业。
（2）能按照作业标准完成 LKJ2000 型监控运行文件质量分析。
（3）能根据故障现象分析和处理常见 LKJ2000 型监控记录装置故障。

- 知识目标

（1）掌握 LKJ2000 型监控记录装置入库检修作业流程。
（2）了解 LKJ2000 型监控记录装置文件质量分析作业标准。
（3）了解 LKJ2000 型监控记录装置常见故障现象和处置方法。

- 素质目标

（1）培养严谨细致的学习习惯。
（2）强化岗位安全意识。

【任务下达】

LKJ2000 型监控装置是应用较为广泛的列车运行安全监控设施，能实现对列车运行速度、稳定系数等相关项目的有效监控。但由于列车运行环境较为恶劣，不稳定因素较多，给列车运行带来众多的安全隐患，因此本项目深入分析 LKJ2000 型监控记录装置常见的故障，为 LKJ2000 型监控记录装置的检修和故障处置提供参考。

【理论学习】

知识点 1　LKJ2000 型监控记录装置入库检修作业流程

LKJ2000 型监控记录装置入库检修作业流程见表 2-3-1。

表 2-3-1　LKJ2000 型监控记录装置入库检修作业流程

设备名称	修程	检修内容	检修作业标准	备注
车上设备	入库检查	机车入库	1. 机车入库进入整备场地面环线停轮 30 min 内，作业人员携带作业工具及转储器及时上车检测。 2. 上车询问司机监控装置运用情况、查看运行日志，有不良反应应进行相应处理	
		车下检查	绕车一周检查机车标签和各速度传感器及接线盒。要求外观整洁，安装牢固，接线紧固，包扎良好，无老化破损	
		Ⅱ室检查	1. Ⅱ室彩屏外观检查。要求外观整洁，安装牢固，接线紧固，无老化破损，显示正常，各按键作用良好。 2. 信号显示检查，应与机车信号显示一致并发出相应语音提示。 3. 设备状态查询。在"设备状态"窗口中，主机箱各插件板指示灯为绿色，各数据显示与实际情况相符，监控、数据版本符合要求。 4. 压力信号检查。在"工况显示"窗口中，检查列车管、均衡风缸与制动风缸压力显示，要求与相应风压表一致，误差范围 ± 20 kPa。 5. Ⅱ室接线排及录音线检查要求接线紧固、无老化破损、断股不超过 10%	
		压力传感器	检查均衡风缸、制动风缸和列车管压力传感器，要求外观整洁、安装牢固、接线紧固无老化破损，接头无泄漏	
		Ⅰ室彩屏及放风试验	1. Ⅰ室彩屏外观检查。要求外观整洁，安装牢固，接线紧固，无老化破损，显示正常，各按键作用良好。 2. 装置参数检查。在"检修参数设定"窗口中，检查装置号、机车型号、机车号、轮径、双针表量程、日期、时间、柴油机转速，要求与实际情况相符，时间误差不大于 30 s。 3. 压Ⅱ力信号检查。在"工况显示"窗口中，检查列车管、均衡风缸与制动风缸压力显示，要求与相应风压表一致，误差范围 ± 20 kPa。 4. 信号显示检查，应与机车信号显示一致并发出相应语音提示	

续表

设备名称	修程	检修内容	检修作业标准	备注
车上设备	入库检查	I 室彩屏及放风试验	1. 设备状态查询。在"设备状态"窗口中，主机箱各插件板指示灯为绿色，各数据显示与实际情况相符，监控、数据、彩显版本符合要求。 2. 入库只做主机放风试验，注意和车上、车下作业人员进行呼唤应答，并鸣笛一长声后，方可进行排风试验。常用制动、紧急制动试验时要求语音提示和灯显示正常，均衡风缸与列车管压力变化情况正常	
		接线排	检查 I 室接线排，要求外观整齐、清洁、接线紧固、无老化破损、断股不超过 10%	
		TAX 箱及相关设备	TAX 箱检查，要求外观整洁，插件到位，各接线紧固，无老化破损，各插件板指示灯显示正常	
		停车及卸载继电器	外观整洁、安装牢固、接线紧固、动作灵活	内燃机车
		常用、紧急制动试验	分别对 A、B 机进行常用紧急制动试验	
		监控主机检查及文件转储	1. 监控主机检查，要求外观整洁无破损、插件到位，插头紧固无松脱；各安装螺丝紧固，各插件及指示灯显示正常，铅封良好。 2. 数据转储，要求转储本机车上次出库后的所有有效文件。 3. 按 GPS 校时程序进行校时	
		办理交接	盖章、填写、发放合格证	
		文件分析	按分析作业标准进行，填写相关检测记录	

知识点 2　监控运行文件质量分析作业标准

LKJ2000 型监控记录装置监控运行文件质量分析作业标准见表 2-3-2 所示。

表 2-3-2　监控运行文件质量分析作业标准

设备名称	修程	检修内容	检修作业标准	备注
地面设备	进库检测	启动	启动地面处理专用程序	
		录入数据	1. 将转录器接口与微机串行口正确连接。 2. 进入地面处理文件转储菜单，进入录入数据准备状态。 3. 将转录器数据转入地面微机处理系统	

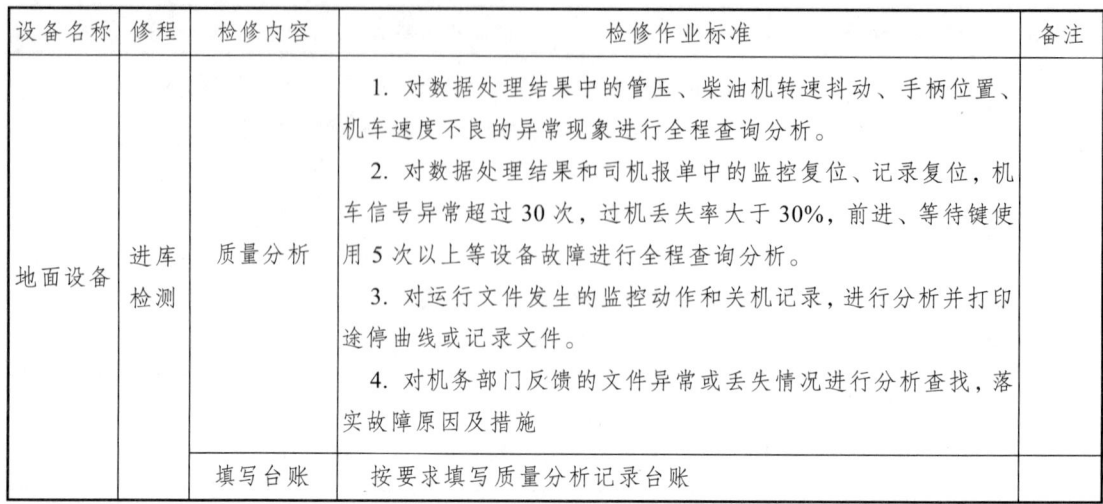

续表

设备名称	修程	检修内容	检修作业标准	备注
地面设备	进库检测	质量分析	1. 对数据处理结果中的管压、柴油机转速抖动、手柄位置、机车速度不良的异常现象进行全程查询分析。 2. 对数据处理结果和司机报单中的监控复位、记录复位,机车信号异常超过30次,过机丢失率大于30%,前进、等待键使用5次以上等设备故障进行全程查询分析。 3. 对运行文件发生的监控动作和关机记录,进行分析并打印途停曲线或记录文件。 4. 对机务部门反馈的文件异常或丢失情况进行分析查找,落实故障原因及措施	
		填写台账	按要求填写质量分析记录台账	

注意事项:
（1）须在断电情况下进行,监控质量分析微机与外围设备连接,微机启动后严禁移动设备。
（2）配有交流稳压器时,应在其输出电压已稳定在额定电压的情况下,才可开启微机。
（3）启动微机设备时,应先开启外围设备,然后启动主机;关机时,应先关主机,然后关闭外围设备。
（4）使用打印机时要根据打印纸的厚度改变而调节打印头的位置。
（5）停电时,应利用不间断电源（UPS）供电尽快完成分析资料的保存工作。

知识点3　LKJ系统故障及处理

1. 监控主机开机后插件面板指示灯不能正常显示

1）分　析

此种现象多为插件不能正常自检造成的。有CPU的插件,应重点检查CPU及周围电路或写入程序没有CPU的插件,要重点检查错误指示的相应通道电路。

2）应急处理方法

（1）检查各插件指示灯指示情况
（2）更换相应插件。
（3）更换主机箱。

2. 显示器不能正常显示,或自检不正常

1）分　析

显示器本身是一个独立的CPU系统（包括数码和屏显）,如果自检不正常,多为显示器本身的问题,如果不能正常显示,可以检查另一端的显示器显示是否正常,如果也不正常,应怀疑监控记录插件故障,否则可能是通信电缆或显示器有故障。

2）应急处理方法

（1）检查主机与显示器连线。
（2）更换显示器。
（3）更换监控记录插件。

3. 无压力显示或压力显示不正确

1）分　析

LKJ2000型监控记录装置可以同时引入四路压力信号。压力信号是通过压力传感器将 0～1 000 kPa 的压力信号转换成 0～5 V 的电压信号，送入模拟量输入/输出插件，处理后送到监控记录插件的。所以出现这种现象多为压力传感器故障、压力传感器工作电压不正常、模拟量输入/输出插件故障所致。

2）应急处理方法

（1）检查压力传感器连线。
（2）检查压力传感器工作电压。
（3）更换压力传感器。
（4）更换模拟量输入/输出插件。

4. 无速度信号显示或速度显示不正确

1）分　析

速度信号是通过光电传感器送给模拟量输入/输出插件，经过整形、滤波处理后送给监控记录插件。如果无速度信号显示，多为速度传输通道故障，使传感器发出的脉冲信号不能传入。如果速度显示不正确，可以检查机车轮径输入与实际是否相符，或传感器有故障，使得实际发出的脉冲数/周与理论值不符。如果速度显示不稳定，多为机车上各种信号干扰所致，应先检查机车的速度传感器部分以及模拟量输入/输出插件的速度通道中的抗干扰部分。

2）应急处理方法

（1）检查速度传感器通道连线。
（2）更换速度传感器。
（3）更换模拟量输入/输出插件。
（4）检查机车轮径是否正确。

5. 无机车信号显示或与机车信号显示不一致

1）分　析

如果机车信号显示正常，而监控装置无任何信号显示，多为机车信号条件地线断线或接触不良所致。如果某一个信号灯不显示或与机车信号显示不一致，多为连线出故障或数字量输入插件上的某一通道故障。

2）应急处理方法

（1）检查机车信号连线。

（2）更换数字量输入插件。

（3）检查机车信号上/下行开关位置、前/后位置。

（4）感应器安装、接线。

6. 机车工况显示不正确

1）分　析

机车工况条件的各路 110 V 信号都是通过过滤板处理后送入数字量输入/输出插件，进行滤波、隔离、整形后送入总线的。出现这种现象多为连线出问题或数字量输入/输出插件出现故障导致。

2）应急处理方法

（1）检查机车工况连线。

（2）更换数字量输入/输出插件。

7. 紧急制动不能动作

1）分　析

监控装置对列车实施紧急制动时，是向电控阀或停车继电器送出 110 V 的正电源条件，由电控阀执行对列车实施紧急制动的控制。出现这种故障首先要判断是监控装置故障，还是机车制动执行机构故障。检查 110 V 条件是否送入电控阀是判断是哪种故障的关键。

2）应急处理方法

（1）紧急制动时，测量电控阀是否得电，得电则更换电控阀，否则执行下面两步。

（2）检查紧急制动接线。

（3）更换数字量输入/输出插件。

8. 常用制动不能动作或减压量不正确

1）分　析

监控装置对列车实施常用制动时，是向常用制动阀（由于制动机不同，在现场常用制动装置也有所区别）送出 110 V 的正电源条件，由常用制动装置阀执行对列车实施常用制动的控制。如果常用制动不能动作，首先要判断是监控装置故障还是常用制动装置故障，检查 110 V 条件是否送入常用制动装置是判断哪种故障的关键。如果减压量不正确，多为排风速率调整不对。

2）应急处理方法

（1）检查常用制动输出连线。

（2）检查常用制动装置是否正常。

（3）更换数字量输入/输出插件。

（4）调整常用制动排风速率。

9. 过机校正功能故障

1）分　析

　　LKJ2000 型监控记录装置提供有上灯、电平、码形频率、码形幅值、地面埋点、数据上设置校正点等多种校正方法。当出现此故障时，应首先判断是哪种校正方式，才能分辨出故障所在点。如果上灯、电平校正方式失效，与数字量输入插件、机车信号有关；如果码形频率、码形幅值、地面埋点校正失效，与地面信息处理插件、地面点式设备有关；如果数据上设置校正点，校正失效只与软件有关。

2）应急处理方法

　　（1）检查有关连线。
　　（2）检查机车感应器的安装及连线。
　　（3）更换数字量输入插件。
　　（4）更换地面信息处理插件。

10. 不能进入监控状态或监控功能不正常

1）分　析

　　如果不能进入监控状态，多为输入的交路号或车站代码非法或地面数据有问题。如果监控功能不正常，在保证软件设置正常的情况下，一般为监控记录插件故障。

2）应急处理方法

　　（1）检查所输入的交路、车站代码。
　　（2）检查是否有地面数据。
　　（3）更换监控主机插件。

11. 双针速度表无指示或指示不正确

1）分　析

　　双针速度表在监控装置正常时由监控装置驱动，由监控记录插件送出实速、限速信号在模拟量输入/输出插件上经过电压-电流转换等处理，送出驱动双针表。如果双针表无指示多为双针表连线出问题或模拟量输入/输出插件双针表驱动通道故障；如果指示不正确，但成比例变化，则为双针表量程输入错误，否则为双针表本身出现故障。

　　另外，LKJ2000 监控装置对双针表的驱动可以由 A 机控制，也可由 B 机控制，在双针表显示不正常的情况下，可以先执行"双针表切换"操作，切换双针表的驱动源。

2）应急处理方法

　　（1）执行"双针表切换"操作。
　　（2）检查双针速度表连线。

（3）检查所输入的双针表满量程。
（4）更换模拟量输入/输出插件。
（5）更换双针速度表。
（6）更换监控记录插件。

12. 监控主机关机后，无备用速度指示或备用速度指示不正常

1）分　析

当监控装置故障关机的情况下，备用速度指示（一般是双针速度表）由车上安装的数模转换盒驱动，如果不能正常转换或显示不正常，多为数模转换盒或连线有问题。

2）应急处理方法

（1）检查备用速度通道连线。
（2）更换D/A（数字/模拟）转换盒。

【拓展阅读】

某线站间信号电缆被挖断影响行车事故

某日，某站报告接近区段出现红光带，通知工务、电务处理；15时34分，工务报告无断轨；15时35分，电务检查发现××至××站间下行线右侧距离铁路线路中心约10 m处的上行进站信号机至上行预告信号机间9芯信号电缆被当地村民修路时挖断，登记故障暂时无法修复；16时15分，电务处理完毕，销记恢复正常。故障延时1小时38分，影响客车、货车各1列。构成铁路交通一般D类（D9）事故。

1. 事故原因分析

经调查，事故的直接原因是村民违反《铁路安全管理条例》（国务院令第639号）第五十二条"禁止实施下列危及铁路通信、信号设施安全的行为：在地下光（电）缆两侧各1米的范围内挖砂、取土"的规定，聘用无操作证的挖掘机司机擅自在某线XX至XX站间处的铁路线路安全保护区内且埋设有铁路电缆的径路上进行修扩道路开挖作业，事前既未联系铁路部门，也未详细查看施工区域及确认电缆标桩和警示标牌，导致挖断铁路信号电缆和损坏铁路电缆标志。

2. 事故定性定责

根据《铁路交通事故调查处理规则》（原铁道部令第30号）第十五条的规定，该事故构成铁路交通一般D类（D9）事故。

根据《铁路交通事故调查处理规则》（原铁道部令第30号）第四十九条、第五十四条和第七十六条的规定，由村民负事故的全部责任，并承担事故的全部损失费用。

3. 防范和整改措施

（1）强化应急处置能力。吸取事故教训，总结处置经验，提高对设备故障范围的分析、判断能力，要及时利用测试数据作出果断分析，有效指挥处置，缩短处置时间。

（2）加强电缆标桩的维护管理。电务段要加强电缆径路、标、牌的安全管理，按维护规则的基本要求抓好落实，并按相关维护要求加密标桩、警示牌；同时要举一反三，开展风险识别，切实提高电缆径路的安全。

【电务小贴士】

铁路电务工作人员必须认真执行"三预想"基本安全制度：
（1）工作前要预想联系、登记、检修准备、防护措施是否妥当。
（2）工作中要预想有无漏检、漏修和只检不修及造成妨害的可能。
（3）工作后要预想是否检和修都彻底，复查试验、加封加锁，注销登记手续是否完备。

【作业任务单】

1. 根据表 2-3-3 LKJ2000 型监控记录装置小、辅修检修作业范围和作业标准，完成设备的检修。

表 2-3-3　LKJ2000 型监控记录装置小、辅修范围及作业标准

设备名称	项目	检修作业标准	是否完成	备注
车上设备	1. 接线端子	清扫检查电源、机车信号和各机车条件信号及紧急排风等接线端子	□是 □否	
	2. 监控装置监测装置主机	1. 检查主机安装牢固，外观整洁。 2. 检查电源开关动作灵活可靠。 3. 检查各插件紧固螺丝无松动，各指示灯显示正确，电统插头紧固无破损；检查合格证及铅封状态	□是 □否	
	3. 显示器	1. 检查显示器安装牢固，外观整洁。 2. 检查各键按钮动作灵活可靠，各按键指示灯显示正确，IC卡座完好。 3. 检查显示器显示正常，无明显坏区。 4. 互换显示器	□是 □否	
	4. 停车继电器	1. 检查停车继电器安装牢固，外观整洁无破损。 2. 检查各触点动作灵活可靠。 3. 检查线图及接线状态	□是 □否	

续表

设备名称	项目	检修作业标准	是否完成	备注
车上设备	5. 速度传感器 压力传感器	1. 检查安装是否牢固，有无破损检查插头、插座是否清洁。 2. 检查传感器及接线盒插头、插座紧固，接触良好，插针无变形、烧损。 3. 更换速度传感器	□是 □否	
	6. 机车标签	检查机车标签外观完好，安装牢固、防水状态良好	□是 □否	
	7. 电气线路	1. 检查各转换开关状态良好，安装牢固，接线良好。 2. 检查线耳、导线状态。 3. 检查线路状态。 4. 检查线路管卡是否齐全	□是 □否	
	8. 内部参数	1. 检查日期、时间。 2. 检查装置的编号、机车型号/机车号、动轮直径。 3. 检查最大总重最大计长/辆数	□是 □否	
	9. 性能测试	1. 主机上电自检正常，各图形及指示灯显示正常。 2. 放风阀动作测试：在采取安全防护措施条件下，按规定进行紧急、常用制动试验正常。 3. 柴油机转数测试：显示器柴油机转数显示与机车柴油机转数表显示误差±30 r/min。 4. 压力传感器测试：显示器各风压显示与机车压力表显示误差±20 kPa。 5. 机车工况测试：显示器显示机车工况应与机车实际工况一致（前进/后退以室为标准）。 6. 机车信号测试：监控装置与机车信号显示一致	□是 □否	
	验收	检修完毕，检修者自检、工长抽查，验收员验收	□是 □否	
	台账记录	按规定填写记名检修工作票	□是 □否	

2. 根据LKJ屏幕显示器Ⅱ级修检修记录台账完成表2-3-4检修作业。

表2-3-4 屏幕显示器Ⅱ级修检修记录台账

下车机车（型）号：		下车时间：			第　　次检修	
作业项目		作业范围	作业情况			
		液晶屏				
		底板				
		高压板				
		电源板				
		通信子板				
		IC卡语音板				
		IC卡固定座				
		后盖板及内部扎线	保险			
整机测试		绝缘测试/MΩ				
		线号	X9T	X7T	提示：各插座端子对机壳间相互绝缘电阻不小于2 MΩ	
		机壳				
		屏幕显示				
|| 色灯	信号	速度	限速	距离	工作状态
		语音功能：				
		故障报警：				
		IC卡读写功能：				
		CAN A			CAN B		
更换记录						
存在问题及处理情况						
检修人：	互检人：		工区验收：			日期
车间验收：	日期		电务段验收：			日期

3. 根据LKJ功能扩展盒Ⅱ级检修作业记录台账完成表2-3-5检修作业。

表2-3-5 LKJ功能扩展盒Ⅱ级检修作业记录台账

下车机车（型）号：		下车时间：		第 次检修
作业项目	作业范围	作业情况		
清扫检查	整机（不含板卡）				
	印刷板				
	内部扎线组件				
测试	绝缘测试标准：各插座端子对机壳间相互绝缘电阻不小于 25 MΩ			
	EX1： MΩ			EX2： MΩ
	EX3： MΩ			EX4： MΩ
	SP1：□短路 □开路 电阻： MΩ；SP2：□短路 □开路 电阻： MΩ			
	保险管容量： A 软件版本：			
更换记录				
存在问题及处理情况				
检修人：	互检人：		工区验收：	日期
车间验收：	日期：		电务段验收：	日期

模块 3　站内电码化

教学目标

能力目标

（1）学会站内轨道电路电码化电路的分析；
（2）能运用所学的知识对站内电码化设备进行检修和故障处理。

知识目标

（1）掌握站内轨道电路电码化设备构成及功能；
（2）掌握叠加方式轨道电路电码化电路。

素质目标

（1）培养学生的团队协作意识、社会责任感和荣誉感。
（2）培养良好的职业素养，爱岗敬业；
（3）培养全局观念和唯物辩证法思想。

专项技能 3.1　站内轨道电路电码化及器材

【学习目标】

- 能力目标

（1）能分析站内轨道电路电码化的范围。
（2）学会补偿电容的计算。

- 知识目标

（1）掌握站内电码化的概念及作用。
（2）掌握站内电码化范围和电码化发送的信息。
（3）掌握电码化方式及电码化电路类型。

- 素质目标

（1）培养学生的团队协作意识、社会责任感和荣誉感。
（2）培养良好的职业素养，爱岗敬业，把"铁路运行，安全第一"作为自己的座右铭。

【任务下达】

进路电码化技术作为解决列车冒进信号的重要措施之一，已经得到广泛应用。例如，苏联在纵列式双线插入区段实施了全站进路电码化。英、美等国为实现列车速度控制时，也在咽喉区的道岔区段内加装发码环线或增设道岔"跳线"。由于道岔结构复杂，发码环线不得不穿插、交叉安装，为取得理想的发码效果，还要对环线进行扭绞。此外，在道岔区段为了对各列车进路进行区分、控制发码，必须增设大量继电器以构成发码控制电路。在日本，这种电路使用了上百个继电器。这足以说明，进路电码化尽管技术复杂，但确实是必不可少的。

请大家查阅资料，了解站内轨道电路电码化发展历史，思考站内哪些地方需要设计电码化，区间轨道电路和站内轨道电路有何区别。

【理论学习】

知识点 1　站内电码化的定义

微课：站内电码化认知　　微课：正线电码化认知　　微课：站内轨道电路电码化范围　　站内轨道电路电码化概述与方式

站内轨道电路电码化是为了保证列车驶入车站后，机车信号设备能够连续地接收到地面信息，反映出站信号机和防护二离去区段通过信号机的显示状态，而设置的地面信号发送设备。

1. 站内轨道电路电码化概念

站内轨道电路电码化是指站内轨道电路转发或叠加机车信号信息的技术总称。对于车站内的非电码化轨道电路在采取一定技术措施后能根据运行前方信号机的显示发送与之相对应的信息码。列车出清该区段后，恢复站内轨道电路的正常工作。

1）站内轨道电路电码化分类

（1）按发码方式分类。

按发码方式分，其可分为脉动切换式、叠加式两种。

脉动切换式的特点是轨道电路移频化时，控制发码的传输 CJ 处于脉动状态，当 CJ 吸起时向本轨道发码，控制发码时间持续 4.2 s，利用 CJ 落下（0.6 s）停止向该区段发码，恢复原轨道电路的工作。脉动切换式存在的问题是，当列车高速通过短轨道电路式时，有漏码的情况造成机车信号不能正常显示，此类型已被淘汰。

叠加式站内轨道电路电码化特点是将移频信息叠加在原轨道电路上，移频信息和原轨道电路用隔离器隔开，使二者互不影响。叠加发码的时机可分"占用"和"预先叠加"两种方式。占用本轨道区段即开始叠加发码称为"占用叠加"，占用前一区段时本区段便开始提前发码，称为预先叠加发码。叠加发码方式应用于股道发码，预先叠加发码用于正线正方向接车进路和正线发车进路。

（2）按实施的范围分类。

按实施的范围分，其可分为：车站股道电码化、正线接车进路、正线发车进路电码化。

（3）按电缆的使用情况分类。

按电缆的使用情况分，其可分为二线制和四线制电码化。

① 二线制电气化区段 25 Hz 相敏轨道电路预叠加 ZPW-2000 电码化电路。
② 二线制非电气化区段 25 Hz 相敏轨道电路预叠加 ZPW-2000 电码化电路。
③ 二线制非电气化区段 480 轨道电路预叠加 ZPW-2000 电码化电路。
④ 四线制电气化区段 25 Hz 相敏轨道电路预叠加 ZPW-2000 电码化电路。
⑤ 四线制非电气化区段 25 Hz 相敏轨道电路预叠加 ZPW-2000 电码化电路。
⑥ 四线制非电气化区段 480 轨道电路预叠加 ZPW-2000 电码化电路。

2）站内轨道电路电码化范围

（1）自动闭塞区段。

① 正线。

正线正方向，轨道电路电码化范围包括接车进路与发车进路。

说明：对于正方向，"直进""直出"电码化范围包括接车进路和发车进路；"直进""弯出"时为接车进路的所有区段。

正线反方向，一般采用自动站间闭塞，轨道电路电码化范围只包括接车进路。

② 侧线。

侧线轨道电路电码化范围仅仅是股道。因为正线轨道电路电码化要求咽喉区道岔绝缘设在弯股，侧线轨道电路电码化通路被切断，无法实现。

（2）半自动闭塞区段。

站内轨道电路电码化范围只包括正线接车进路和侧线股道，以及进站信号机外方的接近区段，在提速半自动闭塞区段则为进站信号机外方的第一接近区段和第二接近区段。若接近区段采用移频轨道电路，也就不需要电码化了。

3）站内轨道电路电码化发送的信息

对于站内的接车进路和侧线股道，站内轨道电路电码化发送的信息内容是与出站信号机显示相联系的信息。

对于发车进路，站内轨道电路电码化发送的是与防护二离去区段通过信号机显示相联系的信息。

半自动闭塞接近区段电码化发送的是与进站信号机显示相联系的信息。

电码化发送的信息的接入可从原轨道电路的受电端或送电端接入，迎着列车运行方向发送。

4）站内轨道电路电码化发码方式

目前多采用叠加方式发码，即电码化电路叠加在原轨道电路上。预置加轨道电路电磁化方式用于正线，叠加轨道电路电磁化方式用于侧线。曾采用过闭环电磁化，因设备复杂，效果不明显，已不再发展。

2. 站内轨道电路电码化的设置

以 ZPW-2000 站内电码化为例,车站正线接车进路和正线发车进路、股道配置载频频谱,如图 3-1-1 所示。

(1)下行正线,咽喉区正向接车、发车进路的载频为 1700-2。为防止进、出站处钢轨绝缘破损,-1、-2 载频可与区间 ZPW-2000 轨道电路-1、-2 载频交错。正线股道的载频为 1700-2。

(2)上行正线,咽喉区正向接车、发车进路的载频为 2000-2。为防止进、出站处钢轨绝缘破损,-1、-2 载频可与区间 ZPW-2000 轨道电路-1、-2 载频交错。正线股道的载频为 2000-2。

(3)侧线股道。

下行正方向,各股道按下行方向载频 2300-1、1700-1 交错排列。

上行正方向,各股道按上行方向载频 2600-1、2000-1 交错排列。

到发线股道以 1700-1/2000-1 或 2300-1/2600-1 选择载频配置。

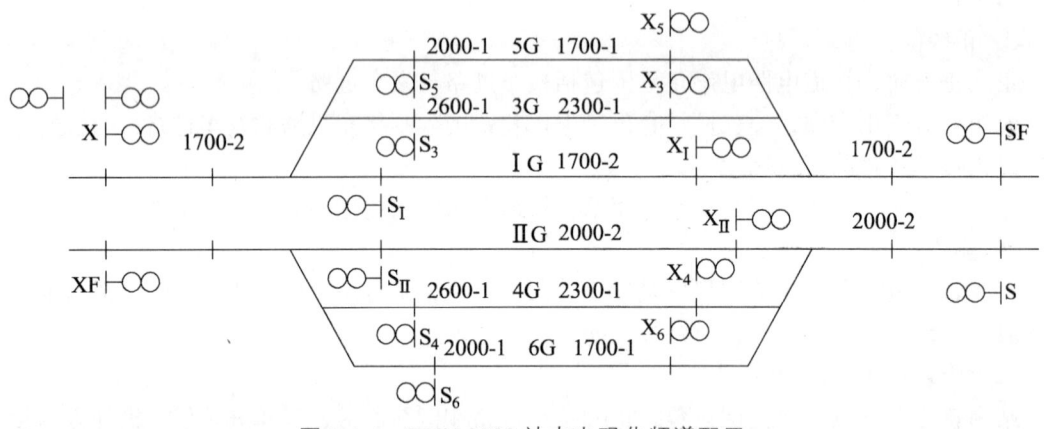

图 3-1-1 ZPW-2000 站内电码化频谱配置

3. 站内轨道电路电码化基本工作原理

站内轨道电路电码化基本工作原理如图 3-1-2 所示。下行正线接车进路内共有 WG、ADG、BDG、CDG、G 五个轨道电路区段,预叠加电码化发送器的输出信息通过发送调整器调整为两路输出,分别供列车占用的本区段和列车运行前方相邻区段使用。发送器的两路独立输出,分别通过各自的 CJ 条件向 G、BDG、WG 和 CDG、ADG 进行叠加。而 CJ 的供电始于上一段轨道占用,止于下一段,在任一瞬间均有相邻的两个 CJ 吸起,一个是本区段的 CJ,另一个是下一个区段的 CJ。分别由发送盒的两路输出通过相应的 CJ 发往轨道区段,对于下一个区段实现了"预先叠加"发码,对于本区段实现"占用叠加"发码。这种电码化方式的电码中断时间只存在钢轨绝缘处,在列车速度为 120 km/h 时约为 0.1 s,是目前各种电码化中电码中断时间最短的电路制式,0.1 s 为"空间中断",通过绝缘特殊处理后可消减"空间中断"。

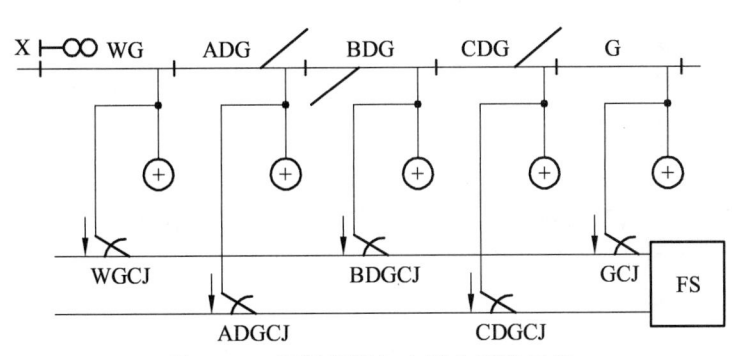

图 3-1-2　逐段预叠加电码化原理示意

知识点 2　站内轨道电路电码化设备

微课：发送器设置及结构　　　　　　微课：站内电码化发送器工作方式

微课：发送器电平调整　　　　　　　微课：站内轨道电路电码化设备

各种移频自动闭塞，都有其相应的电码化设备，现以 ZPW-2000A 型站内电码化设备为例进行介绍。

1. 电码化机柜

电码化设备放置在电码化机柜中，电码化机柜分为站内移频柜、检测柜和站内综合柜三种，安装在信号机机械室内。

1）站内移频柜

ZPW·GFM-2000A 型站内电码化发送柜即站内移频柜，供站内轨道电路电码化用。一个站内移频柜含 10 套 ZPW-2000A 型站内电码化设备，每套设备包括一个发送器以及相应的零层端子板和断路器。两个发送器合用一个发送检查盘，分别检测上下两个发送器。

机柜内按组合方式配备，每架 5 个组合，从左向右安放。每个组合的第一、三层放送器，第二层放发送检测盘，组合的零层在顶层。

配线从顶端出线，使用时将发送器按照施工图装入对应位置，挂在 U 形槽上，用钥匙锁紧。机柜在出厂时已按照施工图将发送器的移频选择用跨线封好。

2）检测柜

ZPW·GZMB 型闭环电码化检测柜用来安放 ZPW-2000A 型闭环电码化检测设备。

ZPW·GZMB 型闭环电码化检测柜可安装 3 个检测调整组合、1 个检测组合、1 个监测组合、4 个发送器、2 个发送检测盘和零层。

第一、二、六层为检测调整器组合，每个组合内可放置 6 台检测调整器。

第三层为 ZPW-2000A 型区间检测设备预留组合，其尺寸大小及站内电码化检测组合相同，可根据工程需要调整。

第四层为站内电码化检测组合，可插主、备检测盘 12 套，共 48 路轨道检测条件。第五、六台式 ZPW·PJC 型侧线检测盘，五是主机，六是并机；其他位置都是 ZPW·PJC 型正线检测盘，单数位式主机，双数位式并集机。

第五层为 4 套发送器及其发送检测盒，其中第一、二位为车站两端邻接区间的 n+1 发送器和发送机检测盘，第三位为站内电码化 n+1 发送器，第四位为发送器预留。发送检测盘 1JF 检测发送器 1FS 和 2FS，发送检测盘 2JF 检测发送器 3FS 和 4FS。

零层 D1~D5 为四柱电源端子，每组端子内部编号分别为 1、2、3、4；RD1~RD7 为 2 座断路器，采用 10A 液压断路器，端子编号分别为 1、2。01~010 为 3×18 万可接线端子排，端子编号从小到大的顺序为从左到右、从上到下的排列。

ZPW·GZMB 型闭环电码化检测柜安装在信号机械室内，配线从顶端出线，使用时将发送器、发送检测盘、正线检测盘、侧线检测盘、单频检测调整器、双频检测调整器按照工程图安装在相对应位置。机柜在出厂时已按照工程布置图将发送器载频频率选择端子引至零层指定端子，或按工程设计在内部跨线封好。

3）站内综合柜

站内综合柜共分 10 层组合及一个组合零层，可放置发送器调整组合、送电或受电隔离器组合及防雷组合。柜在两侧均设置塑料线槽，送电隔离器组合侧面端子设于组合左侧，受电隔离器组合侧面端子设于组合右侧（从走线侧看），送电或受电隔离器组合层次排列可交错。

所需站内综合柜数量、站内综合柜内设备布置根据各站实际情况决定。

2. 电码化发码设备

ZPW-2000A 型电码化发码设备包括：ZPW·F 型电码化发送检测盘、ZPW·JFM 型电码化发送检测盘、FT1·U 型双攻出匹配防雷单元等设备。

1）发送器

ZPW·F 型发送器，适用于非电化、电话区段 25 Hz 相敏轨道电路或交流连续式轨道电路电码化。正线、侧线电码化通用。发送器采用载频通用型，$n+1$ 冗余方式，全站备用一个发送盒。当主发送器故障时，系统报警，同时 $n+1$ 发送器工作。

ZPW·F 型站内发送器原理及区间发送器相同，只是用于电码化时发送器功率调整在"1"电平（161~170 V）。

2）电码化发送检测盘

ZPW·JFM 型电码化发送检测盘设在站内移频柜上。一个发送检测盘和两个站内发送器配套使用。

（1）发送检测盘的作用。

① 给出有关发送电源电压、发送功出电压的测试条件。

② 给出发送故障报警指示灯等。

③ 提供监测条件。

（2）发送检测盘电路原理

发送检测盘电路如图 3-1-3 所示。

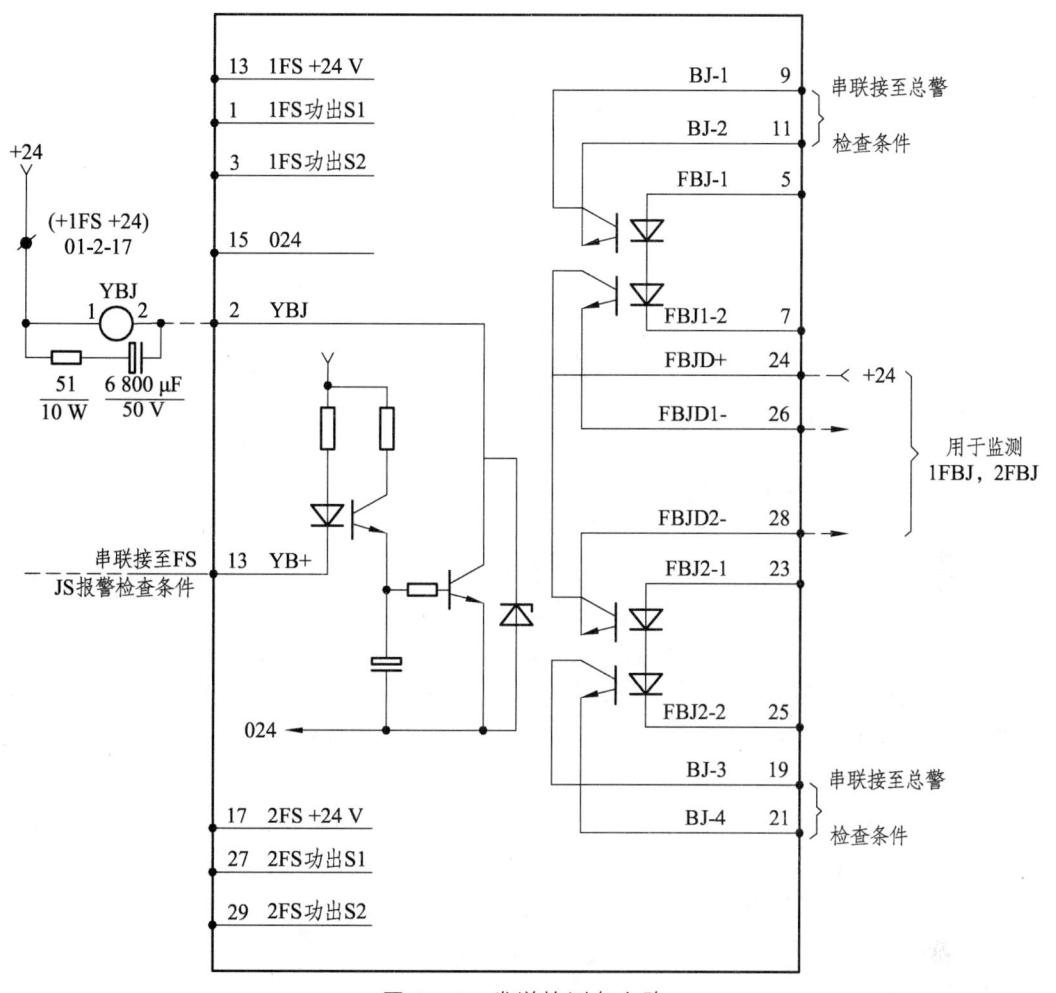

图 3-1-3　发送检测盘电路

① 表示灯电路。

"上层发送工作"灯 V_3 通过上层发送器 FBJ 条件构成，并通过光耦 D_1A、D_1B 接通发送报警条件（BJ-1、BJ-2）。"下层发送工作"灯 V_4 通过下层发送器 FBJ 条件构成，并通过光耦 D_1C、D_1D 接通发送报警条件（BJ-3、BJ-4）。

② 移频总报警继电器条件。

F24-1 电源通过对移频故障条件 YB+ 的检查，使光耦 D_2A 导通，三极管 V_2 随之导通，于是输出 YBJ 条件。发送检查盘面板布置如图 3-1-4 所示。

发送检测盘上有测试孔：

SK1 "上层发送器"，接 FS+24 V、024 V。

SK2 "上层发送功出"，接发送器功出。

SK3 "上层发送电源"，接 FS+24 V、024 V。

SK4 "下层发送功出"，接发送器功出。

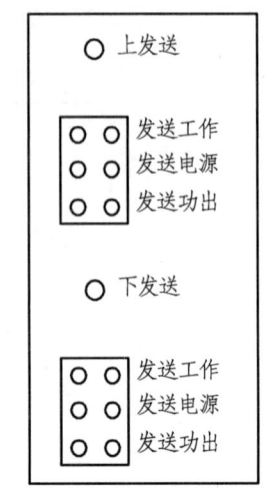

图 3-1-4 发送检查盘面板布置

3）发送调整器和发送调整组合

发送调整器用于闭环电码化，分为道岔发送调整器和股道发送调整器。为了防护移频发送器，实现阻抗匹配以及各区段之间的互相隔离保护，发送器要经过道岔发送调整器后才向咽喉区的各轨道区段，要经过股道发送调整器后才连向股道。

一台 ZPW·TFG 型道岔发送调整器可以同时为咽喉区最多 7 个区段发码，每路输出 40~60 V，对于长区段可将两路串联使用，但必须限制输入端总电流不超过 500 mA。道岔发送调整器放置在道岔发送调整组合中。一个 ZPW·TFDZ 型道岔发送调整组合可安装 4 台 ZPW·TFG 型股道发送调整器。道岔发送调整组合安装在站内综合柜中。

一台 ZPW·TFG 型股道发送调整器可以输出两路 20~140 V 电压。股道发送调整器放置在股道发送调整组合中。一个 ZPW·TFGZ 型股道发送调整组合可安装 4 台 ZPW·TFG 行股道发送调整器。股道发送调整组合安装在站内综合柜中。

3. 隔离设备

移频化信息是叠加在 25 Hz 相敏轨道电路或交流连续式轨道电路上的，在轨道电路的送、受电端，移频化信息和轨道电路信息的传递通道是并接的，为了互不影响正常工作，必须经过隔离设备才能将两者并联。隔离设备有室内隔离设备和室外隔离设备两种，送、受电端通用。正线上各轨道区段的送电端、受电端，无论是否发码，均应设隔离设备。一送多受轨道电路的分受须设室外隔离设备。

1）室内隔离设备

室内隔离设备包括室内隔离盒、电码化隔离调整变压器、电阻调整盒，放置在送电端室内隔离组合和受电端室内隔离组合中。

MGL-UF 型受电端室内隔离组合，外形尺寸 880 mm×390 mm×170 mm，可放置 NGL-U 型室内隔离盒和 BMT-25 型电码化隔离调整变压器各 3 台，已经 RTH-F 型送电端电阻调整盒。

MGL-UR 型受电端室内隔离组合，外形尺寸 880 mm×39 0mm×170 mm，可放置 NGL-U 型室内隔离盒 5 台，以及 RTH-R 型受电端电阻调整盒。

（1）室内隔离盒。

室内隔离盒由电容、电感组成，如图 3-1-5 所示，用于隔离 25 Hz、50 Hz 轨道电路和移频发送电路。因两者频率不同，电容、电感呈现的阻抗也不相同，25 Hz、50 Hz 电源只送至轨道，不向移频发送器传送。反之，移频信息也不送至 25 Hz、50 Hz 电源，而送至轨道。两者互不影响。

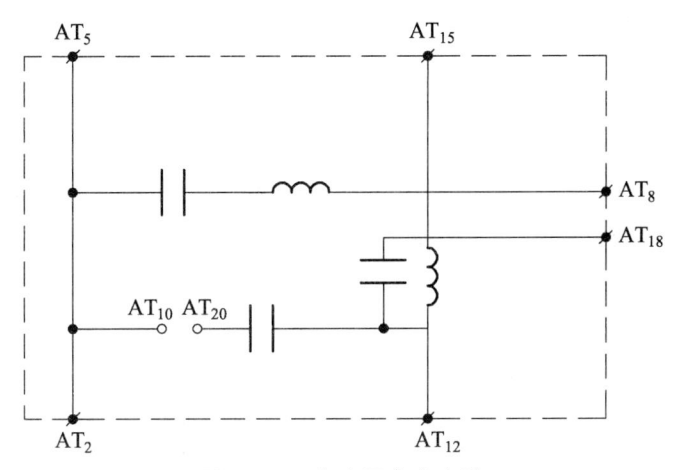

图 3-1-5　室内隔离盒电路

室内隔离盒由较多类型，它们的电路结构相同，主要是参数不同。室内隔离盒有用于二线制电化区段 25 Hz 相敏轨道电路预叠加 ZPW-2000 移频轨道电路的 NGL-U 型，用于二线制电化区段 25 Hz 相敏轨道电路预叠加 ZPW-2000 移频轨道电路额 NGL1-U 型，用于二线制电化区段和非电气化区段 25 Hz 相敏轨道电路预叠加 ZPW-2000 移频轨道电路的 NGL-T 型，用于二线制非电化区段 480 轨道电路预叠加 ZPW-2000 移频轨道电路 FNGL-U 型和 FNGL-T 型。

四线制电码化电路不用室内隔离盒。

室内隔离盒可用于四种载频，不同频率通过在外插头上焊接跨线得到。AT13~AT17 为 1 700 Hz，AT13~AT16 为 2 000 Hz，AT13~AT7 为 2 300 Hz，AT13~AT6 为 2 600 Hz。

电码化信号由 8、18 两端输入，从 5、15 端输出，由于隔离，而不会进入 2、12 端，从而防止电码化信号进入 25 Hz、50 Hz 电源或轨道继电器，避免轨道继电器损坏。

在 5、15 端测试，电码化信号电压大于 190 V。

在送电端，25 Hz 信号由 2、12 端输入，从 5、15 端输出，电压差小于 2 V。在受点端，25 Hz 信号从 5、15 端输入，从 2、12 端输出，电压差小于 0.3 V。

（2）电码化隔离调整变压器。

BMT-25 型电码化隔离调整变压器用于电话区段 25 Hz 相敏轨道电路预叠加 ZPW-2000 系列（或 UM71 系列）电码化接口设备中，为 25 Hz 轨道电路提供电源，并可在室内调整轨道电路。

BMT-25 型变压器直接放置在组合架上托盘上。3 台电码化隔离调整变压器及 3 台 NGL-U 室内隔离盒放置在 MGL-UF 托盘上，可作为送电端室内隔离设备。

BMT-25 电码化隔离调整变压器输出电压调整，从 5~180 V 每 5 V 一档可调。

（3）电阻调整盒。

送、受电端电阻调整盒（RTH-F、RTH-R）用来调整每一轨道区段的输出电码化电流，分别放置在送电端室内隔离组合和受电端室内隔离组合中。其中 RTH-F 型送电调整电阻盒内放置 3 组可调电阻，RTH-R 型受电调整电阻盒放置 5 组可调电阻。可调电阻为固定抽头分段调整电阻 RX28T-100W-(300±10%)Ω，输出端子采用针型插座 721-240/001-000 接上托盘上孔型连接器 721-210/037-000 即可使用，克服了滑线电阻容易断的缺点。

送、受电端电阻调整盒为二线制电化区段 25 Hz 相敏轨道电路、二线制非电化区段 25 Hz 相敏轨道电路、二线制非电化区段 480 轨道电路预叠加 ZPW-2000 电码化通用。

2）室外隔离设备

室外隔离设备主要是室外隔离盒。室外隔离盒由电容、电感、变压器组成，如图 3-1-6 所示，用于隔离 25 Hz、50 Hz 轨道电路和移频发送电路。因而两者频率不同，它们对于电容、电感、变压器的阻抗也不相同，两者互不影响。

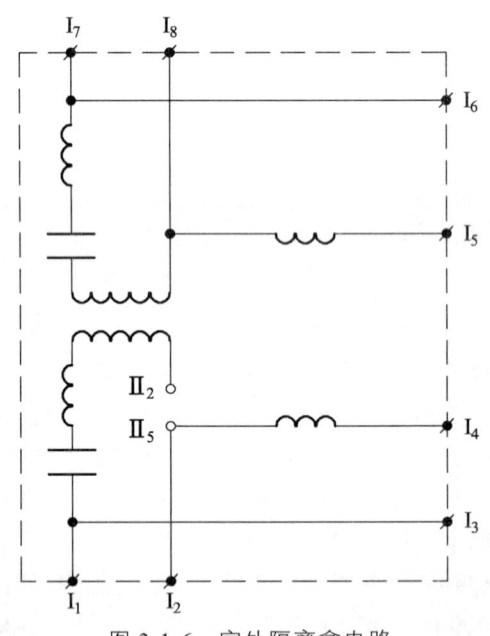

图 3-1-6 室外隔离盒电路

室外隔离盒有较多类型，它们的电路结果相同，主要是参数不同。室内隔离盒有用于二线制电化区段 25 Hz 相敏轨道电路预叠加 ZPW-2000 移频轨道电路的 WGL-U 型，用于二线制非电化区段 25 Hz 相敏轨道电路预叠加 ZPW-2000 移频轨道电路的 WGL1-U 型，用于二线制电化区段和非电化区段 25 Hz 相敏轨道电路预叠加 ZPW-2000 移频轨道电路的 WGL-T 型，用于二线制非电话区段 480 轨道电路的预叠加 ZPW-2000 移频轨道电路的 FWGL-U 型和 FWGL-T 型；用于四线制电化区段 25 Hz 相敏轨道电路预叠加 ZPW-2000 移频轨道电路的 DWGL-2000 型，用于四线制非电化区段 25 Hz 相敏轨道电路预叠加 ZPW-2000 移频轨道电路的 DWGL1-2000 型，用于四线制非电化区段 480 轨道电路预叠加 ZPW-2000 移频轨道电路的 FWGL-2000 型.此外，还有用于不发码端 DWG-F（电气化区段用）和 FWG-F（非电气化区段用）的室外隔离器。

各种二线制电码化电路用室外隔离盒它们的电路结构相同，主要是参数不同。四线制电码化电路用室外隔离盒不同于二线制电码化电路用室外隔离盒。

室外隔离盒安装于 25 Hz 轨道电路受电端隔离的轨道旁变压箱中，根据需要安装在送电端。若双向发码，则两端均要安装。作为送电端的隔离设备使用时，每个变压器箱可放置一个隔离盒、一个电阻和一个轨道变压器。作为受电端隔离设备使用时，每个变压器箱可放置一个隔离盒、一个轨道变压器（或中继变压器）。室外隔离盒为送、受电端通用型，共有 8 个端子。

一般情况下，25 Hz 信号由Ⅰ1、Ⅰ2 两端输入，经Ⅰ3、Ⅰ4 两端输入到 BG2-130/25 型 25 Hz 轨道变压器，该变压器经 I5、I6 输出，经Ⅲ1、Ⅲ3 两端输出至轨道。

非电化区段 480 轨道电路的送电端轨道变压器箱内，在 FWGL-T 型隔离盒旁放置 BG1-80A 型轨道变压器，用来进行 480 轨道电路送电端电压调整。在受电端轨道变压器箱内的 FWCL-T 型隔离盒旁连接 BZ4-U 型中继变压器，作为轨道电路中继升压用。

4. 防雷设备

1）匹配防雷单元和电码化防雷调整组合

FT1-U 型双攻出匹配防雷变压器分两路输出，输入 170 V，输出两路 40~140 V，起到双攻出作用。可满足一个发送器输入，经过匹配防雷变压器输出两路相同的移频信号供预叠加电码化使用。同时起到移频发送设备的防雷和阻抗平匹配作用。

FT1-U 型防雷单元正面有调整端子，可调整输出电压。输入 170 V 移频信号时，可调整输出移频信号电压在 20~140 V 范围内。

FT1-U 型匹配防雷单元主要用于电化和非电话区段 25 Hz 相敏轨道电路或 480 轨道电路叠加、预叠加 ZPW-2000 系列电码化系统。

FT1-U 型匹配防雷单元采用插入方式安装于 MFT1-U 型电码化防雷调整组合中。每个 MFT1-U 型电码化防雷调整组合可根据需要安装 1 至 6 组 FT1-U 型防雷单元，每组由 BM-FT1 型匹配防雷变压器和调整电阻组成。变压器采用屏蔽外壳，防止互相干扰。

MFT1-U 型电码化防雷调整组合采用插入式结构，正面有调整端子，可调整输出电压。可根据要求数量进行安装，空位用补空板，侧面用 3×18 端子引出，用于配线。

MFT1-U 防雷组合分两种，一种安装于组合架，外形尺寸 880 mm × 170 mm × 250 mm，安装尺寸为 850 mm × 114 mm。另一种安装于防雷柜，外形尺寸 840 mm × 170 mm × 250 mm，安装尺寸为 804 mm × 114 mm。

2）防雷模块和室内电码化轨道防雷组合

防雷模块设于室内隔离盒输出侧（二线制电码化电路）或发送电缆室内出端（四线制电码化电路），跨接在发送电码电路引向室外的两根导线上，用来保护室内电码化设备。

防雷模块安装在室内电码化轨道防雷组合中。

MGFL1-U 型电码化轨道防雷组合由 20 组 NFL 型防雷模块组成，MGFL1-U(JQ)型室内电码化轨道防雷组合由 20 组 NFL（JQ）型防雷模块组成，组装在一块绝缘板上。外部配线拧接在 18 柱端子正面，组合内部配线背面焊接。电气化区段及非电气化区段的防雷设备通用。

5. 检测设备

检测设备为闭环电码化所用。

1）检测组合

检测组合用来安装检测盘。ZPW·XJ 型检测组合按 6U 笼式结构设计，安装在检测柜的第三层。检测组合一般安装 8 套正线检测盘和 2 套侧线盘，其中 1、3、5、7、9 为主机，2、4、6、8、10 为并机；可根据工程需要，增加 2 套正线侧线盘或 2 套侧线检测盘。

2）正线检测盘

ZPW·PJZ 型正线检测盘通过检测组合安装在检测柜中，通过柜内部配线盒单频检测调整器相连，对正线接、发车进路上各区段的发码电路进行全程闭环检测。每个单盘最多可检查 8 路轨道区段发码信息。每一正线接车进路、发车进路配置双套。

（1）电路原理。

正线检测盘在各轨道电路的送电端的室内隔离器处检测电码化信息，对各区段的发码电路、发码电缆、发码轨道电路等进行全程闭环检测。列车未进入正线接车进路或发车进路时，若收到发码信息，经 A/D 转换为数字量，由 DSP 进行数字信号处理，符合要求时通过输出执行电路，使检测报警电器 BJJ 吸气。若某区段未收到发码信息，则可判断为发送器、调整变压器、室内隔离器、室外隔离器、轨道电压器等设备故障，或者设备之间的艰险断线。或者发码电缆断线，这时检测盘无输入，BJJ 落下，故障报警，必要时可关闭防护该进路的信号机。当列车进入正线接车进路或发车进路时，通过条件切断正线检测盘的报警。进路解锁后，发送器恢复向各区段发送 27.9 Hz 的检测码，并由正线检测盘进行检测。

正线检测盘有 8 路输入，可同时检测 8 个轨道电路区段，其中有一个区段故障即报警。

正线检测盘采用双 CPU 二取二结构，保证设备处理结果安全可靠。输出采用"安全及"方式，保证设备输出结果安全可靠。"载频选择"用于对信号载频类型进行选择。"检测控制"用于控制闭环检测的时机。闭环检测继电器 BJJ 用于表示各区段的检查结果，在咽喉区使用时可把一个咽喉内各区段的输出串联起来驱动一个 BJJ，表示该整个咽喉的检查结果。CAN

（2）盘面布置。

① 工作灯。

表示设备的工作状态。工作灯亮表示工作正常，工作灯灭表示工作故障。

② CPU1、CPU2 灯。

表示两个 CPU 工作状态。灯亮表示工作正常，灯灭或闪烁表示该 CPU 工作故障。

③ CANA、CANB 表示灯。

指示两个 CPU 及外界的通信状态，无通信时表示灯灭，有通信时表示灯闪烁。

④ 状态灯。

分别表示所对应的 8 个区段的电码化检测结果。状态灯亮表示所对应区段电码化闭环检测正常，状态灯灭表示所对应区段的电码化闭环检测通道故障。

⑤ 输入 1~输入 8。

各区段输入信号测试点，正常时信号 ≥24 mV（AC）。

⑥ 输入 1~输入 8。

各区段检测结果测试点，正常时信号 ≥24 V（DC）。

3）侧线检测盘

ZPW·PJC 型侧线检测盘通过检测组合安装在检测柜中，通过机柜内部配线盒双频检测调整器相连，对侧线接、发车进路各股道上的电码化信息进行检测，每个侧线检测盘最多可检查 8 个股道发码信息，一般采用双机并用方式。

（1）电路原理。

侧线股道电码化的设置方式及正线不同，列车进入股道时，两端同时发码，每股道设两个发送器。因此，侧线股道电码化采用分时检测方式，由侧线检测盘驱动报警切换继电器 BQJ，BQJ 循环吸气落下（间隔 1 min），BQJ 吸气时检测上行电码化，BQJ 落下时检测下行电码化。也是由 A/D 进行模数转换，由 DSP 进行数字信号处理。

侧线股道检测时，可不发 27.9 Hz 检测码，而直接发正常码（如 HU 码）。对每一股道，侧线检测盘驱动其对应的检测报警继电器 BJJ。当侧线检测盘收不到某股道的码时，该股道的 BJJ 落下，发出报警，必要时可关闭向该股道的驾车进站信号机。列车进入股道时，该股道的轨道继电器 GJ 落下，检测设备停止检测，BJJ 仍保持吸起。

侧线检测盘有 8 路输入，可同时检测 8 个侧线股道。

除了设 8 个检测继电器 BJJ 外，其他部分的结构和作用同正线检测盘。

（2）盘面布置。

设有正向状态灯和方向状态灯。正向状态灯灭表示正向发码时电码化通道故障，反向状态灯灭表示反向发码时电码化闭环通道故障。

除此之外，各表示灯和信号测试点同正线检测盘。

（3）闭环切换继电器 BQJ 的使用。

BQJ 端子、+24C 接闭环切换继电器 BQJ 的励磁电源，BQJ 线圈并联使用。主机的 BQJ 端子、+24C 端子接到切换继电器 QHJ 的前接点；备机的 BQJ 端子、+24C 端子接到 QHJ 的后接点。

MASKZ、MASKF 为主备机切换条件输出端子，即主检测板作为主机时使用 MASKZ、MASKF 两个端子，通过 MASKZ、MASKF 来控制 QHJ 继电器，当 QHJ 吸起时由主机采用控制 BQJ，当 QHJ 落下时由备机来控制 BQJ。MASKZ 接+24 V 直流电源条件，MASKZ 经 QHJ 继电器接 024 V 直流电源调价，即主机正常工作时 QHJ 继电器吸起，主机控制 BQJ 继电器；主机故障时，QHJ 继电器落下，备机控制 BQJ 继电器。G9 接+24 V 时不检查 BQJ 继电器，不接时检查 BQJ 继电器。

4）检测调整组合

ZPW·XTJ 型检测调整组合安装在 ZPW·GJMB 闭环电码化检测柜的第一层、第二层和第六层，用来安装单频检测调整器和双频检测调整器。检测调整组合一般安装 4 套单频检测调整器和 2 套双频检测调整器，也可根据工程需要配置单频检测调整器和双频检测调整器，的数量。

5）检测调整器

检测调整器用于站内闭环检测设备轨入信号的防雷、移频轨道电路调整，检测信号经过检测调整器调整后，才引入检测盘进行检测。每块调整器包括 4 路信号输入的调整。

检测调整器有单频检测调整器和双频检测调整器两种。咽喉区轨道区段的检测信号都是同一载频，所以要咽喉区轨道区段的检测信号应经单频检测调整器调整。股道的检测信号频率随运行反向不同载频也不同，股道的检测信号应经双频检测调整器调整。

（1）单频调整器。

ZPW·TJD 型单频检测调整器通过检测调整组合安装在检测柜中，通过机柜内部配线盒正线检测盘相连。在实际使用中,通过调整变压器变化,使单频检测调整器输出信号在800~1 000 mV之间。

一套单频检测调整器可以调整4个检测信号。单频调整器有四路独立的调整单元,每一路信号的调整变压器初级线圈匝数为116,次级线圈匝数最大为147,其调整电平的连接方式及ZPW-2000A区间接收电平级调整表相同。一般使用中电平等级选取,按$N=116×(U_{欲设定的输出}/U_{实测输入})$考虑。在开通时根据现场实际输入电压信号选定电平级后可一一确定调整封连端子号。

(2)双频检测调整器。

ZPW·TJS型双频检测调整器通过检测调整组合安装在检测柜中,通过机柜内部配线盒侧线检测盘相连。在实际使用中,通过调整变压器变化,使双频检测调整器输出信号在800~1 000 mV之间。

正线股道两方向的载频不同,需要用方向控制条件予以控制。调整器的ZFJH、FFJH和ZFJ2+、FFJ2+分别控制区段1和区段2的正方向、反方向。

一台双频检测调整器可对两个区段的两个方向的输入检测信号进行调整。双频调整器有两组调整单元,每组调整单元又分为正、反两个信号调整电路。每个信号调整电路同单频调整器的信号调整电路。

知识点3　站内轨道电路电码化补偿电容

设置补偿电容是为了提高传输性能,必须根据通道参数并兼顾低道砟电阻道床传输,选择补偿电容器容量,使ZPW-2000电码化传输通道趋于阻性,同时尽可能降低对原有轨道电路影响。当电码化轨道区段长度超过300 m时,必须在钢轨间设置补偿电容。载频为1 700 Hz、2 000 Hz,电容器选用80 μF,载频为2 300 Hz、2 600 Hz,电容器选用60 μF。补偿电容器在钢轨间按等间距设置,轨道区段两端绝缘节与第一个电容距离为等间距Δ的一半。

微课:补偿电容的设置及机构

$$\Delta = L / \varSigma$$

式中　L——轨道区段长度,m;

　　　$\varSigma$——电容个数,其计算公式为:

$$\varSigma = N + A$$

其中,N——百米位数;

　　　A——电容个数,个数、十位数为0时为0,个位、十位数不为0时为1。

【拓展阅读】

轨道电路红光带事故

1. 事故概况

×××年×月×日,××站D3G轨道电路瞬间红光带,影响××次列车停车7分。

2. 事故原因

车间技术员×××使用套筒板子松动螺丝，扶正 1-5DG 送电与 XWG 受电共用 XB 箱内 11 端子（D3G 受电）电缆线头时，造成接触不良，导致 D3G 轨道电路瞬间闪红。

3. 存在问题

一是车间干部安全意识淡薄，臆测行车，带头违章；二是违反"三不动"制度，对设备性能未调查清楚前盲目乱干。

请自行查阅资料学习：叠加方式轨道电路电码化设计原则。

【电务小贴士】

严格遵守"三不动"制度，增强安全意识。

【作业任务单】

对图 3-1-7 中车站上行正方向进行电码化载频布置。

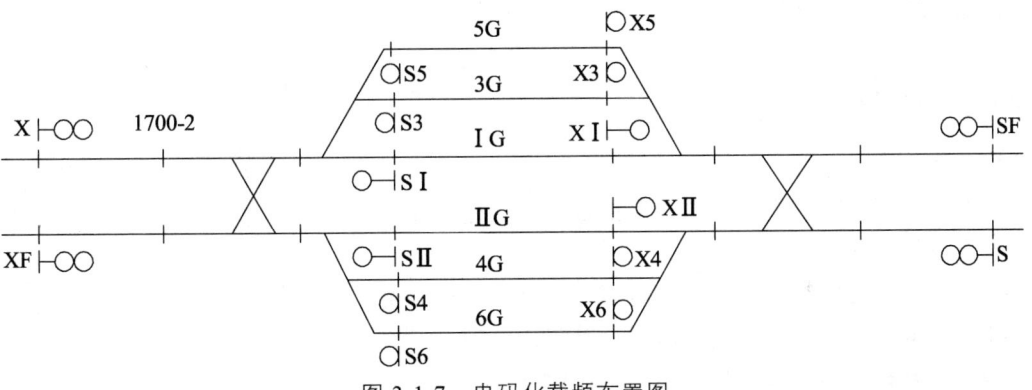

图 3-1-7 电码化载频布置图

【练习】

1. 填空题

（1）叠加方式轨道电路电码化是将_____叠加在原轨道电路上。

（2）对于移频轨道电路，电码化就是_____。

（3）25 Hz 相敏轨道电路只有_____占用检查功能，不能向机车信号车载设备传递任何信息。

（4）在提速区段，为了解决机车信号"掉码"的问题，站内正线移频化中采用____的方式。

2. 选择题

（1）进站信号显示黄灯向三接近区段发（　　）码。

A．H　　　　　　　B．HU　　　　　　　C．U　　　　　　　D．LU

（2）非自动闭塞区段的站内轨道电路电码化范围包括（　　）。

A．接近区段　　　B．正线发车进路　　　C．正线接车进路　　　D．侧线股道

3. 判断题

（1）站内轨道电路移频化的作用是取代原有的交流轨道电路。　　　　　　（　　）
（2）站内移频化信息只能通过原轨道电路的接收端发送，不能通过发送端发送。（　　）
（3）我国站内正线移频化有脉动切换式和叠加方式两种。　　　　　　　　（　　）
（4）电码化范围只包括正线（接车进路、股道和发车进路）。　　　　　　（　　）
（5）列车冒进信号时所有的区段不应发码。　　　　　　　　　　　　　　（　　）
（6）轨道电路电码化后，应不降低原轨道电路的安全性和可靠性。　　　　（　　）
（7）在最不利条件下，入口电流应满足机车信号的工作需要。　　　　　　（　　）
（8）站内正线接发车进路采用1系载频，侧线股道采用2系载频间隔布置。（　　）

专项技能 3.2　叠加式轨道电路电码化

【学习目标】

- 能力目标

（1）能分析正线正方向接车进路预叠加电码化电路，能利用站内预叠加正线电码化电路动作顺序查找故障。
（2）学会正线反方向接车进路电码化电路的故障分析。
（3）学会分析到发线股道电码化电路工作原理。
（4）学会机车信号载频自动切换工作原理。
（5）根据所学知识分析机车自动锁频的时机。

- 知识目标

（1）掌握正线正方向接车进路预叠加电码化电路。
（2）掌握站内预叠加正线电码化电路动作顺序。
（3）掌握正线反方向接车进路电码化电路工作原理。
（4）掌握到发线股道电码化电路工作原理。
（5）掌握机车信号载频自动切换工作原理。
（6）掌握站内电码化载频的配置。
（7）掌握正线、侧线及区间切频、锁频。

- 素质目标

（1）培养学生的工匠精神和使命感以及奉献铁路的理想信念，增强学生严格按规章制度操作的意识。

（2）培养团结协作、爱国敬业的精神，用联系的观点看事物提高安全意识和责任意识等。

【任务下达】

随着铁路信号技术的发展，站内实现电码化经历了切换、叠加、预叠加、站内一体化轨道电路的演变过程。请大家查阅资料，思考正线正方向接车进路预叠加电码化电路是怎么样的；正线反方向接车进路电码化电路是怎么样的；正线正方向发车进路预叠加电码化电路是怎么样的；到发线股道是如何实现电码化的。

【理论学习】

微课：预叠加电码化电路概述

微课：正线正方向接车进路预叠加电码化电路

微课：正线发车进路电码化电路

微课：正线正方向接车进路 XJM 发送器编码电路

微课：正线反方向接车进路 S_FJM 发送器编码电路

微课：侧线股道电码化电路

知识点 1　二线制叠加方式站内轨道电路电码化电路

以某站场为例，介绍叠加方式站内电码化的电路原理。该站场为双线双向运行的自动闭塞区段，反方向按自动站间闭塞运行。叠加方式站内轨道电路电码化电路由正线接车进路、正线发车/反方向正线接车、正线股道、侧线股道电码化电路组成。正线采用预叠加电码化方式，侧线股道采用占用叠加方式。

1. 正线预叠加电码化电路

正线预叠加电码化电路由信号、进路检查（控制电路）、转换开关电路和发码电路三部分组成。信号、进路检查电路由接车进路发码继电器 JMJ、发车进路发码继电器 FMJ 组成，电路用于检查信号、进路条件，判断是否符合电码化的要求；转换开关电路由每一个轨道区段设置的传输继电器 CJ 和 JMJ、FMJ 电路构成，用于控制各轨道区段的发码时机。在正线接、发车进路的站内电码化电路中，列车占用前一区段时，前一区段的轨道继电器落下使本区段的传输继电器 CJ 励磁；列车占用本区段时，本区段的轨道继电器 GJ 落下，本区段的 CJ 继续励磁；列车占用下一区段时，本区段的 CJ 失磁。CJ 吸起时，电路向本区段发送机车信号信息。

（1）正线正方向接车进路预叠加电码化电路。

以下行Ⅰ道接车进路为例。

① 接车进路发码继电器 JMJ 电路。

对每个接车方向设一个 JMJ，电路如图 3-2-1 所示。在 JMJ 电路中，由 ZTJ、LXJF 和 GJF

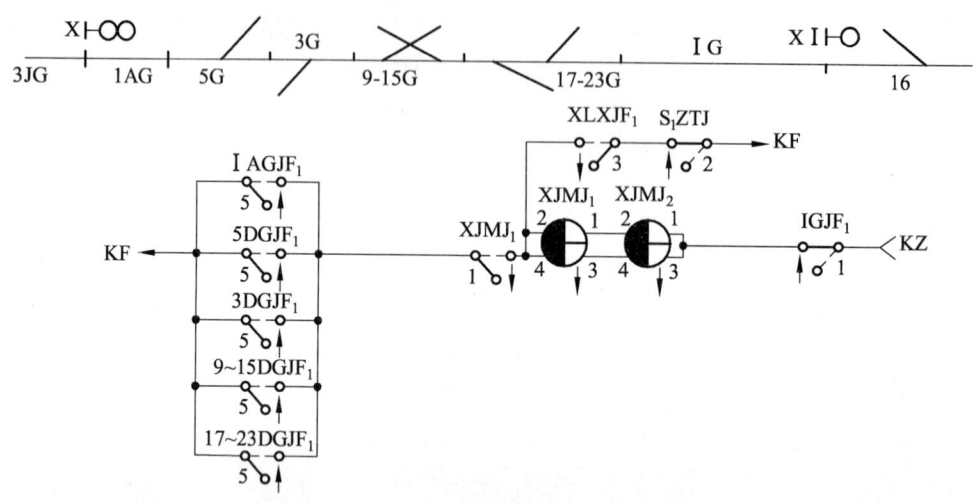

图 3-2-1　正线接车进路发码继电器 JMJ 电路

前接点构成 JMJ 励磁电路，说明建立的是正线接车进路，可控制接车进路发码。当建立下行Ⅰ道接车进路时，利用 $XLXJF_1$ 和 S_1ZTJ、$ⅠGJF_1$ 吸起接点条件，使 $XJMJ_1$、$XJMJ_2$ 吸起。列车占用ⅠAG 时，$XLXJF_1$ 落下，$XJMJ_1$、$XJMJ_2$ 通过 $ⅠAGJF_1$ 落下接点构成自闭电路。列车依次占用5DG、3DG、9-15DG、17-23DG，XJMJ 分别经和各区段的 DGJF 后接点构成自闭而一直保持吸起，直到列车进入股道，当 $IGJF_1$ 落下时，$XJMJ_1$、$XJMJ_2$ 落下，停止向接车进路各区段发码。也就是说，$XJMJ_1$、$XJMJ_2$ 从信号开放到列车占用股道前一直保持吸起，接通发码电路。

② 传输继电器 CJ 电路。

CJ 电路的作用是控制向轨道区段发码时机和轨道电路的恢复时机。对应于每个轨道电路区段设一个 CJ，当 JMJ 吸起后，其由前一区段的 GJF 后接点沟通 CJ_{1-2} 线圈励磁电路，再由本区段的 GJF 后接点沟通 CJ_{3-4} 线圈电路，即列车占用前一区段和本区段时 CJ 均吸起，向本区段发送移频信号。当列车占用下一区段时，由下一区段的 GJF_1 后接点断开本区段的 CJ 励磁电路，使 CJ 落下，停止发码。电路如图 3-2-2 所示。

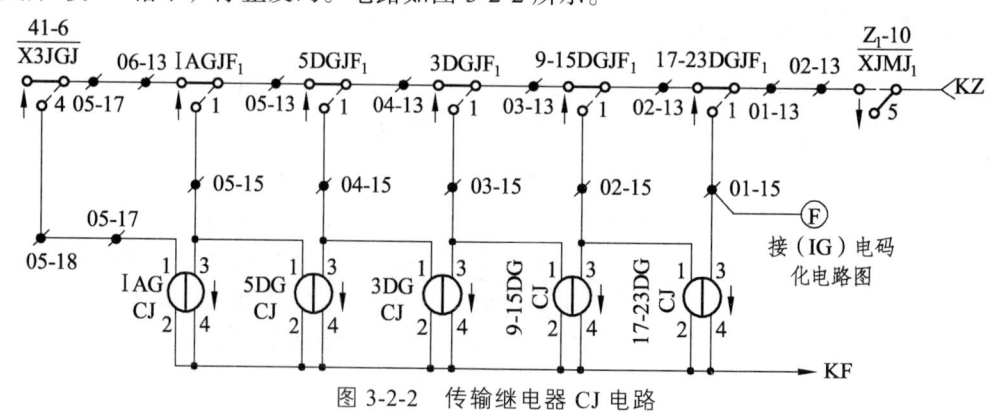

图 3-2-2　传输继电器 CJ 电路

③ 编码电路。

编码电路是电码化移频发送器的低频信息控制电路。低频控制电路由进、出站信号电路的有关继电器接点构成。例如，下行正线接车发送器的编码电路由 XJMJ$_1$ 前接点、出站信号机的 X$_1$LXJF$_1$、X$_1$ZTJ 以及 X2LQJ、X3LQJ 接点构成，如图 3-2-3 所示。当排列正线接车进路，进站信号开放后，列车驶入 3JG 区段时，通过 JMJ 前接点条件、出站信号机的 LXJF、ZTJ 以及 2LQJ、3LQJ、4LQJ 接点构成编码，发送与出站信号机显示相符的移频信号，发送器发送何种低频信息取决于编码接点的构成条件，出站信号显示不同信号时，发送器的编码构成见表 3-2-1 所示。

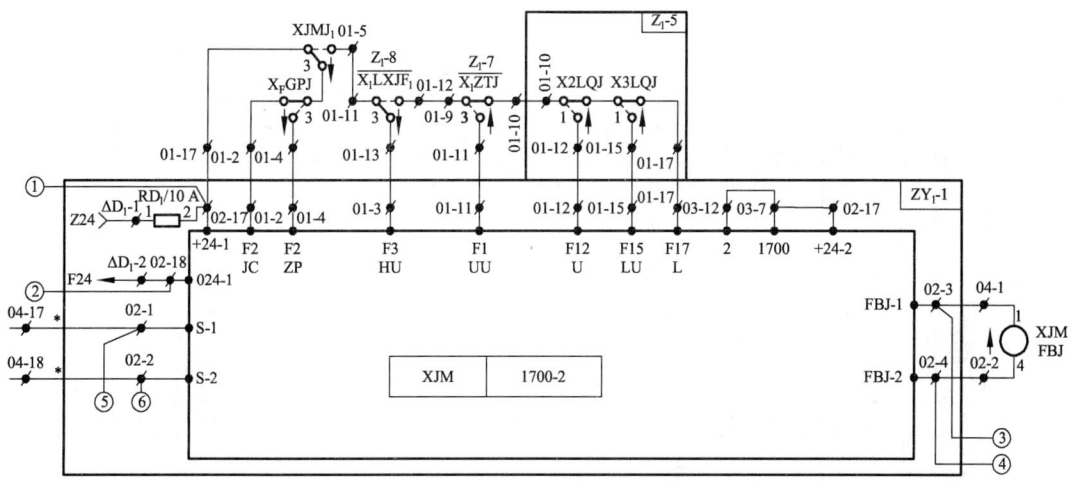

图 3-2-3 正线发送器编码电路

表 3-2-1 正线接车进路编码表

出站信号机显示	LXJF	ZXJF	2LQJF	3LQJF	发送信息码
红	↓				HU
绿（侧向发车）	↑	↓			UU
黄	↑	↑	↓		U
绿黄	↑	↑	↑	↓	LU
绿	↑	↑	↑	↑	L

（2）信息发送电路。

为了实现正线接车进路预叠加发码，发送器移频信号的输出电路由两条路径构成，如图 3-2-4 所示。其中，1AG、3DG、17-23DG 由一路电路发送，5DG、9-15DG、IG 由另一路电路发送。之所以采用两路发送，是为了保证相邻轨道电路同时发送，而不被其内方轨道区段的传输继电器接点断开。电码化信息具体传送到每一个轨道电路区段的时机，是由相应区段 CJ 动作来实现。当某轨道电路区段 CJ 吸起时，发送器就通过 XJMJ 前接点以及本区段 CJ 的前接点，通过隔离器向轨道电路发送 X$_1$ 信号机状态及前方闭塞分区状态编码的移频信息。正方向接车进路是从轨道电路受电端迎着列车运行方向发送的。

图 3-2-4 正线电码化发码电路

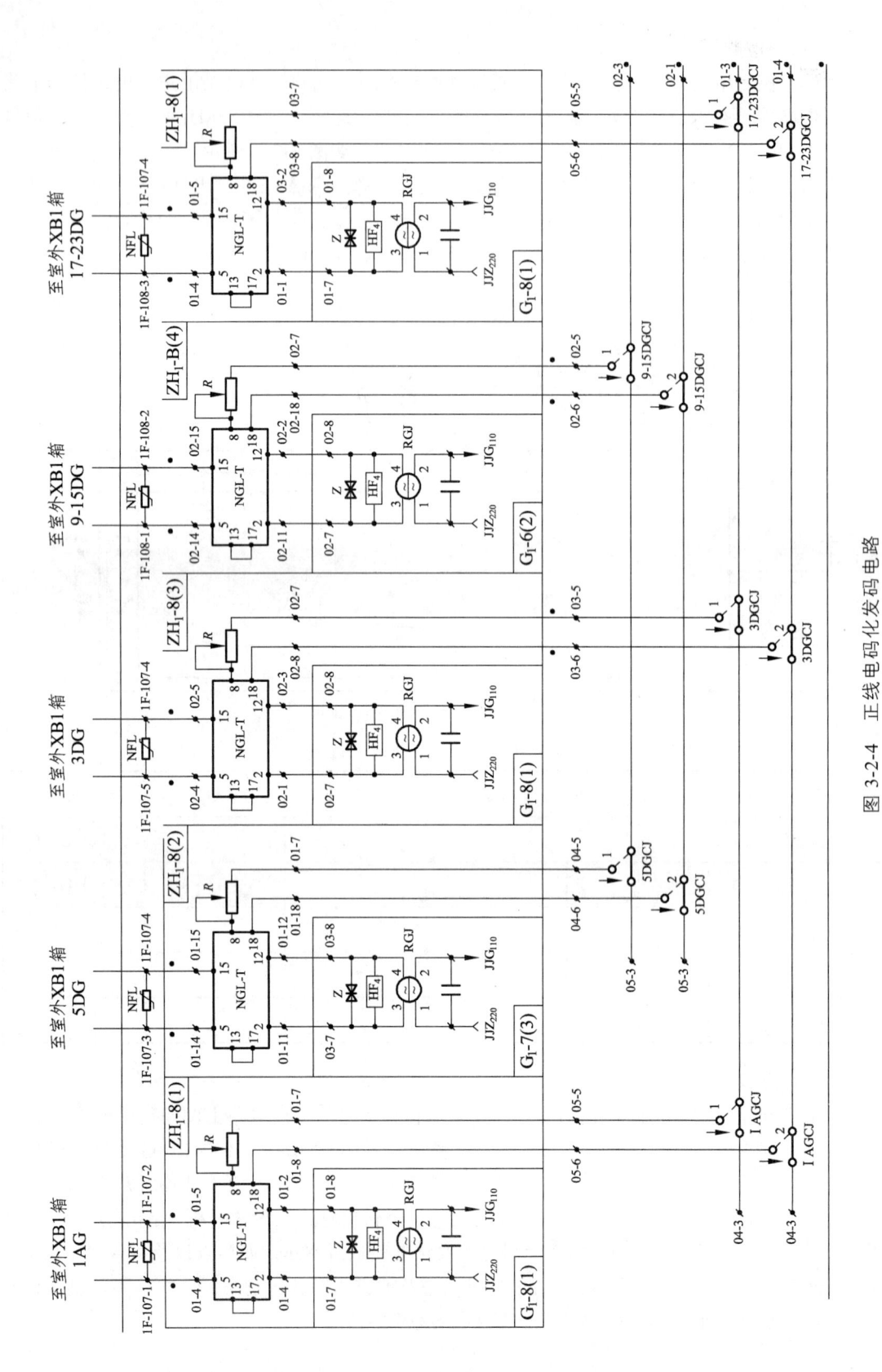

站内预叠加正线电码化电路动作关系：
排列进路，开放信号

XLXJF↑
XZXJ↑→S₁ZTJ   →XJMJ↑
ⅠGJF↑

列车驶入：3JG
3GJF↓→ⅠAGCJ↑（1-2）→XJM 向 1AG 发送移频信号。

列车驶入：ⅠAG
ⅠAGJF↓   →ⅠAGCJ↑（3-4）→XJM 向 1AG 发送移频信号；
            →5DGCJ↓（1-2）→XJM 向 5DG 发送移频信号；

列车驶入：5DG
5DGJF↓   →5DGCJ↓（3-4）→XJM 向 5DG 发送移频信号；
           →3DGCJ↓（1-2）→XJM 向 3DG 发送移频信号；
           →ⅠAG CJ↓→1AG 恢复原轨道电路；

列车驶入：3DG
3DG JF↓   →3DGCJ↓（3-4）→XJM 向 3DG 发送移频信号；
           →9-15DGCJ↓（1-2）→XJM 向 9-15DGC 发码；
           →5DG CJ↓→5DG 恢复原轨道电路；

当列车驶入下一区段时，其接车发码继电器 JMJ 和 CJ 的动作关系如上所述，直到列车完全进入股道为止。

2. 发车进路电码化电路

（1）发车发码继电器 FMJ 电路。

对应每一个正方向发车进路设一个 FMJ 电路及各轨道区段的传输继电器 CJ 电路，现以 X_1 股道发车进路为例，如图 3-2-5 所示。现以下行 IG 发车进路电码化电路为例说明电路的工作原理。在 FMJ 电路中，由发车进路的 ZTJ、LXJF 和 1LQJ 前接点构成 FMJ 励磁电路，说明建立的是正线发车进路，为"直出"进路，可对发车进路发码。当第一离去区段空闲时，办理下行 IG 正方向发车进路，X_1LXTF$_1$ 和 X_1ZTJ 吸起使 X_1FMJ 吸起。列车占用出站信号机内方第一轨道电路区段时，16-18DGJF$_1$ 落下，X_1LXTF$_1$ 才落下，X_1FMJ 构成自闭。直至列车出站，占用第一离去区段，X_1FMJ 自闭电路断开，它才落下。

（2）传输继电器 CJ 电路。

X_1FMJ 吸起后，列车占用 IG 股道，IGJF$_1$ 落下，16-18DG 区段的传输继电器 16-18DGCJ 经 1-2 线圈励磁电路吸起。占用本区段时，16-18DGJF$_1$ 落下，接通 16-18DGCJ 经 3-4 线圈励磁电路，使其继续保持在吸起状态，并断开 16-18DGCJ 经 1-2 线圈电路，直到占用下一区段，8-10DGJF 落下时，才断开 16-18DGCJ 的 3-4 线圈电路，使其落下。8-10DGCJ、4DGCJ 的电路情况与 16-18DGCJ 相同。电路如图 3-2-6 所示。

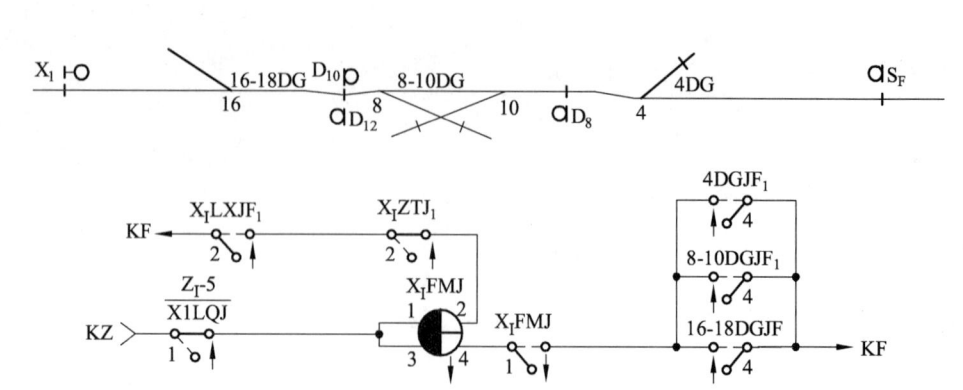

图 3-2-5 发车发码继电器 FMJ 电路

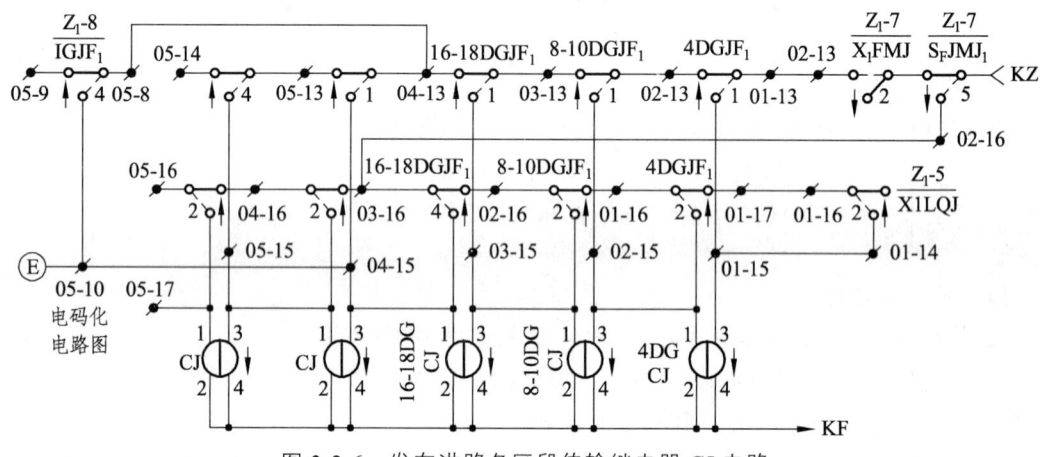

图 3-2-6 发车进路各区段传输继电器 CJ 电路

（3）编码电路。

发车进路编码电路在 X_1FMJ 吸起时构成，电路如图 3-2-7 所示。由 X2LQJ、X3LQJ、X4LQJ 构成编码，发送与二离去区段通过信号机显示相联系的移频信息。发车进路编码表 3-2-2。正方向发车进路移频信号从轨道电路送电端发送。

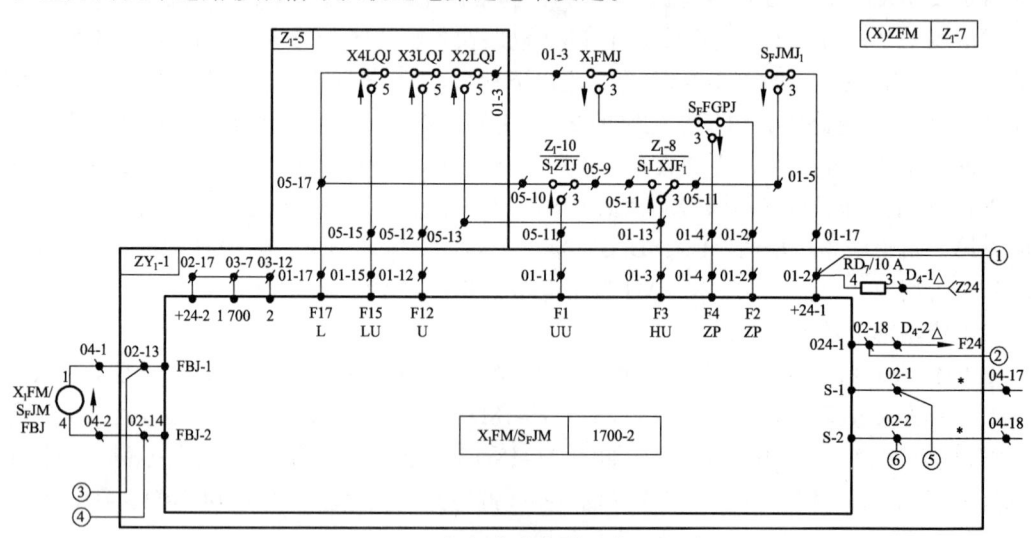

图 3-2-7 发车进路发送器编码电路

表 3-2-2　发车进路编码

出站信号机显示	2LQJF	3LQJF	4LQJ	发送信息码
红	↓			HU
黄	↑	↓		U
绿黄	↑	↑	↓	LU
绿	↑	↑	↑	L

3. 正线反方向接车进路电码化电路

对于正线反方向接车进路需要设置一个反方向接车进路的发码继电器 JMJ 电路，电路如图 3-2-8 所示。反方向接车进路各区段的传输继电器 CJ 电路与正方向的发车进路各区段的传输继电器电路共用一个电路，用 X_FFMJ 第 2 组、S_FJMJ_1 第 5 组接点区分。S_FJMJ_1 吸起为反方向接车进路电码化用，X_FFMJ 吸起、S_FJMJ_1 落下为正方向发车进路电码化用，其工作原理基本上同正方向接车进路，只是从轨道电路送电端发码。

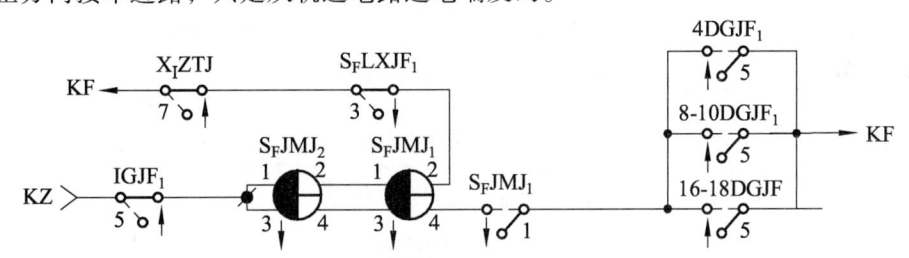

图 3-2-8　正线反方向接车进路电码化电路

正线反方向接车进路编码电路由出站信号机的 S_1LXJF、S_1ZTJ 接点，发送与出站信号 S_1 显示相联系的移频信号。因反方向按自动站间闭塞运行，出站信号机没有黄灯显示和绿黄显示，不发 U 码和 LU 码，如表 3-2-3 所示。

表 3-2-3　正线反方向接车进路编码

出站信号机显示	LXJF	ZXJF	发送信息码
红	↓		HU
黄、绿、绿黄（侧向发车）	↑	↓	UU
绿（直向发车）	↑	↑	L

4. 到发线股道电码化电路

到发线股道采用的是叠加电码化方式，即占用发码，设有 CJ。正线股道电码化包括正方向和反向接车进路电码化，因此股道上设置上行 CJ 和下行 CJ 继电器电路。

5. 机车信号载频自动切换

机车信号载频自动切换系统，解决了列车在上下行线间转线运行时由人工进行切换所存在的手续烦琐、切换地点不明确、切换实际难于掌握等问题。由于载频自动切换的实现，解决了机车信号载频邻线同载干扰的问题，为机车信号主体化的实现打下了良好的基础。

1）机车信号载频的锁频

当机车信号车载设备接收到 ZP 码—25.7 Hz 载频切换信息后，自动将接收载频范围锁定在该载频上，对其他载频不予接收，直到再次接收到新的 25.7 Hz 信息。

例如：当接收到 $1\,700^{+25.7}_{-1}$ 信息时，接车信号自动锁定在仅接收 1 700 Hz 载频内的低频息状态，当接收到 $2\,000^{+25.7}_{-2}$ 信息时，接车信号自动锁定在仅接收 2 000/2 600 Hz 载频内的低频信息状态。

（1）站内正线股道的锁频。

对于直进直出的正线发车进路没有站内股道锁频问题，不需发送切换载频信息，但有可能存在区间载频锁频问题。

对于弯进直出进路往往是列车改变线路运行，在载频选频锁频问题，采用 2 系载频+25.7 Hz 的方法，即压入后先发 2 s 的 25.7 Hz 信息。图 3-2-9 所示为弯进直出锁频逻辑示意图。

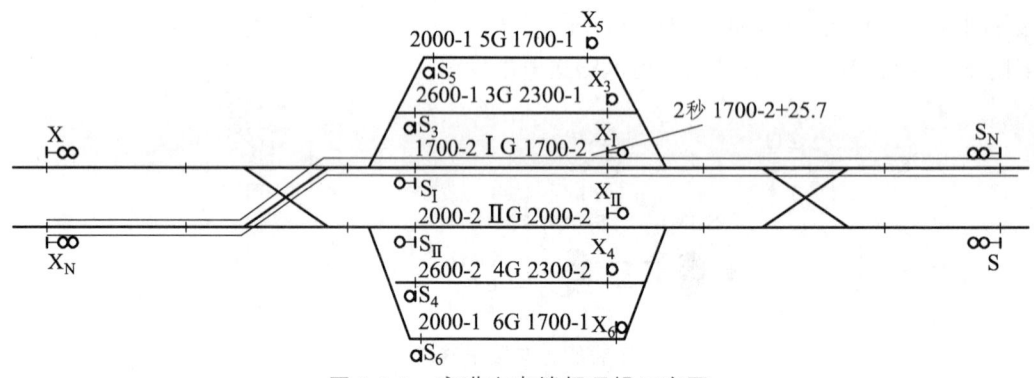

图 3-2-9　弯进直出锁频逻辑示意图

（2）侧线股道的锁频。

向侧线股道接车为弯进进路，存在载频选频锁频问题，需发送切换载频信息，采用 1 系载频+25.7 Hz 的方法，即压入后先发 2 s 的 25.7 Hz 信息。图 3-2-10 所示为侧线股道锁频逻辑示意图。

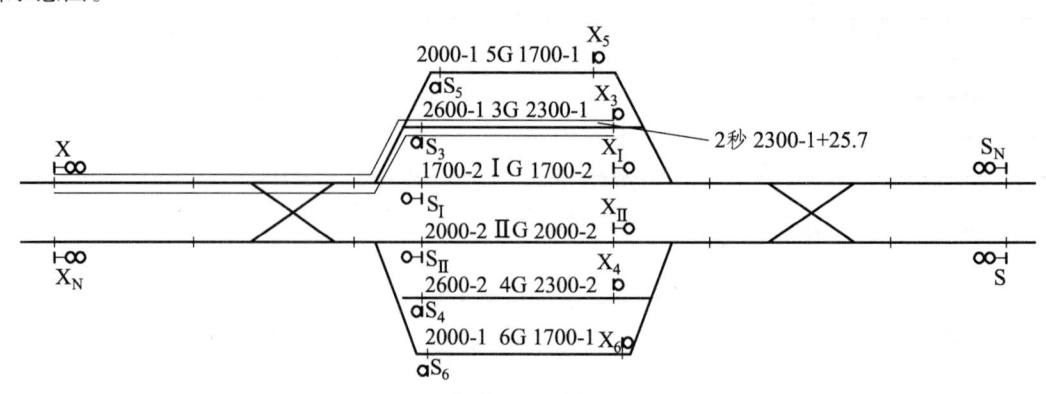

图 3-2-10　侧线股道锁频逻辑示意图

（3）区间线路的锁频。

区间线路载频锁频是指机车信号设备进入区间时，及区间载频自动匹配的方法。

① 弯出进路的锁频。

弯出进路往往存在对区间载频的再次选频、锁频问题。一般采取在发车进路的最后一个区段设置 2 系载频+25.7 Hz 的方法。即采用列车压入发车进路最末一个区段时，在该区段发送 2 系载频+25.7 Hz 信息。图 3-2-11 所示为弯出进路区间选频设置示意图。

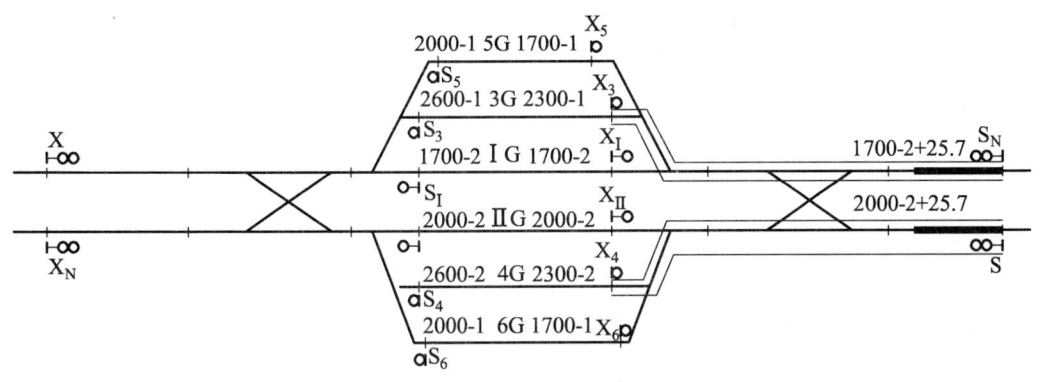

图 3-2-11　弯出进路区间选频设置示意图

② 直进直出的区间载频锁频。

当车站两端区间线路有上下行的变化时，如进站时为下行，出站后为上行区间，如图 3-2-12 所示。直进直出进路会有区间载频选频、锁频问题，在一般作为特殊区段来处理。此时，车站正线的载频以及接近车站区间方向载频相同了；载频锁频在第一离去区段实现，在列车压入第一离去区段时，在第一离去区段发送 2 s 的 2 系载频+25.7 Hz 后恢复正常频率码。

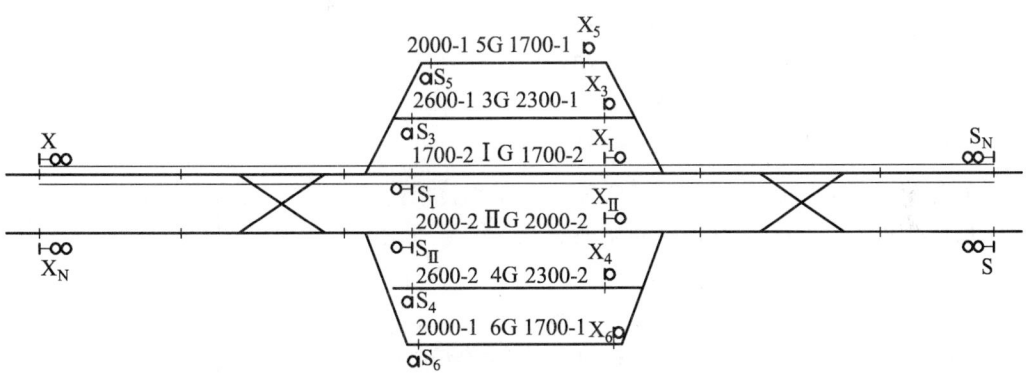

图 3-2-12　直进直出的区间载频锁频示意图

在 3JG 和 1LQ 发送电路中，增设正线发车改频继电器 ZFGPJ，其为缓吸 2s 的时间继电器，用相应 FMJ 前接点和区间轨道继电器后接点作为 ZFGPJ 的励磁条件，在 3JG 和 1LQ 发送器的编码电路中由 FMJ、GJ 和 ZFGPJ 接点接入载频为 2 系的 25.7 Hz 低频信息码。

办理 X_1 正线发车时，列车压入 1LQ 区段后发送 2 s 上行载频-2 的 25.7 Hz 低频信息码，之后发送及运行前方通过信号机显示相符的低频信息码。

办理由 S_F 正线通过时，下行正线的三个发码区发送上行线载频的低频信息码，列车压入 3JG 区段发送 2 s 下行线载频-2 的 25.7 Hz 之后发送及该区段相符的低频信息码。

为避免列车在第一离去区段因某些原因导致载频锁频失效情况下收到邻线干扰码的安全隐患，要求离去区段的邻线干扰不得大于车载信号设备的灵敏度。因此，离去区段的轨道电

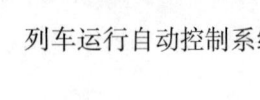

路应进行分割处理，长度不超过 600 m，使得邻线干扰的幅度控制在灵敏度以内。

2）载频自动切换

为实现机车信号车载设备的载频自动切换，即自动选频、锁频功能，采用轨道电路发送载频切换信息的方式。要求针对不同的接、发车进路，在指定的区段，利用轨道继电器落下的条件，先发送 2 s 的 25.7 Hz 转频信息——ZP 码，之后再改发及前方信号机显示相符的信息。

（1）载频自动切换的逻辑。

对于站内侧线股道，为 1 系载频+25.7 Hz：

当接收到 $1\,700^{+25.7}_{-1}$ Hz 时，机车信号自动切换至仅接收 1700-1 Hz 的移频信息。

当接收到 $2\,300^{+25.7}_{-1}$ Hz 时，机车信号自动切换至仅接收 2300-1 Hz 的移频信息。

当接收到 $2\,000^{+25.7}_{-1}$ Hz 时，机车信号自动切换至仅接收 2000-1 Hz 的移频信息。

当接收到 $2\,600^{+25.7}_{-1}$ Hz 时，机车信号自动切换至仅接收 2600-1 Hz 的移频信息。

对于区间线路和站内正线，为 2 系载频+25.7 Hz：

当接收到 $1\,700^{+25.7}_{-2}$ Hz 或 $2\,300^{+25.7}_{-2}$ Hz 时，机车信号自动切换为接收下行线载频 1700/2300 的移频信息。

当接收到 $2\,000^{+25.7}_{-2}$ Hz 或 $2\,600^{+25.7}_{-2}$ Hz 时，机车信号自动切换为接收上行线载频 2000/2600 的移频信息。

（2）载频切换时机。

列车仅在经道岔侧向接车或经道岔侧向发车时，进行接收载频的切换，正线直向接车或发车不进行载频的切换。

① 接车时载频切换时机。

列车直向通过车站时不进行载频的切换。

列车在经道岔侧向进入侧线股道时，收到该股道规定的 1 系载频所叠加的 25.7 Hz 低频信息后，机车信号车载设备仅接收该载频的移频信息。

列车在经道岔侧向进入另一正线股道时，收到该股道规定的 2 系载频所叠加的 25.7 Hz 低频信息后，机车信号车载设备自动切换接收本线载频的移频信息。

② 发车时载频切换时机。

当列车经道岔侧向发车，机车信号车载设备在发车进路最末一个轨道区段接收 2 系载频的 25.7 Hz 的低频信息后打开接收载频，接收相应区间线路载频的移频信息。

3）25.7 Hz ZP 码的发送

（1）侧线股道 ZP 码的发送。

列车压入股道后，利用 ZPJ 的缓吸特性，发送器向轨道发送 2 s 载频为-1 的 25.7 Hz 锁频码，2 s 后 ZPJ 吸起，根据前方出站信号机的显示，改发及该信号机显示相符的低频信息码。

（2）办理向另一正线股道 ZP 码的发送。

办理至另一正线股道的反向弯进接车进路（如由 X 进站信号机至ⅡG 的接车进路），列车压入股道后，通过 GJ、ZPJ 和 DWJ，向股道发送该正线相应载频为-2 的 25.7 Hz 锁频码，之后改发及前方出站信号机显示相符的低频信息码。

（3）办理侧向发车 ZP 码的发送。

办理由正线股道的弯出发车进路时，列车压入发车进路的最末一个轨道区段，通过发车改频继电器 FGPJ 的励磁，向该区段送该正线载频为-2 的 25.7 Hz 低频信息码。

知识点 2　闭环站内电码化

为了满足在主要干线实现机车信号主体化，以及发展适用于客运专线、200 km/h 动车组的超速防护系统的需要，在既有叠加电码化技术的基础上，利用 ZPW-2000 系列轨道电路发送设备，形成了闭环电码化技术。

闭环电码化实际上也是叠加方式，只是增加了闭环检测以及机车信号载频自动切换。

实现机车信号载频的自动切换，只有 ZPW-2000 系列轨道电路和 JT1-CZ2000 机车信号车载设备才能实现。其他制式的轨道电路没有 1 系、2 系载频，不能实现机车信号载频自动切换。

1. 技术要求

（1）站内电码化的范围为经道岔直向的所有接、发车进路，侧线股道区段。
（2）电码化电路必须满足"故障-安全"原则。
（3）发码的区段空闲后，轨道电路应能自动恢复到调整状态。
（4）列车冒进信号时所有的区段不应发码。
（5）有效电码中断的最长时间，应不大于机车信号允许中断的最短时间。
（6）轨道电路电码化后，应不降低原轨道电路的安全性和可靠性。
（7）在最不利条件下，入口电流应满足机车信号的工作需要。
（8）在最不利条件下，出口电流不损坏电码化轨道电路设备。
（9）相邻线路的电码化可采用不同的 ZPW-2000 信号发送载频，防止邻线干扰，在出现邻线干扰的情况下应保证该干扰不会造成机车信号错误显示。
（10）电码化设计应满足防雷和电磁兼容要求。
（11）电码化的电码及检测采用冗余设计。
（12）检测设备未收到检测信息应系统报警并在条件具备时关闭防护该进路的信号机。

2. 闭环电码化设备

（1）功能。
根据车站联锁条件及地面信号显示发送机车信号信息，并通过钢轨传输机车信号信息。
（2）构成。
由闭环电码化和载频自动切换锁定设备构成。
（3）ZPW-2000 系列闭环电码化发送和检测设备。
载频为 1 700 Hz、2 000 Hz、2 300 Hz、2 600 Hz，载频偏移范围小于 1.5 Hz。对于 1700-1、2300-1、2000-1、2600-1 载频偏移应在（+1.4+/-0.1）Hz 范围内，对于 1700-2、2000-2、2300-2、2600-2 载频偏移应在（-1.3+/-0.1）Hz 范围内。
（4）ZPW-2000 系列闭环电码化调制频率为 10.3～29 Hz，步进为 1.1 Hz，调制频率的频率偏移应小于 0.1 Hz。
（5）为了车载设备实现接收载频锁定或载频自动切换功能，电码化设备应发送正确的载频信号码。

① 机车接到 UU/UUS 码后如果接收不到信息，在点白灯前，只接收 HU/HUS 码；在点白灯后，只接收载频切换信息码。
② 车站开放侧向接车进路时，在车载设备接收股道信息前电码化设备应发送载频切换信息码。
③ 车站开放侧向发车进路时，在列车到达区间前电码化设备应发送载频切换信息码。
④ 其他进路需要实现车载设备载频自动切换时，电码化设备应发送载频切换码。

（6）站内闭环电码化载频频谱的排列。

① 下行正线，咽喉区正向接车进路、发车进路的载频为下行线载频（1700-2 或 2300-2），正线股道的载频为下行线载频（1700-2 或 2300-2）。
② 上行正线，咽喉区正向接车进路、发车进路的载频为上行线载频（2000-2 或 2600-2），正线股道的载频为上行线载频（2000-2 或 2600-2）。
③ 为防止进、出站处钢轨绝缘破损，-1、-2 载频应与区间 ZPW-2000 轨道电路-1、-2 载频交错。
④ 侧线股道。

各股道两端：下行方向载频按 2300-1 Hz、1700-1 Hz 交错排列。

上行方向载频按 2600-1 Hz、2000-1 Hz 交错排列。

相邻侧线股道的二端，应以 1700-1 Hz/2000-1 Hz 与 2300-1 Hz/2600-1 Hz 载频交错配置。

（7）轨道区段补偿电容设置。

① 电码化区段长度不超过 300 m 不需设置补偿电容。
② 发送 1700-1、1700-2、2000-1、2000-2 载频的区段，补偿电容采用 80 μF。
③ 发送 2300-1、2300-2、2600-1、2600-2 载频的区段，补偿电容采用 60 μF。
④ 设置方法按照等间距补偿电容的方法

（8）电缆使用原则。

① 电缆采用内屏蔽电缆。
② 同频的发送线对与接收线对不能同四芯组。
③ 同频的两发送线对或两接收线对不能同四芯组。

3. 闭环电码化的设计原则

1）载频布置

在机车信号实现载频自动切换的前提下，由于机车信号车载设备接收的载频具有唯一性，车站电码化载频便可按防止临线干扰的原则进行排列。

（1）站内电码化载频频率的布置。

站内正线接发车进路采用 2 系载频，侧线股道采用 1 系载频间隔布置。

① 正线。

下行正线正向接、发车进路和股道的载频为 1700-2。

上行正线正向接、发车进路和股道的载频为 2000-2。

正线正向接、发车进路和股道载频可根据需要选择另一线路为-2 载频。

为防止进出站处钢轨绝缘破损，站内-1，-2 载频应与区间 ZPW-2000 轨道电路-1，-2 载频交错。

② 侧线股道。

各股道两端，下行方向载频按 2300-1、1700-1 交错排列，上行方向载频按 2600-1、2000-1 交错排列。

相邻侧线股道，以 1700-1、2000-1 与 2300-1/2600-1 载频交错配置。

（2）三、四线载频布置。

区间轨道电路包括三、四线，其载频布置可按邻线干扰防护要求，实施彻底隔开方案，而不必考虑行车组织上下行的要求。但要给既有机车信号设备提供司机进行上下行开关操作的时机。

2）站内电码化发码区分

每条正线按正方向分为三个发码区：接车进路（咽喉区）、正线股道和发车进路。在工程设计中可按正方向分别称为接车进路发送 JFS，发车进路发送 FFS 和正线股道发送 Ⅰ GFS 或 Ⅱ GFS。侧线以每一股道为一个发码区。

3）发送及检测设备配置

（1）正接、发车进路。

每一正线咽喉区接车进路或发车进路的每 7 个区段配置一套发送设备，即一个发送器通过道岔发送调整器可同时向 7 个轨道电路区段发码，若车站接车进路或发车进路多于 7 个区段时，则需增加发送器。每 8 个区段配置一套检测设备。

（2）股道。

列车股道折返为先办理接车进路，列车进入股道后，机车调头再办理发车进路。每 8 个股道配置一套检测设备。每一正线股道的检测，可根据正线或侧线检测盘的使用情况，选用检测盘的其中一路。

4）系统冗余

（1）电码化发送盒采用 $N+1$ 冗余方式，全站备用一个发送盒，当主发送器故障时，系统报警，同时+1 发送器工作。

（2）正线检测盘分别按每一正线咽喉区接车进路、发车进路配置双套。

（3）侧线检测盘按每八个股道配置双套。

5）闭环电码化方案

（1）正线闭环电码化。

每条正线设 3 个发送器，分别是接车进路发送 JFS，发车进路发送 FFS，正线股道发送 IGFS 或 IIGFS。

（2）侧线闭环电码化方案。

① 单端发码（一般车站—简单车站，即只有一进一出信号机的车站 ）。
② 双端发码（在有第三方向、多方向线路接入的车站或在侧线股道有列车折返作业的车站）。

【拓展阅读】

科学技术是第一生产力

站内电码化技术的应用主要是为了解决"两冒"（冒进信号和冒出信号）事故，从 1988 年下半年到 1995 年年底，"车站股道电码化"已经在全路近 4000 个车站得到广泛应用，取得了明显的效益。1991 年与 1990 年相比，全路"两冒"事故下降了 41.3%；1992 年上半年与

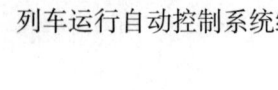

1991年同期相比，全路"两冒"事故下降了46.4%；1995年至1998年上半年，据有关部门统计，全路机务部门已经消灭了站内冒进信号机越过警冲标的事故。

试分析：示例站场排列下行Ⅰ股道接车进路，如3DGJF1继电器11-13接点断开，将会出现什么现象？

【电务小贴士】

电务精英，锐意进取，为铁路事业贡献力量。

【作业任务单】

图3-2-13所示为5G电码化发送器及编码电路，试完成下列问题。

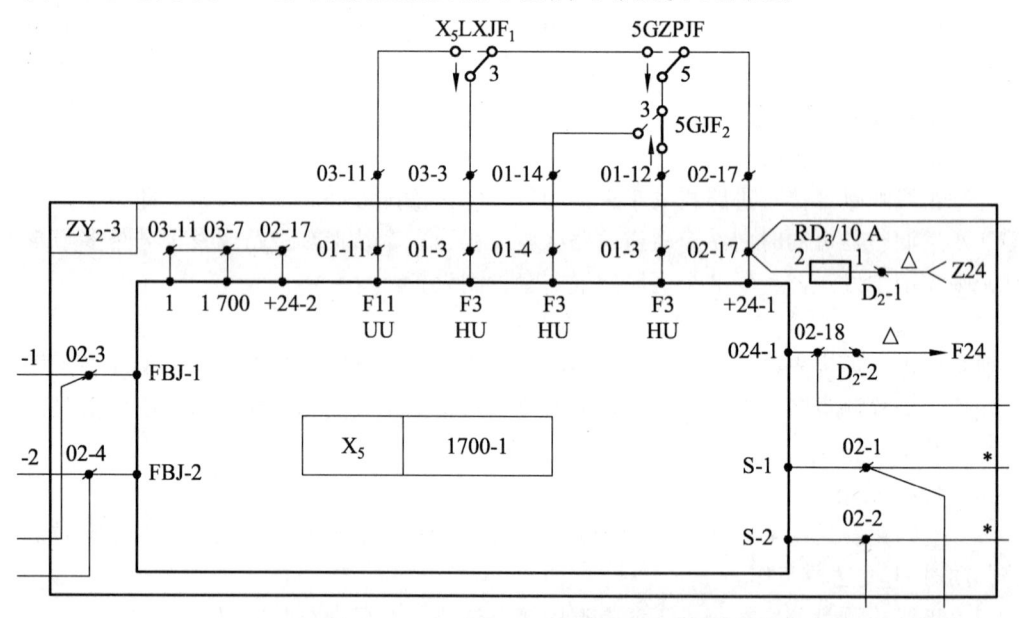

图3-2-13 5G电码的发送器及编码电路

（1）5G正方向接车或发车时，载频为_____，转频码低频为_____，股道轨道电路未分路时，股道信息为_____码。

（2）试写出5GZPJ吸起的条件。

（3）当向5G办理了正方向接车进路时，请说明列车进站过程中X_5电码化发送器编码情况。

（4）当向 5G 办理了正方向发车进路时，请说明列车出站过程中 X5 电码化发送器编码情况。

【练习】

简答题

（1）简述机车信号载频自动切换逻辑。

（2）简述正线预叠加电路的原理。如何编码？何时发码？接、发车进路的预叠加电路有何不同？

专项技能 3.3　站内轨道电路电码化的维护

【学习目标】

- 能力目标

（1）能测试发送检测盘的站内轨道电路电码化参数。
（2）能根据测试分析数据和处理站内轨道电路电码化设备故障。

- 知识目标

（1）了解站内轨道电路电码化设备检修方法。
（2）掌握站内轨道电路电码化工作异常案例分析。
（3）掌握站内轨道电路电码化设备问题处理方法。

- 素质目标

（1）培养唯物辩证法思想。
（2）增强严格按规章制度操作的意识。

【任务下达】

铁路提速后，站内电码化区段机车信号掉码问题更加严重，为保证运输安全，相关单位开始研究站内电码预发码技术，并于 2002 年通过铁道部技术审查，在铁路车站大规模使用。

预叠加发码是指当某轨道电路被占用后，列车进路中下一轨道电路由叠加方式预先接通机车信号发码设备，并发出信息，保证列车通过绝缘节时机车信号设备收到的信息也是连续的。预叠加方式较好地解决了发送信号的电气连续性问题，保证列车运行安全。请思考：站内轨道电路电码化设备有哪些故障？如何处理站内轨道电路电码化设备故障？

【理论学习】

知识点 1　站内轨道电路电码化作业标准

1. ZPW·F 型发送器入所作业标准

ZPW·F 型发送器入所作业标准见表 3-3-1。

表 3-3-1　ZPW·F 型发送器入所作业标准

程序	检修作业内容	检修作业方法及标准	备注
1. 修前检查	1. 外观目测检查设备各部件、编号及产品编号	1. 各部件完整、齐全、无缺陷，发送器外罩、底座无裂纹或无明显剐碰伤痕。 2. 压片是否齐全、紧固。 3. 锁闭杆动作灵活无卡阻。 4. 设备铭牌安装牢固，编号与产品出厂编号相符，并作记录	
	2. 通电检测	1. 在测试台上通电检测，测试输入输出电压。 2. 测试各种输出频率及电压值。 3. 测试整机对地绝缘电阻	
	3. 填写卡片	填写测试卡片，记录缺点	
2. 分解、检查、清洗	1. 拆卸各部件	1. 对发送器外壳、压片、底座污垢进行清洗。 2. 卸除螺丝，打开外罩	
	2. 检查各部件	1. 清扫电路板及元器件灰尘、油污。 2. 检查各焊点有无虚焊。 3. 检查各配线是否整齐、无破损，各部端子无松动，线头无伤痕无碰壳接地，更换不良配线	
3. 检修、组装、测试	1. 排除故障	1. 通电检测，通过检查测试各元器件电压值、频率查找故障点。 2. 更换损坏的元器件。 3. 检查各焊点、配线是否焊接可靠	
	2. 组装设备	1. 组装发送器，内部电路板螺丝紧固无松动。 2. 配线绑扎整齐、美观。 3. 外罩安装牢固、可靠	

续表

程序	检修作业内容	检修作业方法及标准	备注
3. 检修、组装、测试	3. 电气特性测试	1. 把发送器插到测试台进行全部技术指标进行测试； 2. 发送器技术指标： （1）低频频率 F_c：$F_c±0.03$ Hz （2）载频频率： 1700-1 指标范围（1 701.4±0.15）Hz 1700-2 指标范围（1 698.7±0.15）Hz 2000-1 指标范围（2 001.4±0.15）Hz 2000-2 指标范围（1 998.7±0.15）Hz 2300-1 指标范围（2 301.4±0.15）Hz 2300-2 指标范围（2 298.7±0.15）Hz 2600-1 指标范围（2 601.4±0.15）Hz 2600-2 指标范围（2 598.7±0.15）Hz （3）输出电压： 1 电平：161.0～170.0 V 2 电平：146.0～154.0 V 3 电平：128.0～135.0 V 4 电平：104.5～110.5 V 5 电平：75.0～79.5 V （4）发送报警继电器电压 ≥20 V	F_c 为 $10.3+n×1.1$ Hz，$n=0～17$ 直流电源电压为（24±0.1）V，负载电阻 400 Ω，$F_c=20.2$ Hz
	4. 绝缘电阻测试	各输出端子对地的绝缘电阻不小于 200 MΩ	
4. 验收	1. 对检修好的发送器进行验收	1. 所有电气特性达标，标识清楚。 2. 检修记录填写完整规范，填写出合格证。 3. 粘贴合格证	验收完后由检修者加封入库
	2. 加封	设备验收合格后进行加封	

2. ZPW·J 接收器入所作业标准

ZPW·J 接收器入所作业标准见表 3-3-2。

表 3-3-2　ZPW·J 接收器入所作业标准

程序	检修作业内容	检修作业方法及标准	备注
1. 修前检查	1. 外观目测检查设备各部件、编号及产品编号	1. 各部件完整、齐全、无缺陷，接收器外罩、底座无裂纹或无明显剐碰伤痕。 2. 压片是否齐全、紧固。 3. 锁闭杆动作灵活无卡阻。 4. 设备铭牌安装牢固，编号与产品出厂编号相符，并做记录	

续表

程序	检修作业内容	检修作业方法及标准	备注
1. 修前检查	2. 通电检测	1. 在测试台上通电检测，测试输入输出电压。 2. 测试各种输出频率及电压值。 3. 测试整机对地绝缘电阻	
	3. 填写卡片	填写测试卡片，记录缺点	
2. 分解、检查、清洗	1. 拆卸各部件	1. 对接收器外壳、压片、底座污垢进行清洗。 2. 卸除螺丝，打开外罩	
	2. 检查各部件	1. 清扫电路板及元器件灰尘、油污。 2. 检查各焊点有无虚焊。 3. 检查各配线是否整齐、无破损，各部端子无松动，线头无伤痕无碰壳接地，更换不良配线	
3. 检修、组装、测试	1. 排除故障	1. 通电检测，通过检查测试各元器件电压值、频率查找故障点。 2. 更换损坏的元器件。 3. 检查各焊点、配线是否焊接可靠	
	2. 组装设备	1. 组装接收器，内部数字板、I/O 板、CPU 板三块电路板螺丝紧固无松动。 2. 配线绑扎整齐、美观。 3. 外罩安装牢固、可靠	
3. 检修、组装、测试	3. 电气特性测试	把接收器插到测试台进行全部技术指标进行测试 1. 在测试台上通电检测，测试输入输出电压； 2. 测试各种输出频率及电压值； 3. 测试整机对地绝缘电阻； 4. 接收器的技术指标： （1）主轨道接收： 吸起门限：200～210 mV 落下门限不小于 170 mV 继电器电压不小于 20 V 吸起延时：2.3～2.8 s 落下延时不大于 2 s	直流电源电压为 (24±0.1) V，JWXC1-1700 型继电器
	4. 绝缘电阻测试	各端子对外壳间的绝缘电阻不小于 200 MΩ	
4. 验收	1. 对检修好的设备进行验收	1. 所有电气特性达标，标识清楚。 2. 检修记录填写完整规范，填写出所合格证。 3. 粘贴合格证	验收完后由检修者加封入库
	2. 加封	设备验收合格后进行加封	

3. ZPW·JF 电码化发送检测器入所作业标准

ZPW·JF 电码化发送检测器入所作业标准见表 3-3-3。

表 3-3-3 ZPW·JF 电码化发送检测器入所作业标准

程序	检修作业内容	检修作业方法及标准	备注
1. 修前检查	1. 外观目测检查整机各部件、编号及产品编号	1. 各部件完整、齐全、无缺陷，检测盘外罩、底座无裂纹或无明显括碰伤痕。 2. 设备铭牌安装牢固，与产品出厂编号相符，并做记录	
	2. 修前电气特性测试	1. 在测试台上通电检测，观察盘面的各指示灯和各测试孔电压显示判断故障。 2. 对输入、输出测试孔进行测试，判断故障点	
	3. 填写检修卡片	填写测试卡片，记录缺点	
2. 分解、检查、清扫	1. 拆卸各部件	1. 对检测盘外壳、底座污垢进行清洗。 2. 卸除螺丝，打开外罩	
	2. 检查各部件	1. 清扫电路板及元器件灰尘、油污。 2. 检查各焊点有无虚焊。 3. 检查各配线是否整齐、无破损，各部端子无松动，线头无伤痕无碰壳接地，更换不良配线	
3. 检修、组装	1. 排除故障	1. 通电检测，通过检查测试各元器件查找故障点。 2. 更换损坏的元器件。 3. 检查各焊点、配线是否焊接可靠	
	2. 组装设备	1. 组装检测盘，内部电路板螺丝紧固。 2. 外罩安装牢固、可靠	
4. 测试验收	1. 绝缘耐压试验 2. 绝缘电阻试验 3. 电气试验 4. 报警电路测试 5. 填写卡片	1. 将发送检测器安装在耐压测试台上，将耐压测试仪调至交流 50 Hz/1 000 V 时，漏流设置为 1 mA，将测试台上开关置于测试位，启动耐压测试仪，保持 1 min，绝缘耐压测试仪故障指示灯不应点亮，设备不应有损坏。 2. 将发送检测器安装在绝缘电阻测试台上，设置测试电压为直流 500 V 启动兆欧表绝缘电阻应不小于 200 MΩ。 3. 将发送检测器与发送检测器测试盒相连接，打开直流稳压电源，万用表的正表笔与测试孔的左测试孔相接、负表笔与测试孔的右测试孔相接，分别测量塞孔 SK1～SK6 的电压，万用表显示 +24 V 为正常。 4. 端子 13 接 24 V 电源正极，端子 2 经 1 个 20 kΩ电阻和 1 个发光二极管与 24 V 电源的正极相接，端子 4/15 分别接 24 V 电源负极，开通电源，二极管亮为正常；端子 7、23 短接，端子 26、9 短接，端子 28、19 短接，端子 5、24 与 24 V 电源正极相连接，端子 25 与 24 V 电源负极相接，端子 11、21 分别经一个 20 kΩ电阻和一个发光二极管与 24 V 电源的负极相接，开通电源，4 个发光二极管亮为正常。 5. 填写验收卡片、贴上设备标签，记录测试数据和更换配件	

4. 站内电码化正线检测盒 ZPW·PJZ 入所作业标准

站内电码化正线检测盒 ZPW·PJZ 入所作业标准见表 3-3-4。

表 3-3-4　站内电码化正线检测盒 ZPW·PJZ 入所作业标准

程序	检修作业内容	检修作业方法及标准	备注
1. 修前检查	1. 外观目测检查设备各部件、编号及产品编号	1. 各部件完整、齐全、无缺陷，检测盘外罩、底座无裂纹或无明显剐碰伤痕。 2. 设备铭牌安装牢固，与产品出厂编号相符，并做记录	
	2. 通电检测	1. 在测试台上通电检测，观察盘面的各指示灯的显示判断故障。 2. 对输入、输出测试孔进行测试，判断故障点	
	3. 填写卡片	填写测试卡片，记录缺点	
2. 分解、检查、清洗	1. 拆卸各部件	1. 对检测盘外壳、底座污垢进行清洗。 2. 卸除螺丝，打开外罩	
	2. 检查各部件	1. 清扫电路板及元器件灰尘、油污。 2. 检查各焊点有无虚焊。 3. 检查各配线是否整齐、无破损，各部端子无松动，线头无伤痕无碰壳接地，更换不良配线	
3. 检修、组装	1. 排除故障	1. 通电检测，通过检查测试各元器件查找故障点。 2. 更换损坏的元器件。 3. 检查各焊点、配线是否焊接可靠	
	2. 组装设备	1. 组装检测盘，内部电路板螺丝紧固。 2. 外罩安装牢固、可靠	
4. 测试验收	1. 电气特性测试	1. 把检测盘插到测试台进行全部技术指标进行测试。 2. 测试吸起、落下门限电压：吸起门限 200～210 mV，落下门限 170～180 mV。 3. 测试吸起、落下延时：吸起延时 3～5 s，落下延时 2 s； 4. 测试继电器电压值：≥20 V	测试电源 (24±1) V，选择不同的载频率，调整相应的移频信号，测试全部低频、载频和载频类型组合条件
	2. 绝缘电阻	各端子对外壳间的绝缘电阻不小于 100 MΩ	
	3. 填写卡片	填写验收卡片、贴上设备标签，记录测试数据和更换元配件	

5. ZPW·PJC 电码化侧线检测盘入所修作业标准

ZPW·PJC 电码化侧线检测盘入所修作业标准见表 3-3-5。

表 3-3-5 ZPW·PJC 电码化侧线检测盘入所修作业标准

程序	检修作业内容	检修作业方法及标准	备注
1. 修前检查	1. 外观目测检查整机各部件、编号及产品编号	1. 各部件完整、齐全、无缺陷,检测盘外罩、底座无裂纹或无明显括碰伤痕。 2. 设备铭牌安装牢固,编号及产品出厂编号相符,并作记录	
	2. 通电检测	1. 在测试台上通电检测,观察盘面的各指示灯显示判断故障。 2. 对输入、输出测试孔进行测试,判断故障点。	
	3. 填写检修卡片	填写测试卡片,记录缺点	
2. 分解、检查、清扫	1. 拆卸各部件	1. 对检测盘外壳、底座污垢进行清洗。 2. 卸除螺丝,打开外罩	
	2. 检查各部件	1. 清扫电路板及元器件灰尘、油污。 2. 检查各焊点有无虚焊。 3. 检查各配线是否整齐、无破损,各部端子无松动,线头无伤痕无碰壳接地,更换不良配线	
3. 检修、组装	1. 排除故障	1. 通电检测,通过检查测试各元器件查找故障点。 2. 更换损坏的元器件。 3. 检查各焊点、配线是否焊接可靠	
	2. 组装设备	1. 组装检测盘,内部电路板螺丝紧固。 2. 外罩安装牢固、可靠	
4. 测试验收	1. 电气特性测试	1. 把检测盘插到测试台进行全部技术指标进行测试。 2. 测试吸起、落下门限电压:吸起门限 200~210 mV,落下门限 170~180 mV 3. 测试吸起、落下延时时间:吸起时间 3~5 s,落下时间不大于 2 s。 4. 测试继电器电压值:≥20 V	
	2. 绝缘电阻测试	各端子对外壳间的绝缘电阻不小于 200 MΩ	
	3. 填写卡片	填写验收卡片、贴上设备标签,记录测试数据和更换配件	

6. ZPW·TJD 单频检测调整器入所作业标准

ZPW·TJD 单频检测调整器入所作业标准见表 3-3-6。

表 3-3-6　ZPW·TJD 单频检测调整器入所作业标准

程序	检修作业内容	检修作业方法及标准	备注
1. 修前检查	1. 外观目测检查整机各部件、编号及产品编号	1. 各部件完整、齐全、无缺陷，检测盘外罩、底座无裂纹或无明显刮碰伤痕。 2. 设备铭牌安装牢固，与产品出厂编号相符，并作记录	
	3. 填写检修卡片	填写测试卡片，记录缺点	
2. 分解、检查、清扫	1. 拆卸各部件	1. 对调整器外壳、底座污垢进行清洗。 2. 卸除螺丝，打开外罩	
	2. 检查各部件	1. 清扫电路板及元器件灰尘、油污。 2. 检查各焊点有无虚焊。 3. 检查各配线是否整齐、无破损，各部端子无松动，线头无伤痕无碰壳接地，更换不良配线	
3. 检修、组装	1. 排除故障	1. 通电检测，通过检查测试各元器件查找故障点。 2. 更换损坏的元器件。 3. 检查各焊点、配线是否焊接可靠。	
	2. 组装设备	1. 组装检测盘，内部电路板螺丝紧固。 2. 外罩安装牢固、可靠	
4. 测试验收	1. 调整单元输入阻抗测试	调整器每一路调整单元在输出开路的情况下，输入端输入 2 000 Hz、10 mA 信号时，测得各调整变压器输入阻抗为（42.27±0.42）Ω	单频调整器有 4 个独立的调整单元，1R1~1R10 为第一单元输出端，2R1~2R10 为第二单元输出端，3R1~3R10 为第三单元输出端，4R1~4R10 为第四单元输出端
	2. 调整单元输出电压测试	调整器每一调整单元在输出开路的情况下，对应的调整单元输入端输入 2 000 Hz、580 mV 信号时，相应输出端各端子间电压应满足如下要求： （1~4）R1 和（1~4）R2 间电压：（5±1）mV； （1~4）R4 和（1~4）R5 间电压：（20±3）mV； （1~4）R3 和（1~4）R5 间电压：（30±3）mV； （1~4）R6 和（1~4）R7 间电压：（70±3）mV； （1~4）R8 和（1~4）R9 间电压：（210±3）mV； （1~4）R8 和（1~4）R10 间电压：（630±6）mV； （1~4）R5 和（1~4）R6（(1~4)R3-(1~4)R7 连）间电压：（100±5）mV； （1~4）R7 和（1~4）R9（(1~4)R6-(1~4)R10 连）间电压：（490±5）mV	
	3. 绝缘电阻测试	绝缘电阻不小于 200 MΩ	
	4. 填写卡片	填写验收卡片、贴上设备标签，记录测试数据和更换配件	

7. ZPW·TJS 双频检测调整器入所作业标准

ZPW·TJS 双频检测调整器入所作业标准见表 3-3-7。

表 3-3-7 ZPW·TJS 双频检测调整器入所作业标准

程序	检修作业内容	检修作业方法及标准	备注
1. 修前检查	1. 外观目测检查整机各部件、编号及产品编号	1. 各部件完整、齐全、无缺陷，检测盘外罩、底座无裂纹或无明显剐碰伤痕。 2. 设备铭牌安装牢固，产品编号与出厂编号相符，并做记录	
	2. 填写检修卡片	填写测试卡片，记录缺点	
2. 分解、检查、清扫	1. 拆卸各部件	1. 对调整器外壳、底座污垢进行清洗。 2. 卸除螺丝，打开外罩	
	2. 检查各部件	1. 清扫电路板及元器件灰尘、油污。 2. 检查各焊点有无虚焊。 3. 检查各配线是否整齐、无破损,各部端子无松动，线头无伤痕无碰壳接地，更换不良配线	
3. 检修、组装	1. 排除故障	1. 通电检测，通过检查测试各元器件查找故障点。 2. 更换损坏的元器件。 3. 检查各焊点、配线是否焊接可靠	
	2. 组装设备	1. 组装检测盘，内部电路板螺丝紧固。 2. 外罩安装牢固、可靠	
4. 测试验收	1. 输入阻抗测试	分别给两组调整单元正向选择条件端子（a21 和 a29）加上 +24 V 电源，在输出开路的情况下，分别在两组输入端输入 2 000 Hz/10 mA 信号时，测得两组正向调整变压器输入阻抗为（42.27±0.42）Ω。同样分别给两组调整单元反向选择条件端子（a22 和 a30）加上 +24 V 电源，在输出开路的情况下，分别在两组输入端输入 2 000 Hz/10 mA 信号时，测得两组反向调整变压器输入阻抗为（42.27±0.42）Ω	每个双频调整器有两组调整单元，每组调整单元又分为正、反两个信号调整电路，1R1～1R10 为第一组正向输出端，2R1～2R10 为第一组反向输出端，3R1～3R10 为第二组正向输出端，4R1～4R10 为第二组反向输出端
	2. 输出电压测试	调整器两组调整单元在输出开路的情况和分别选择正向和反向的条件下，两组输入端输入 2 000 Hz/580 mV 信号时,对应输出端各端子间电压应满足如下要求：(1～4)R1 和（1～4)R2 间电压:（5±1）mV；（1～4）R4 和（1～4）R5 间电压：（0±3）mV；（1～4）R3 和（1～4）R5 间电压：（30±3）mV；（1～4）R6 和（1～4）R7 间电压：（70±3）mV；(1-4)R8 和（1～4）R9 间电压：（210±3）mV；(1-4)R8 和(1-4)R10 间电压：（630±6）mV；（1～4）R5 和（1～4）R6[（1～4）R3 与（1～4）R7 连]间电压：（100±5）mV；（1～4）R7 和（1～4）R9[（1～4）R6 与（1～4）R10 连]间电压：（490±5）mV	
	3. 绝缘电阻测试	绝缘电阻≥200 MΩ	
	4. 填写卡片	填写验收卡片、贴上设备标签，记录测试数据和更换配件	

8. 检测调整组匣（ZPW·XTJ）入所作业标准

检测调整组匣（ZPW·XTJ）入所作业标准见表 3-3-8。

表 3-3-8　检测调整组匣（ZPW·XTJ）入所作业标准

程序	检修作业内容	检修作业方法及标准	备注
1. 修前检查	1. 外观目测检查设备各部件、编号及产品编号	1. 各部件完整、齐全、无缺陷，组匣外壳、底座无裂纹或无明显剐碰伤痕。 2. 设备铭牌安装牢固，产品编号与出厂编号相符，并做记录	
	2. 填写卡片	填写测试卡片，记录缺点	
2. 分解、检查、清扫	1. 拆卸各部件	1. 对检测盘外壳、底座污垢进行清洗。 2. 卸除螺丝，打开外罩	
	2. 检查各部件	1. 清扫组匣内部灰尘、油污。 2. 检查、清扫插槽铜弹片，确保弹片紧固不松动。 3. 检查各配线是否整齐、无破损，各部端子无松动，线头无伤痕无碰壳接地，更换不良配线。 4. 检查各焊点无脱落、虚焊的现象	
3. 检修、组装	1. 组装设备	组装组匣的外壳，螺丝齐全紧固	
	2. 绝缘电阻测试	各端子对外壳间的绝缘电阻不小于 100 MΩ	
	3. 填写卡片	填写验收卡片、贴上设备标签，记录测试数据和更换元配件	

9. 室内隔离盒 NGL-T 入所修作业标准

室内隔离盒 NGL-T 入所修作业标准表 3-3-9。

表 3-3-9　室内隔离盒 NGL-T 入所修作业标准

程序	检修作业内容	检修作业方法及标准	备注
1. 修前检查	1. 外观目测检查设备各部件、编号及产品编号	1. 各部件完整、齐全、无缺陷，隔离盒外壳、底座无裂纹或无明显剐碰伤痕。 2. 设备铭牌安装牢固，产品编号与出厂编号相符，并做记录	
	2. 填写检修卡片	填写测试卡片，记录缺点	
2. 分解、检查、清扫	拆卸各部件	1. 对隔离盒外壳、底座污垢进行清洗。 2. 清洗螺杆、螺母，更换锈蚀严重的各固定螺丝、螺母。 3. 清扫面板、内部灰尘	
3. 检修、组装	检查端子、电源插片	1. 检查隔离盒的螺杆、螺母有无裂纹，不良的更换。 2. 各电源插片焊点有无霉点或虚焊，对不良焊点进行加焊。 3. 检查各配线是否整齐、无破损，各部端子无松动，线头无伤痕无碰壳接地，更换不良配线	

续表

程序	检修作业内容	检修作业方法及标准	备注
4. 测试验收	1. 25 Hz 电气特性测试	1. 送电端指标： 测试条件：AT2、12 输入 25 Hz、（220±2）V 电压，AT5、15 接 1 kΩ 负载电阻，短接 AT 8、18，AT 113、17； 测试指标：$\|U_{2,12} - U_{5,15}\| \leq 1$ V 2. 受电端指标： 测试条件：AT 5、15 输入 25 Hz、（25±1）V 电压，AT2、12 接 JRJC1-70/240 负载，短接 AT 8、18 AT 13、17； 测试指标：$\|U_{5,15} - U_{2,12}\| \leq 0.5$ V	
	2. 移频电气特性测试	1. 移频空载指标： 测试条件：AT 8、18 输入 2 000 Hz/（100±0.5）V 电压，测试指标： $U_{2,12} \leq 2$ V，$U_{5,15} = U_8 - (18\pm2)$ V 2. 移频负载指标： 测试条件：AT8、18 输入 2 000 Hz/（100±0.5）V 电压，端子 AT 5、15 接 1 000 Ω 负载电阻，测试指标：$U_{2,12} \leq 2$ V，$U_{5,15} = U_8 - (18\pm2)$ V	
	3. 绝缘电阻测试	各端子对外壳间的绝缘电阻不小于 100 MΩ。	
	4. 绝缘电压测试	各端子对外壳间的绝缘电压加 50 Hz/1 200 V 电压历时 1 min，无击穿闪络现象。	
	5. 填写卡片	填写验收卡片、贴上设备标签，记录测试数据和更换配件	

10. 室外隔离盒 WGL-T 入所修作业标准

室外隔离盒 WGL-T 入所修作业标准见表 3-3-10。

表 3-3-10 室外隔离盒 WGL-T 入所修作业标准

程序	检修作业内容	检修作业方法及标准	备注
1. 修前检查	1. 外观目测检查设备各部件、编号及产品编号	1. 各部件完整、齐全、无缺陷，隔离盒外壳、底座无裂纹或无明显剐碰伤痕。 2. 设备铭牌安装牢固，产品编号与编号与出厂编号相符，并做记录	
	2. 填写检修卡片	填写测试卡片，记录缺点	
2. 分解、检查、清扫	拆卸各部件	1. 对隔离盒外壳、底座污垢进行清洗。 2. 清洗螺杆、螺母，更换锈蚀严重的各固定螺丝、螺母。 3. 清扫面板、内部灰尘	

续表

程序	检修作业内容	检修作业方法及标准	备注
3. 检修、组装	检查端子、电源插片	1. 检查隔离盒的螺杆、螺母有无裂纹，不良的更换。 2. 各电源插片焊点有无霉点或虚焊，对不良焊点进行加焊。 3. 检查各配线是否整齐、无破损，各部端子无松动，线头无伤痕无碰壳接地，更换不良配线	
4. 测试验收	1. 25 Hz 电气特性测试	1. 送电端指标： 测试条件：$I_{1、2}$ 输入 25 Hz/（220±1）V 电压，$I_{II1、2}$ 接 2.2 Ω 负载电阻测试指标：$\|U_{II1,2} - U_{II3,4}\| \leq 2.5$ V，$\|U_{I1,2} - U_{I3,4}\| \leq 10$ V 2. 受电端指标： 测试条件：$I_{II1、2}$ 输入 25 Hz/（3±0.1）V 电压，$I_{1、2}$ 接 1.2 kΩ 负载电阻。 测试指标：$\|U_{III1,2} - U_{III3,4}\| \leq 0.2$ V，$\|U_{I1,2} - U_{I3,4}\| \leq 1$ V	
	2. 移频电气特性测试	1. 移频空载指标： 测试条件：$I_{1、2}$ 输入 2 kHz/（100±0.5）V 电压，分别连接端子 T 和 D、T 和 F。 测试指标：接 T 和 F 端子时，$U_{I1,2}$ =（14.3±1）V，$I_1 \leq 35$ MA；接 T 和 D 端子时，$U_{III1,2}$ =（25±1）V，$I_1 \leq 35$ MA。 2. 移频负载指标 测试条件：$I_{1、2}$ 输入 2 kHz、（100±0.5）V 电压，分别连接端子 T 和 D、T 和 F，$I_{III1、2}$ 接 1 000 Ω 负载电阻。 测试指标：接 T 和 F 端子时，$U_{III1,2} \geq 13.5$ V；接 T 和 D 端子时，$U_{I1,2} \geq 23$ V	
	3. 绝缘电阻测试	各端子对外壳间的绝缘电阻不小于 100 MΩ	
	4. 绝缘电压测试	各端子对外壳间的绝缘电压加 50 Hz/1 200 V 电压 1 min，无击穿闪络现象	
	5. 填写卡片	填写验收卡片、贴上设备标签，记录测试数据和更换配件	

11. RT-F 型送电调整电阻盒入所作业标准

RT-F 型送电调整电阻盒入所作业标准见表 3-3-11。

表 3-3-11 RT-F 型送电调整电阻盒入所作业标准

程序	检修作业内容	检修作业方法	备注
1. 修前检查	1. 外观目测检查设备各部件、编号及产品编号	1. 各部件完整、齐全、无缺陷，调整电阻盒外壳、底座无裂纹。 2. 设备铭牌安装牢固，产品编号与出厂编号相符，并做记录	
	2. 填写卡片	填写测试卡片，记录缺点	

续表

程序	检修作业内容	检修作业方法	备注
2. 分解清洗	拆卸各部件	1. 对调整电阻盒外壳、底座积尘进行清扫。 2. 清扫螺杆、螺母,更换锈蚀严重的各固定螺丝、螺母。 3. 清扫面板、内部灰尘	
3. 检查组装	检查端子电源插片	1. 检查调整电阻盒的螺杆、螺母有无裂纹,不良的更换。 2. 各电源插片焊点有无霉点或虚焊,对不良焊点进行加焊。 3. 检查各配线是否整齐、无破损,各部端子无松动,线头无伤痕无碰壳接地,更换不良配线	
4. 测试验收	1. 测试各端子电阻值	端子号　　　　　　测试标准/Ω R1-2　　　　　　100×(1±10%) R1-3　　　　　　150×(1±10%) R1-4　　　　　　200×(1±10%) R1-5　　　　　　300×(1±10%)	
	2. 绝缘电阻测试	各端子对外壳间的绝缘电阻不小于 100 MΩ	
	3. 绝缘电压测试	各端子对外壳间的绝缘电压加 50 Hz,1 200 V 电压 1 min,无击穿闪络现象	
	4. 填写卡片	填写验收卡片、贴上设备标签记录测试数据和更换配件	

12. RT-R 型受电调整电阻盒入所作业标准

RT-R 型受电调整电阻盒入所作业标准见表 3-3-12。

表 3-3-12　RT-R 型受电调整电阻盒入所作业标准

程序	检修作业内容	检修作业方法	备注
1. 修前检查	1. 外观目测检查设备各部件、编号及产品编号	1. 各部件完整、齐全、无缺陷,调整电阻盒外壳、底座无裂纹。 2. 设备铭牌安装牢固,产品编号与出厂编号相符,并做记录	
	2. 填写卡片	填写测试卡片,记录缺点	
2. 分解清洗	拆卸各部件	1. 对调整电阻盒外壳、底座积尘进行清扫。 2. 清扫螺杆、螺母,更换锈蚀严重的各固定螺丝、螺母。 3. 清扫面板、内部灰尘	
3. 检查组装	检查端子电源插片	1. 检查调整电阻盒的螺杆、螺母有无裂纹,不良的更换。 2. 各电源插片焊点有无霉点或虚焊,对不良焊点进行加焊。 3. 检查各配线是否整齐、无破损,各部端子无松动,线头无伤痕无碰壳接地,更换不良配线	

续表

程序	检修作业内容	检修作业方法	备注
4. 测试验收	1. 测试各端子电阻值	端子号　　　　　　测试标准/Ω R1-2　　　　　　100×（1±10%） R1-3　　　　　　150×（1±10%） R1-4　　　　　　200×（1±10%） R1-5　　　　　　300×（1±10%）	
	2. 绝缘电阻测试	各端子对外壳间的绝缘电阻不小于 100 MΩ	
	3. 绝缘电压测试	各端子对外壳间的绝缘电压加 50 Hz，1 200 V 电压 1 min，无击穿闪络现象	
	4. 填写卡片	填写验收卡片、贴上设备标签记录测试数据和更换配件	

13. DZD-C/CT、B/BT 多功能点灯单元入所修作业标准

DZD-C/CT、B/BT 多功能点灯单元入所修作业标准见表 3-3-13。

表 3-3-13　DZD-C/CT、B/BT 多功能点灯单元入所修作业标准

程序	检修作业内容	检修作业方法	备注
1. 修前检查	外观目测检查设备各部件、编号及产品编号	1. 各部件完整、齐全、无缺陷，点灯单元外罩、底座无裂纹或无明显剐碰伤痕。 2. 编号与产品出厂编号相符，并做记录	
2. 开盖清扫	拆卸各部件	1. 对点灯单元外罩、底座污垢进行清洗。 2. 更换锈蚀严重的各固定螺丝。 3. 清扫电路印刷板	
3. 检查	检查点灯单元电路	1. 检查点灯单元印刷板电路有无烧黑烧糊现象，各焊点有无霉点或虚焊，对不良焊点进行加焊，使其作用良好。 2. 检查变压器、小型继电器、电阻、电容等元器件是否完好，更换不良器件	DZD-B、C 型主丝断丝为 6、7 端应是接通、6、8 断开
4. 测试验收	1. 电气特性测试	1. 空载电压测试 当点灯单元 1、2 端输入 220 V 时，点灯空载输出电压应符合下列要求：共-11 连接，无名端分别连 9、10 端，空载电压 12×（1±10%）V； 共-12 连接，无名端分别连 9、10 端，空载电压 14×（1±10%）V； 共-13 连接，无名端分别连 9、10 端，空载电压 16×（1±10%）V； 共-14 连接，无名端分别连 9、10 端，空载电压 18×（1±10%）V。 2. 满载输出测试 当点灯单元 1、2 端为 220 V 时，点灯负载接入 12 V/25 W 灯泡时，输出电压应符合下列要求： 共-11 连接，无名端分别连 9、10 端，满载电压 11×（1±10%）V； 共-12 连接，无名端分别连 9、10 端，满载电压 12×（1±10%）V；	

续表

程序	检修作业内容	检修作业方法	备注
4. 测试验收	1. 电气特性测试	共-13 连接，无名端分别连 9、10 端，满载电压 14×（1±10%）V； 共-14 连接，无名端分别连 9、10 端，满载电压 16×（1±10%）V。 3. 空载电流测试 固定共-11 连接，断开负载（同时断主副丝连接）1、2 端输入端调整在 220 V 电压时，点灯单元输入电压空载电流不大于 18 mA。 4. 灯丝转换和报警试验 断开主丝，应能转换至副丝点灯，测量 6、7 端应是断开、6、8 间是接通，主丝在正常工作，副丝断丝，同样测量 6、7 端应是断开、6、8 端是接通，主丝在正常工作或点灯单元不工作时，测量 6、7 端应是接通、6、8 端是断开	
	2. 绝缘电阻测试	各端子对外壳间的绝缘电阻不小于 100 MΩ	
	3. 填写卡片	填写验收卡片、贴上设备标签、记录测试数据和更换配件	

14. 相敏接收器检修作业标准

相敏接收器检修作业标准见表 3-3-14。

表 3-3-14　相敏接收器检修作业标准

程序	检修作业内容	检修作业方法及标准	备注
1. 修前检查	1. 外观检查	外罩、底座无破损，必须有屏蔽层，镀层光滑细致，无斑点、剥落、凸起和未镀上的地方，封印完整，指示灯完好	对存在的问题做好记录
	2. 测试内容	绝缘电阻、理想相位角、吸起释放电压、驱动电压	
2. 分解清洗	1. 清扫	清扫、检查各部件	
	2. 元件检查	测试、检修、更换不良元件	
	3. 配线检查	检查焊点、整理配线	
3. 测试	电气特性测试	1. 工作电压：直流 20.4~26.4 V。 2. 理想相位角：90°±8°。 3. 在理想相位角下的工作值测试：固定局部电压为 110 V，并使局部电压超前轨道电压 90°，从 0 V 开始缓慢升高轨道接收电压，当执行继电器刚吸起时的电压值即为工作值，标准（12.5±0.5）V。 4. 返还系数测试：测试完工作值，再继续升高轨道接收电压至 30 V，再缓慢降低轨道接收电压，当执行继电器刚好落下时的电压值为不工作值，用不工作值比工作值，即得返还系数，标准大于 90%。	

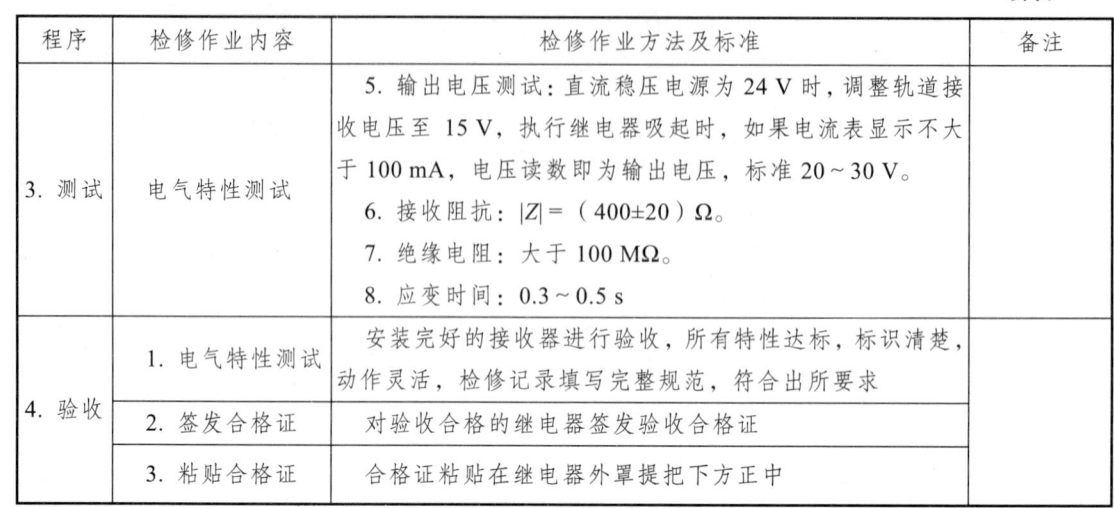

续表

程序	检修作业内容	检修作业方法及标准	备注
3. 测试	电气特性测试	5. 输出电压测试：直流稳压电源为 24 V 时，调整轨道接收电压至 15 V，执行继电器吸起时，如果电流表显示不大于 100 mA，电压读数即为输出电压，标准 20～30 V。 6. 接收阻抗：$\|Z\|$ =（400±20）Ω。 7. 绝缘电阻：大于 100 MΩ。 8. 应变时间：0.3～0.5 s	
4. 验收	1. 电气特性测试	安装完好的接收器进行验收，所有特性达标，标识清楚，动作灵活，检修记录填写完整规范，符合出所要求	
	2. 签发合格证	对验收合格的继电器签发验收合格证	
	3. 粘贴合格证	合格证粘贴在继电器外罩提把下方正中	

知识点 2　站内叠加预发码式电码化设备的测试与维护

1. 日常测试与检查

由于预发码与闭环电码化相比，减少了室内的接收监督检查功能，在提前预防掉码以及入口电流的监督上给维护人员增加了一定的难度，所以维护人员应充分利用天窗时间加强对入口电流的测试、设备的检查，以提前预防故障的发生。日常维护人员除按闭环电码化所要求的各项测试外，还应增加以下项目：

（1）由于区段发码时机的局限性，维护人员应抓住区段发码时机（进路形成后，车压入前一区段本区段发码）对本区段的室内电码化受端隔离盒进行测试，并与基础数据进行比较，发生变化及时查找，防止机车掉码。

（2）对安装电容的区段加强电容值的测试，提前发现不良电容，做到提前更换。

2. 故障应急处理

（1）日常测试发现接收电码电压低，要做到及时处理，重点检查室内发送器、防雷匹配单元输出电压、室外补偿电容容值和塞钉接触电阻。

（2）发生区段掉码一般分为两种情况，一种为整条进路掉码，另一种为单个区段掉码。处理方法如下：

整条进路掉码：故障点应为整条进路中多个区段发码的公共点，即发送器、防雷匹配单元及发码电路。首先应测试发送器功出电压及防雷匹配单元电压，判断器材是否良好。利用列车间隔检查发码继电器及轨道发码继电器动作是否正常。

单个区段掉码：利用列车间隔动作发码继电器电路及区段发码电路，保证该区段处在发码状态，进行查找，查找方法如下：

① 测试室内隔离盒发码电压，有电压，说明室内发码电路正常，室内隔离盒正常，重点检查室外隔离盒。

② 测试室内隔离盒发码电压，没有电压，测试隔离盒电压，判断室内隔离盒工作是否正常，如电压正常，说明故障在发码继电器电路中，进一步判断进路发码继电器的自闭电路、轨道发码继电器电路。

知识点 3　车站闭环电码化设备的测试与维护

闭环电码化电路通过电码化隔离器将移频信号分离出来供检测盘接收，使机车信号的传输通道在轨道电路调整状态下能得到检查，保证了传输回路的完整性，使得电码化电路的检查方式由事后查找方式变为预先检测方式。

1. 日常测试

（1）电源电压。
（2）送电、受电变压器Ⅰ、Ⅱ次电压。
（3）限流器电压降。
（4）送电、受电端钢轨电压。
（5）分路残压。
（6）入口电流。
（7）出口电流。
（8）极性交叉和绝缘破损试验。
（9）补偿电容容量。
（10）闭环检测盘输入电压。
（11）室内送受端隔离盒电压。

2. 入口电流的测试与调整

（1）入口电流的测试：ZPW-2000A 电码化入口电流的测试应顺着列车运行方向，在列车最先进入该区段的一端，用标准分路线短路钢轨。分路线卡在 CD96-3 型表的电流钳内，所显示电流值即为入口电流。入口电流 1 700 Hz、2 000 Hz、2 300 Hz，不小于 500 mA；2 600 Hz，不小于 450 mA。

（2）入口电流的调整：应本着减少邻线干扰，确保满足本线机车入口电流的标准进行调整，一般调整道岔发送调整器或股道发送调整器的输出电压，不宜调整电阻盒，防止对发送器工作造成影响。

3. 日常维护注意事项

（1）发送器是否过热，发送器热度是否平均。
（2）控制台有无站内移频报警。站内移频报警是指站内移频柜器材发生故障（有的站内 $N+1$ 安装在检测柜内，若发生故障按站内移频报警处理）。
（3）控制台有无检测报警和闭环检测报警。
检测报警是指检测柜内主备检测盘有一台发生故障，根据工作指示灯判断更换。

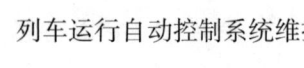

闭环检测报警是无车占用时区段掉码或主备检测盘均故障产生的报警。
（4）防雷元件劣化窗口是否正常。
（5）测试检测盘输入电压是否变化超标，输出电压是否正常。
（6）检测发码电阻是否过热。
（7）站内移频柜内零层万可端子接触是否良好。

4. 设备的检查

（1）移频柜内发送器各种低频编码是否正常。
（2）发送器 $N+1$ 转换是否正常（指载频、类型及低频）。
（3）有无邻线干扰。
（4）重点检查每条股道及发车口设置的 ZPJ 工作是否正常。

5. 故障应急处理

发生闭环检测报警后马上到检测柜观察检测盘内所有区段的工作指示灯，灭灯区段即为掉码区段。处理方法如下：

（1）复位该区段主备检测盘后、该区段检测盘指示灯正常，则说明该区段曾发生掉码现象，但现已恢复需认真查找。查找方法如下：

① 测试该区段的闭环侧电压是否正常，如电压过低，重点检查室外补偿电容或轨道等阻线接触是否良好。

② 重点检查该区段的轨道继电器后接点是否接入检测盘条件（即该区段 DG 落下后将 24 V 检测电源接入检测盘，防止检测盘在车压入无码区段时错误报警）。

③ 检查排列进路后该区段的 JMJ 或 FMJ 工作是否正常（如不正常，应整条进路报警），重点检查该区段的 QMJ 工作是否正常。

（2）复位该区段主备检测盘后、该区段检测盘指示灯仍不正常，则说明该区段仍在掉码。

① 电码化送端室内隔离盒电压正常，电码化受端室内隔离盒电压正常，故障点在室内受端隔离盒至检测盘处、依次测试受端隔离盒电压、电阻电压、检测调整器电压及检测盘输入、输出电压，不正常处为故障点。

② 电码化送端室内隔离盒电压不正常，故障点在室内发送器至送端室内隔离盒，测试发送器功出电压、道岔发送调整器电压、电阻电压及隔离盒电压，确认故障点，在测试过程中应重点检查发码电路的继电器接点。

③ 电码化送端室内隔离盒电压正常，电码化受端室内隔离盒电压不正常，则应为室外由发送至接收不良，由于轨道电路正常工作，所以重点应检查室外的送、受端隔离盒及隔离盒的连线。

6. 处理电码化轨道电路故障注意事项

（1）使用专用仪表选频，防止其他信号混入，造成测试数据不准。
（2）关掉电码化设备，即关掉该区段的发送器及 $N+1$ 设备。

【拓展阅读】

严格按照标准及质量要求维护设备

我国先后发布了《铁路车站电码化技术条件》(TB/T 2465—2003)、《铁路车站电码化技术条件》(TB/T 2465—2010)、《铁路车站电码化设备》(TB/T 3112.1—2017)等站内电码化标准,为设备的维护等提供技术依据,对提高和保证铁路设备维护质量起到积极的作用。必须要对站内电码化设备严格按照有关部颁标准及质量要求进行检修及修配,建立质量保证体系,入所修后的器材必须达到维修技术标准的规定。

请分析:站内轨道电路电码化如何判断室内外故障。

【电务小贴士】

严谨操作,规范作业,确保电务工作万无一失。

【作业任务单】

在衰耗冗余控制器面板上的测试塞孔(见图 3-3-1)测试主备发送器的工作电源、主备发送器的报警继电器电压、主发送器功出、备发送器功出,在室内、室外隔离盒测试移频信号,并按测试顺序将测试结果填写在表 3-3-15 中;模拟轨道电路故障时,将衰耗冗余控制器和室内、室外隔离盒上所测试的参数填入表 3-3-15 中。比较正常状态与故障状态时参数的区别,并完成练习。

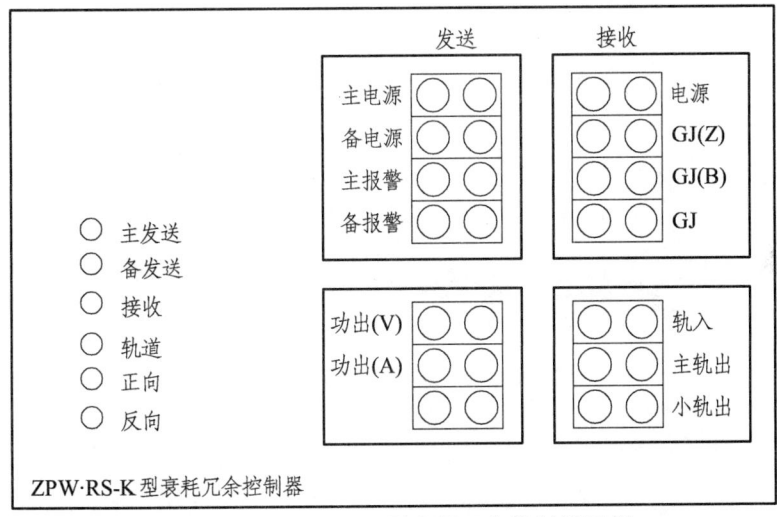

图 3-3-1　ZPW.RS-K 型衰耗冗余控制器面板

表 3-1-15　轨道电路特性参数测试记录表

轨道区段	发送端测试						隔离盒移频信号测试			
	主发送电源/V	备发送电源/V	主报警/V	备报警/V	主功出/V	备功出/V	NGL 输入/V	NGL 输出/V	WGL 输入/V	WGL 输出/V
正常状态										
故障状态										

【练习】

1.发送器正常工作应满足那几个条件？上述参数中哪些是直流量，哪些是交流量？

2.比较正常状态与故障状态时的参数对故障判断的意义是什么？

模块 4　CTCS-2 级列控系统

教学目标

能力目标

（1）能熟练说出 CTCS-2 级列控系统的功能、组成和工作原理。
（2）能熟知 CTCS-2 级列控系统的显示界面含义，并能正确操作。
（3）能按照检修作业流程正确完成 CTCS-2 级列控系统的检修。
（4）能根据故障现象分析和处理常见 CTCS-2 级列控系统故障。

知识目标

（1）掌握 CTCS-2 级列控系统的功能、系统组成和原理。
（2）了解 CTCS-2 级列控系统的小、辅修作业流程。

素质目标

（1）培养安全第一的责任意识。
（2）塑造故障导向安全的理念。
（3）树立高尚爱国的大国工匠精神。

专项技能 4.1　CTCS-2 级列控系统总体结构

【学习目标】

- 能力目标

（1）能简述 CTCS-2 级列控系统的主要功能。
（2）能说出 CTCS-2 级列控系统的组成和相关设备。

- 知识目标

（1）掌握 CTCS-2 级列控系统特点和技术要求。
（2）掌握 CTCS-2 级列控系统的结构

- 素质目标

培养学生的创新意识和刻苦钻研、脚踏实地的铁路精神。

【任务下达】

CTCS-2 级列控系统面向客运专线、提速干线，很多铁路线都在使用它。那么它是一个怎样的系统呢？有什么设备组成？是什么样的结构呢？希望经过下面的学习，你能掌握 CTCS-2 级列控系统结构。

【理论学习】

知识点 1　CTCS-2 级列控系统技术要求

1. 概　述

根据《CTCS 技术规范总则》，CTCS-2 级列车控制系统是基于轨道电路和点式设备传输信息的列车运行控制系统。它面向客运专线、提速干线，适用于各种限速区段，机车乘务员凭车载信号行车。CTCS-2 是结合中国实际情况，具有中国特色的列车运行控制系统，它有以下特点：

（1）基于轨道电路和应答器进行车地间信息传输。
（2）采用目标距离的控制模式，实现一次连续制动的控制方式。
（3）能在既有提速线路上叠加，实现在同一线路上与既有信号系统的兼容。
（4）采用了具有自主知识产权的 ZPW-2000A 型无绝缘轨道电路，这就意味着地面设备已能国产化。车载信号设备已通过引进设备实现技术引进，最终实现国产化。

CTCS-2 和 CTCS-1 两者主要的区别是 CTCS-2 实现了线路数据由地面实时传送，而 CTCS-1 级的线路数据是在车上预先储存的。CTCS-2 用于 200 km/h 既有线时，为了少改动，少投资，地面应答器设置不多。用于运行速度为 350 km/h 的高速铁路时，地面应答器设置得更多，系统将更加完善。

微课：CTCS-2 级列控系统概述

2. 技术条件

《CTCS-2 级 ATP 技术条件》是在 CTCS 技术规范总则的指导下，对基于轨道电路和点式信息传输设备的 CTCS-2 级设备提出的具体技术要求，由铁道部科技运函〔2005〕14 号文发布。

1）基本要求

（1）防止列车冒进禁止信号，应根据系统安全要求设置安全防护距离。
（2）应具有冒进防护措施。
（3）防止列车越过规定的停车点。
（4）防止列车超过允许速度、固定限速和临时限速运行，临时限速命令由调度中心或本地限速盘给出，限速等级及区域应满足运营需要。
（5）应具有车尾限速保持功能。
（6）防止列车超过规定速度引导进站的发生。
（7）防止机车超过规定速度进行调车作业情况的发生。

（8）车轮打滑和空转不得影响车载设备的正常工作。

2）车载设备技术要求

（1）车载设备的人机界面应为机车乘务员提供列车运行速度、允许速度、目标速度和目标距离的显示。人机界面应设有声光报警功能，能够及时给出列车超速、切除牵引力、制动、允许缓解或故障状态的报警和表示。

（2）人机界面应有数据输入功能，输入列车参数有关的信息。输入操作应简明并有清晰的表示。车载设备对机车乘务员输入的数据和操作过程应进行合理性和安全性的校核。

（3）车载设备的人机界面应设置在便于机车乘务员观察及可接近的区域，符合标准化安装尺寸的要求。显示部分要便于观察，常用按钮、开关应易于操作。

（4）双端操纵的机车应设有两套功能完全相同的人机界面，分置于机车两端驾驶室，两套人机界面只有一套接收操作输入，只有在列车停车并办理必要手续后方可换端。动车组两端应各安装一套车载设备，运行中只有动车组头部的车载设备工作。

（5）车载设备从接收到新信息到给出相应显示的时间不大于 3.5 s，列车速度超过允许速度至车载设备给出制动指令时间不大于 2 s。

（6）车载设备的超速防护应采取声光报警、切除牵引力、常用制动、紧急制动等措施。

（7）当列车速度超过常用制动或紧急制动限速值时，实施切除牵引力、常用或紧急制动控制列车减速或停车（机车在电制动时，不得切除电制动力）。

（8）车载设备实施常用制动后，在列车速度低于允许速度后，才可人工缓解。紧急制动采用失电制动方式。一旦实施紧急制动，设备应保证不能进行人工干预，直到列车完全停车。

（9）列车停车后经过规定时间自动启动防止列车溜逸功能，列车继续运行前由机车乘务员人工解除该功能。

（10）车载设备的测速模块具有判别列车运行方向的功能。速度测量相对误差不大于 2%。

（11）车载设备的外部布线应与机车（动车组）的强电布线分开敷设，并采取隔离措施。

（12）车载设备的主机柜应紧邻驾驶室。设备安装尽量远离高温、强电、强磁环境并考虑减振措施。

（13）轨道电路连续信息感应器、点式环线感应器、点式应答器信息接收天线、无线信息接收天线等装置宜采用冗余配置，并安装牢固。

（14）测速传感器采用冗余配置。当采用轴端测速传感器时，应安装于不同转向架的轴端。

3. 地面设备技术要求

（1）提供连续列控信息的地面设备包括：ZPW-2000 模拟轨道电路数字轨道电路，预留的无线通信传输系统（GSM-R）。

（2）提供点式信息的地面设备包括：模拟环线、数字环线、应答器等。点式设备应考虑冗余措施，地面设备故障、信息错误不得产生危险后果。点式设备宜安装在站内及列车的接近和离去区段。

（3）应连续监视信息传输通道的状态，通道中断时须采取安全措施。

（4）车站进、出站信号机内方应设置点式设备，当列车冒进禁止信号时，触发列车紧急制动。

（5）为实现冒进防护，进、出站信号机内方应留出过走防护距离，当距离条件不满足要求时，需通过设置延续进路的方式保证留出过走防护距离。

（6）设置地面列控中心，根据列车占用情况及进路状态计算行车许可及静态速度曲线并传送给列车。

4. 运行管理技术要求

（1）为满足机车应用管理的需要，车载设备应包括机车运行管理模块。

（2）运行管理模块应具有机车乘务员管理与信息通报功能。可通过 IC 卡上载管理信息和下载运行工况记录。

（3）运行管理模块应满足《列车运行安全监控记录装置技术条件》中记录与管理的相关规定。

5. 系统监测、故障诊断、报警和记录技术要求

（1）各模块应具有完善的故障自诊断功能。发生故障时，能进行故障定位、故障隔离、系统重构，以减少故障的影响。

（2）应具有对电源、感应器、继电器等进行监测的功能，当这些部分出现异常或有异常趋势时予以报警。

（3）当车载设备发生故障时，应及时报警提醒机车乘务员采取应对措施。

（4）车载设备应设置记录模块，信息记录密度应满足对运行状态进行安全分析和事故分析的要求。重要信息可采用连续记录方式，记录间隔不大于 0.5 s。记录模块的容量应满足下列要求：事故分析用详细记录至少 24 h，操作管理记录至少 7 天，一般设备状态记录至少 30 天。

（5）地面列控中心应设有本地监测台，对地面设备工作状态进行记录，并与维修中心联网，实现动态监测。

知识点 2　CTCS-2 级列控系统构成

CTCS-2 级列控系统分为车载设备和地面设备两部分，地面设备又分为轨旁和室内设备两部分，其总体结构如图 4-1-1 所示。CTCS-2 级列控系统的控制中心在地面，它以地面控制中心的信息作为列车运行指令的信息源，通过轨道电路和应答器设备获取前方运行区段的运行线路参数信息，以应答器等设备自动校核列车走行位置实现对列车运行速度的安全监控和列车运行实际参数的采集、记录。车载 ATP 本身具有主体机车信号、通用式机车信号功能。

车载设备由车载安全计算机、轨道信息接收单元（STM）、应答器信息接收单元（BTM）、制动接口单元、记录单元、人机界面（DMI）、速度传感器、BTM 天线、STM 天线等组成，如图 4-1-2 和图 4-1-3 所示。

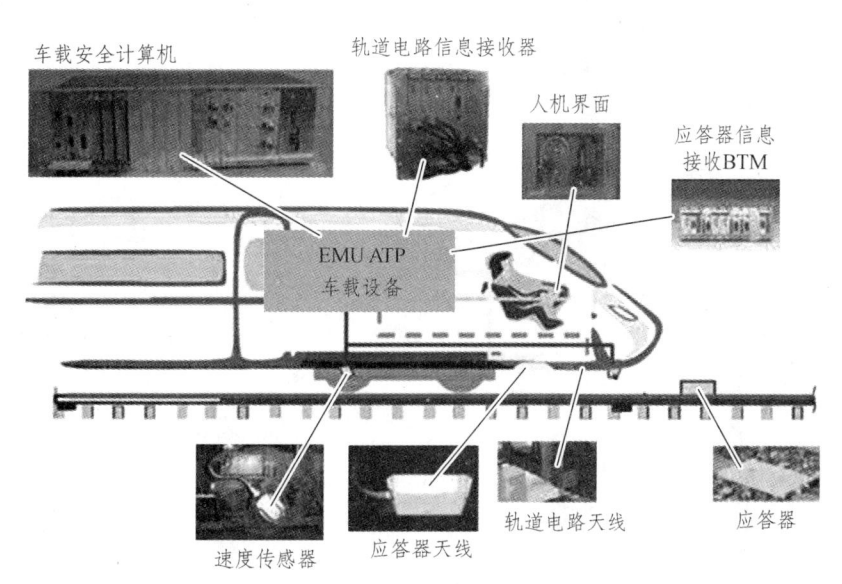

图 4-1-1 车载设备构成

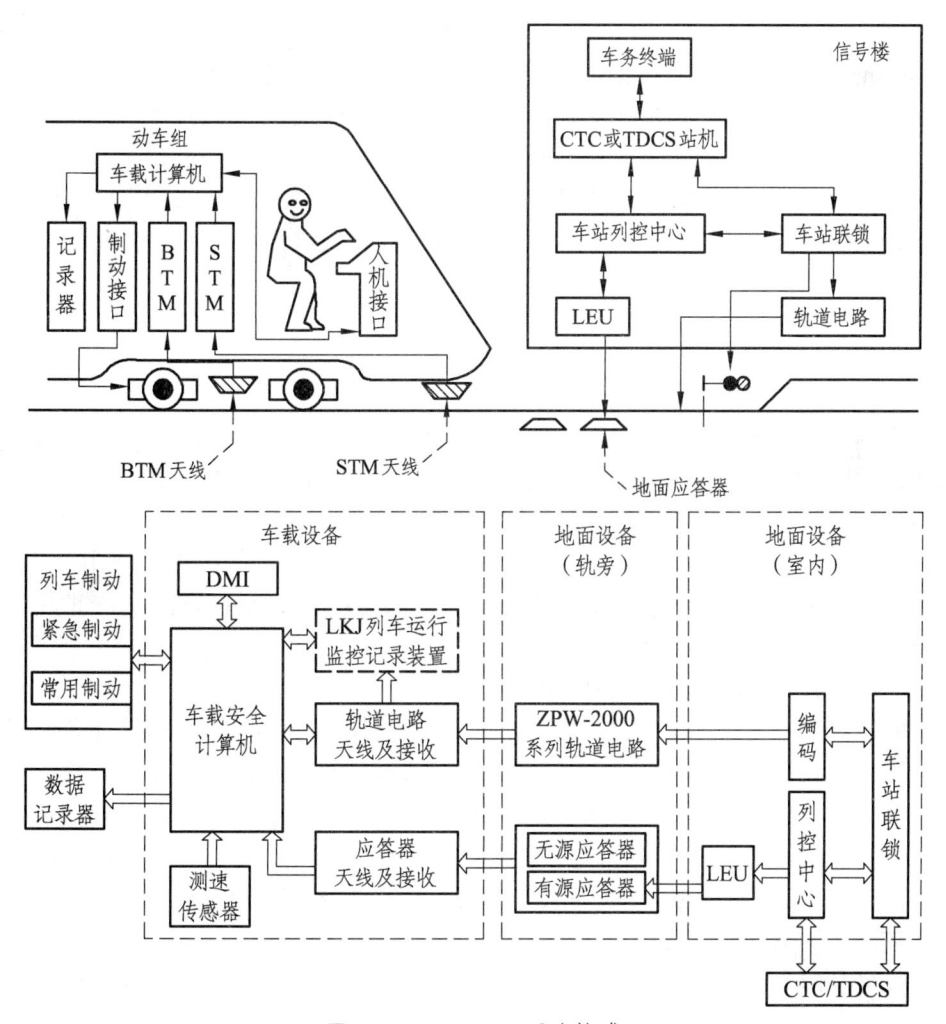

图 4-1-2 CTCS-2 系统构成

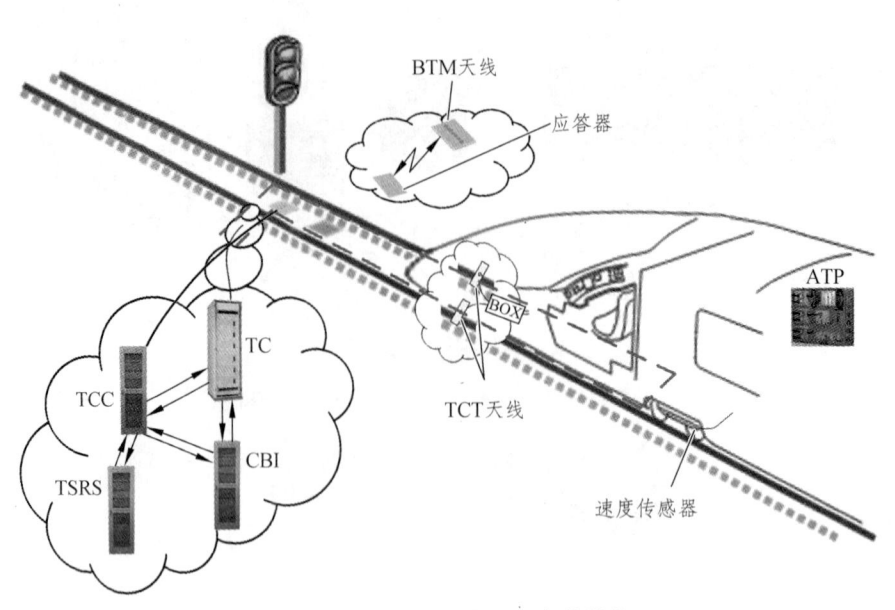

图 4-1-3　CTCS-2 地面和车载结构

列控地面设备由车站列控中心（TCC）控制，ZPW-2000 系列轨道电路传输连续列控信息，应答器传输点式列控信息。列控车载设备根据地面提供的动态控制信息、线路静态参数、临时限速信息及有关列车数据，生成控制速度和目标距离模式曲线，控制列车运行。同时，记录单元对列控系统有关数据及操作状态信息进行实时动态记录，ATP 地面控制中心与 CTC/TDCS 联网，实现运输指挥中心对列车的直接控制，达到拥有车地一体化的列车控制能力的目的。

1. 地面设备

应对联锁列控一体化发展需要，列控中心的硬件设备结构要求与车站计算机联锁相同，根据列车占用情况及进路状态，通过对轨道电路及可变应答器信息的控制产生行车许可信息和进路相关的线路静态速度曲线，并传送给列车。

微课：CTCS-2 级列控系统地面设备及功能

采用 ZPW-2000 系列轨道电路，完成列车占用检测及列车完整性检查，连续向列车传送允许移动的控制信息。

车站正线及股道采用与区间同制式的轨道电路。

点式应答器采用电气特性与欧洲 ETCS 技术规范相同的大容量应答器。无源应答器设于各闭塞分区入口处（如车站进站信号机、出站信号机及区间信号点），用于向车载设备传输定位信息、进路参数、线路参数、限速和停车信息等。有源应答器设于进站口和出站口，当列车通过该应答器进站停车时，应答器向列车提供地面应答器编号、至出站点的链接信息、接车进路线路参数，包括目标距离、线路坡度、线路限速、信号机类型和轨道电路载频等信息，以及接车进路区域临时限速值。

采用高可靠的车载安全计算机平台，根据地面连续式和点式传输信息满足行车需要。

2. 车载设备

移动授权及线路数据、生成连续式速度监督曲线，监控列车的安全运行，超速时，通过继电接口对列车的制动系统发出制动控制指令。

轨道电路接收模块接收 ZPW-2000 系列轨道电路低频信息，并将该连续信息同时提供给车载安全计算机和 LKJ 运行记录器。

应答器接收模块接收处理应答器信息，并将该信息提供给车载安全计算机。

车载人机界面通过触摸屏显示列车运行速度、允许速度、目标速度和目标距离，并能接收司机的输入数据信息。

测速测距有两种形式的传感器，分别是轴端速度传感器和雷达，前者适合低速应用，后者更适合高速。采用两种传感器的结合，可保证测速测距的高精度。制动接口采用继电接口方式，紧急制动采用失电制动方式。

数据记录器用于记录与系统运行和状态有关的数据，记录的数据将在 ATP 系统故障时用于维护；LKJ 运行记录器用于驾驶事件及 ATP 控制事件的记录。

微课：CTCS-2 级列控系统车载设备

【拓展阅读】

某日，某局 CRH5 型动车组运行至某站侧线出站时双黄闪灯掉为白灯，ATP 输出最大常用制动。

1. 事故原因分析

查看解析知 49 分 22 秒时 ATP 进入 PS2 部分监控模式，列车位置为 212.208 处。列车走行至 213.810 处时 ATP 输出最大常用制动，走行距离 213.810 – 212.208=1 602 m。根据 CTCS-2 的控制逻辑，在 PS2 模式下列车走行超过 1 600 m 未接收到应答器，ATP 将自动转入 PS4 部分监控模式。因此，此时 ATP 准备转入 PS4 部分监控模式，又此时列车速度为 71.8 km/h，高于 45 km/h，故 200C 需先输出最大常用制动将列车速度降至 45 km/h 以下，再转 PS4 部分监控模式。50 分 50 秒时在列车制动降速过程中收到了新的应答器组，且在 2 s 后收到机车信号 L5 灯，满足进入 FS 完全监控模式的条件，故转入 FS 完全监控模式，并自动缓解常用制动。

2. 结　论

CTCS-2 列控车载设备在线路数据无法满足正常控车条件时，根据故障导向安全原则，ATP 自动输出最大常用制动使列车减速至安全速度以下，属于 CTCS-2 设备在特殊线路情况下的正常控车逻辑，为动车组在特殊情况下的运行提供安全保障。

【电务小贴士】

电务小口号：
安全生产勿侥幸，违章蛮干要人命！

严是爱，松是害，马马虎虎是祸害！

铁路安全高于一切，护路责任重于泰山！

【作业任务单】

（按照现场作业任务单设计）

任务名称：了解 CTCS-2 级列控系统的系统结构
项目团队：
任务实施关键点：

【练习】

（1）请根据所学知识，补全图 4-1-4。

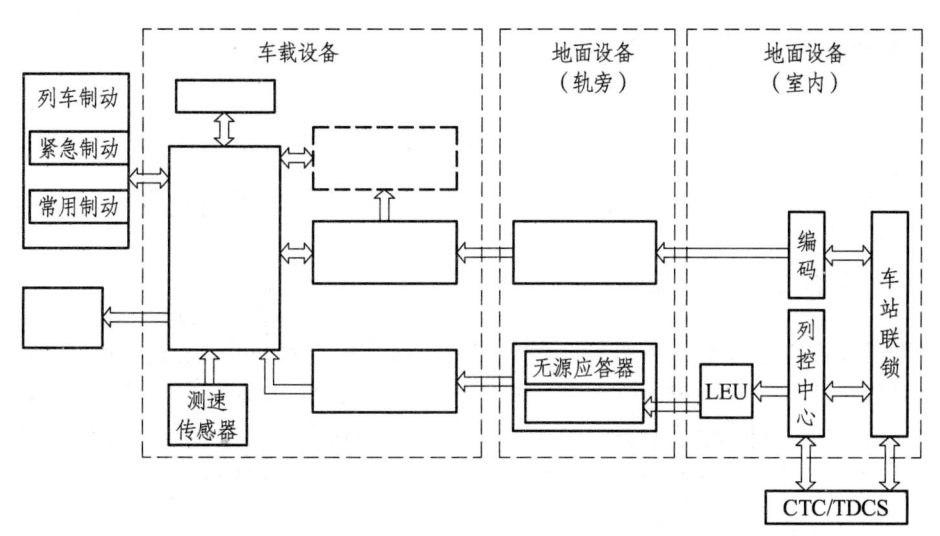

图 4-1-4　CTCS-2 系统补充填图

（2）根据所学知识，你认为运行技术要求中哪一条最重要，为什么？
（3）请试分析地面设备和车载设备的不同之处。

专项技能 4.2　CTCS-2 级列控系统地面设备

【学习目标】

- 能力目标

（1）能简述 CTCS-2 级列控系统地面设备的主要功能。
（2）能说出 CTCS-2 级列控系统地面设备的组成和相关设备。
（3）能解释 CTCS-2 级列控系统地面设备的工作原理。

- 知识目标

（1）掌握 CTCS-2 级列控系统地面设备组成。
（2）了解 CTCS-2 级列控系统应答器的布置原则。

- 素质目标

（1）培养严谨细致的学习习惯。
（2）强化岗位安全意识。

【任务下达】

CTCS-2 级列控系统的地面设备，每天都风吹雨打、日晒雨淋在室外保障行车安全，那么它具体由什么组成？通过下面的学习，希望你了解地面设备的组成。

【理论学习】

知识点 1　地面设备

列控地面设备包括车站列控中心、轨道电路、应答器，它分为轨旁设备和室内设备两部分。

1．车站列控中心（TCC）

车站列控中心（见图 4-2-1）是设于各个车站的列控核心安全设备，它采用冗余的硬件结构。车站列控中心与车站联锁、CTC/TDCS 设备接口、根据调度命令、进路状态、线路参数等产生进路及临时限速等相关控车信息、根据列车占用情况及进路状态，通过设置在车站进、出站处的有源应答器向列车发送可变信息报文，具有发送接车进路信息、临时限速信息以及进站信号机降级显示等主要功能。

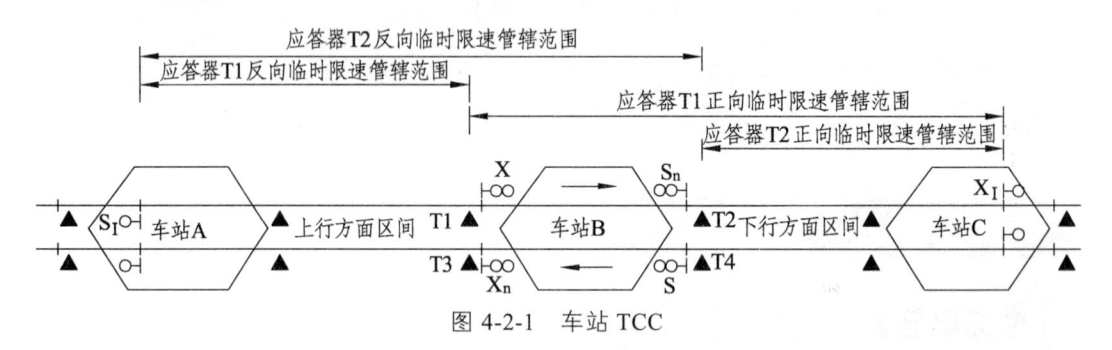

图 4-2-1　车站 TCC

在 CTCS-2 条件下，车站列控中心是实现应答器报文选择和发送的重要设备，它依据调度指挥系统下达的临时限速命令和联锁系统当前的进路状态实时计算，选择相应的应答器报文数据，控制有源应答器向列车动态传送，从而实现对列车运行的动态控制。目前新建高速铁路列控中心，实现了列控、区间、联锁一体化。

1）列控中心的主要功能

车站列控中心是在 CTCS-2 级条件下实现应答器报文选择和发送的重要信号设备，是 CTCS-2 级列控系统地面控制部分的核心设备。它依据调度指挥系统下达临时限速命令，并对信号联锁系统当前的进路状态进行实时计算，选择相应的应答器报文数据，控制有源应答器向列车动态传送，从而实现对列车运行的动态控制。

（1）接发车进路报文发送功能。

应答器报文信息根据不同的临时限速和进路条件预先编码生成并存储于列控中心中。列控中心根据临时限速命令和进路状态，选择相应的应答器报文，LEU 按照列控中心产生的应答器报文通过有源应答器发送给列控车载系统。如对于接发车进路，不同的股道，列控车载设备需要锁定的股道轨道电路载频是不同的、轨道区段及其长度也不一样，车站 TCC 通过与车站联锁系统的连接，获取列车进路情况，选择相应进路信息报文，实时地向应答器发送。

（2）临时限速报文发送功能。

线路临时限速的设置和取消是随着列车运营情况而改变的，如线路施工、天气原因等需设置临时限速，线路恢复正常后需取消临时限速。

接收调度中心或车务终端的临时限速命令，实时地向车站有源应答器发送，当列车从车站发车或通过时，通过进、出站口应答器接收前方区间和车站范围内的临时限速信息，控制列车按要求速度通过限速区域，如图 4-2-2 所示。

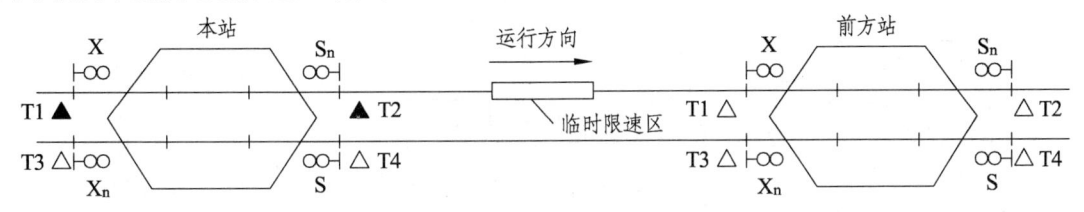

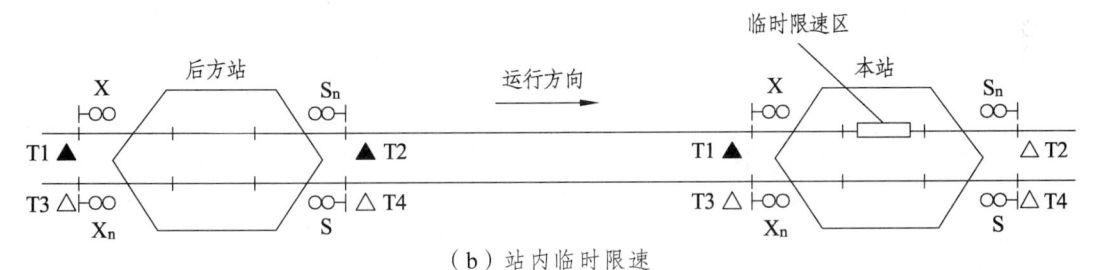

图 4-2-2 临时限速范围

（3）进站信号机降级显示功能。

进站信号机降级显示功能是与临时限速相关的一个附属功能。当车站 TCC 在站内或离去区段设置了一处临时限速，列控中心必须控制进站信号机降级显示，保证列车在进站口时减速至较低速度，再经过一定距离的制动后，以低于限速值进入临时限速区域，如图 4-2-3 所示。

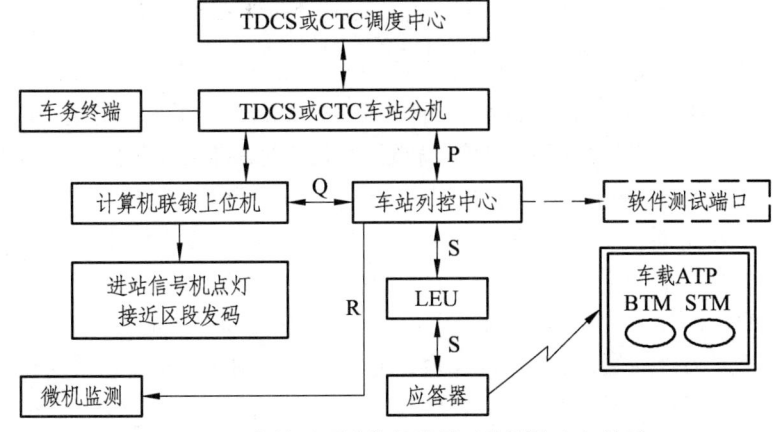

图 4-2-3 车站采用计算机联锁时的列控中心关系

（4）6502进路识别功能。

对于6502电气集中车站，车站列控中心不能像计算机联锁车站一样，通过通信接口直接接收到车站进路信息，而要通过继电器接口，识别车站所建立的进路情况，为车站列控中心发送正确的接车进路报文提供依据，如图4-2-4所示。

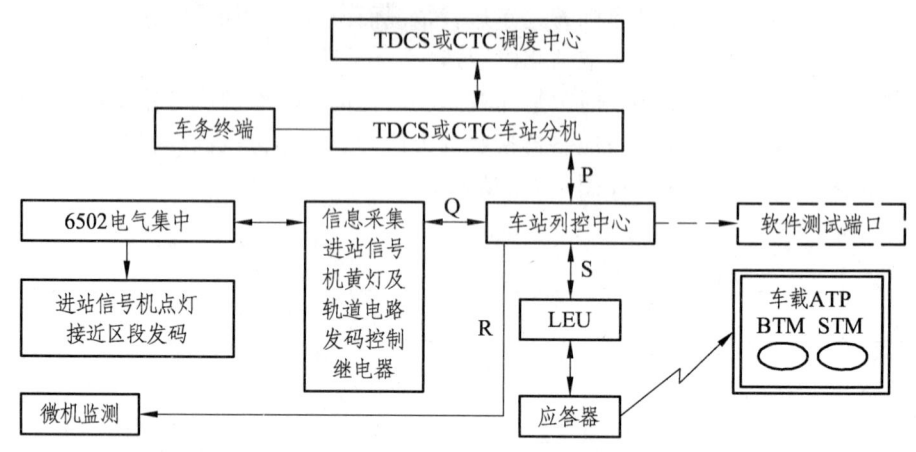

图 4-2-4 车站采用 6502 电气集中时的列控中心关系

（5）运行方向与闭塞控制功能。

与既有线 CTCS-2 级列控中心相比，高速铁路车站列控中心将轨道电路纳入控制，实现了区间自动闭塞的继电器编码向数字编码的转变，并取消了站内电码化，这也是列控联锁逐渐一体化的趋势。同时，客运专线列控中心增加了区间方向控制、区间信号点灯等功能。

TCC 接收各轨道电路的信息，根据每个轨道电路运行前方各闭塞分区的状况（对于进站信号机外方的各接近区段还要依据进站信号机的显示）进行低频编码。

TCC 根据运行前方各闭塞分区的状况，决定防护本闭塞分区的通过信号机的显示。

在行车人员根据调度命令在车站联锁控制台上进行改变运行方向操作后，进行区间运行方向的控制，同时控制各轨道电路的发送方向。

2）LKD1-H2 型列控中心

LKD1-H2 型列控中心由和利时系统工程有限公司开发，针对客运专线列控中心系统的功能需求，扩容升级而来。LKD1-H2 型车站列控中心系统采用二乘二取二结构，分为 A/B 两系，每系都分为列控逻辑层和通信接口层，如图4-2-5所示。其可独立完成二取二的功能，两系之间为热备关系。列控逻辑层输出列控逻辑运算，由两个安全控制计算机 SCU 独立运算。通信接口层分为 I/O（输入/输出）模块和切换 I/O 模块，每个通信 I/O 模块拥有两块独立的 CPU，分别接收本系内部两个运算模块的运算结果，对相同的输出结果做二取二比较，比较一致时输出。A-DP1，A-DP2，B-DP1，B-DP2 为 1.5MBPS 串行总线通信网络。列控主机和 I/O 模块采用不同的电源，A，B 系共同采用 1+1 冗余的电源，即配置一套 1+1 冗余电源给 A/B 系主控机供电，另外一套配置 1+1 冗余，电源分别给两个系的 I/O 模块供电。其结构如图4-2-5所示。

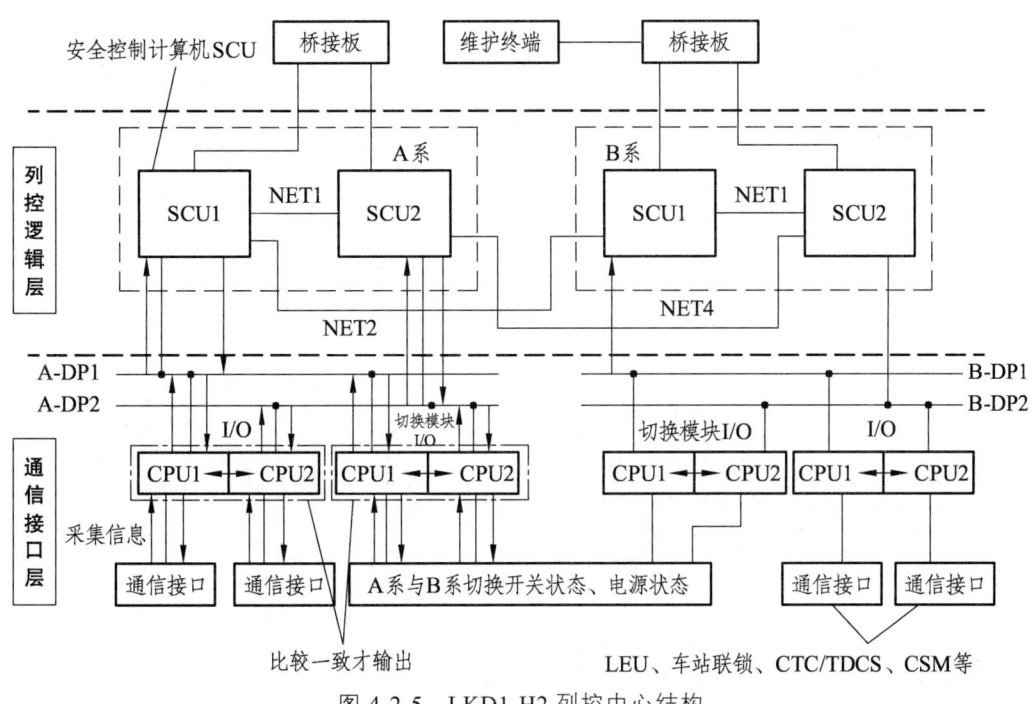

图 4-2-5 LKD1-H2 列控中心结构

3）LKD2-YH 型列控中心

LKD2-YH 型列控中心是由中国铁道科学研究院集团有限公司开发的，针对客运专线列控中心系统功能需求的新一代列控中心。LKD2-YH 型列控中心各组成部分根据功能不同可划分为主机部分、供电电源、切换单元、状态继电器组合、I/O 单元、LEU 及 LEU 切换单元、维护终端、站间交换机、ODF 架等。这些设备分别安装在主机柜、综合柜和扩展柜中。

（1）主机柜。

LKD2-YH 型列控中心的主机柜内主要安装有 I/O 电源、逻辑电源、切换单元、A 机 CPU 层、B 机 CPU 层、A 机 I/O 机层、B 机 I/O 层和 AB 机共用 I/O 层等，其中 AB 机共用 I/O 层根据采集板、驱动板的具体数量要求进行配置。主机柜正面和背面结构示意图如图 4-2-6 所示。

由于主机柜板卡较多，本书仅讲解 CPU 层的部分板卡。

① I/O 电源是组匣式 24 V 电源，内有 24 V 电源转换模块，其输入为交流 220 V，输出为直流 24 V。每套列控中心设置两台 I/O 电源。

② 列控中心由 A、B 两系组成，每一系的 CPU 层均由 CPU 板（2 块）、比较板、加扰板（2 块）、CAN 总线通信板（2 块）、轨道电路通信板、CTC/维护终端通信板、站间通信板、LEU 通信板和电源板组成，其配置如图 4-2-7 所示。其中 LEU 通信板的数量由列控中心控制的 LEU 数量决定，每个 LEU 通信板控制 4 个 LEU，一个列控中心最多使用 4 块 LEU 通信板。

③ 每系列控中心主机的 CPU 层配置一块电源板和对应的后接板，负责为列控中心主机的 CPU 层提供直流 5 V（75 W）的工作电源（输入电压为直流 24 V，由本 CPU 层对应的逻辑电源提供）。电源板的前面板和后接板示意图如图 4-2-8 所示。

微课：LKD2-YH列控中心主机　　微课：LKD2-YH列控中心结构　　微课：LKD2-YH型列控中心主机柜及设备检修

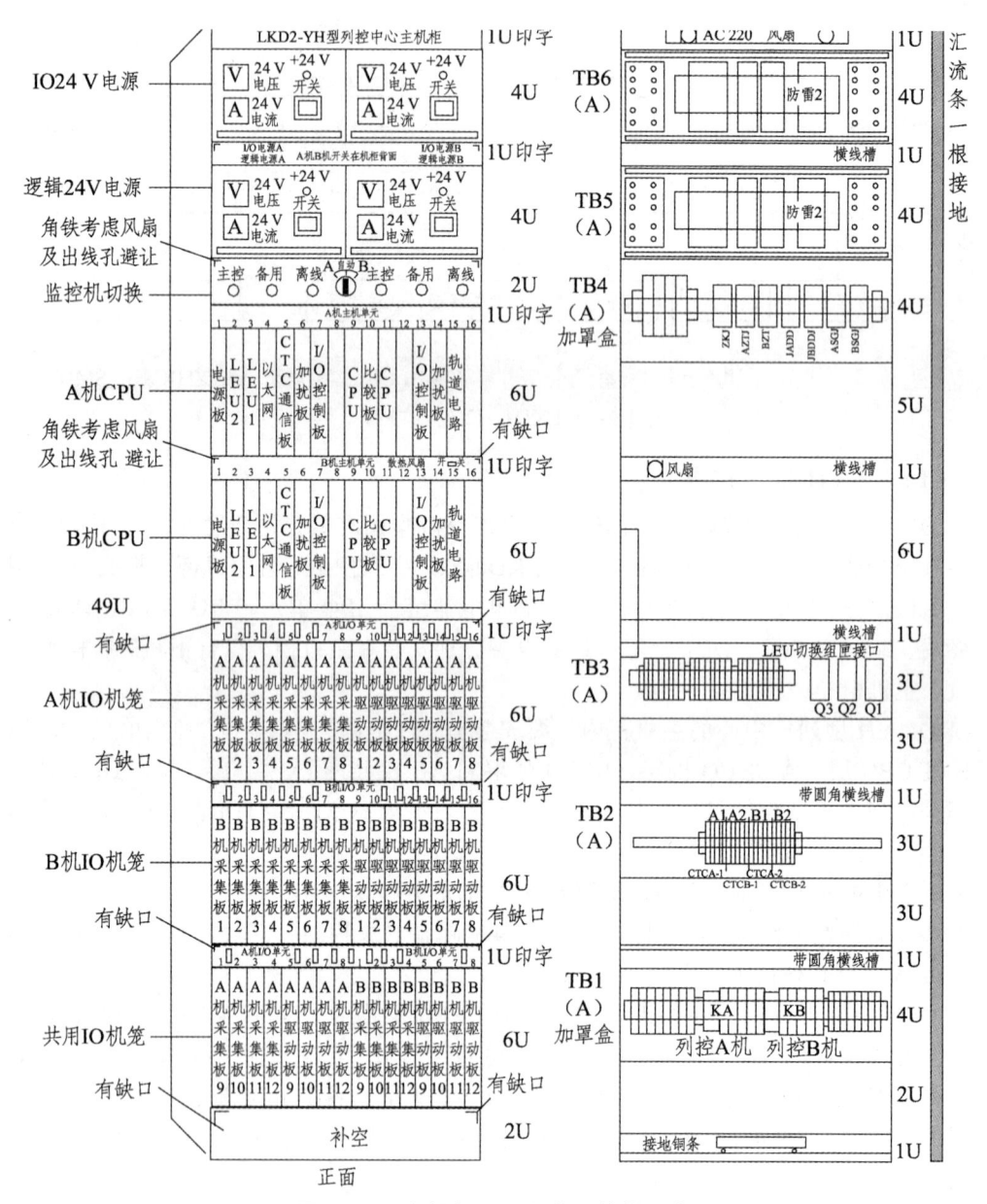

图 4-2-6　主机柜正面和背面结构示意

A机主机单元															
1	2	3	4	5	6	7	8	9	10	11	12	13	14	15	16
电源板	LEU通信板3	LEU通信板2	LEU通信板1	站间通信板	CTC通信板	加扰板	CAN通信板	CPU	比较板	CPU	CAN通信板	加扰板	轨道电路	LEU通信板4	

图 4-2-7 列控中心 CPU 层配置示意

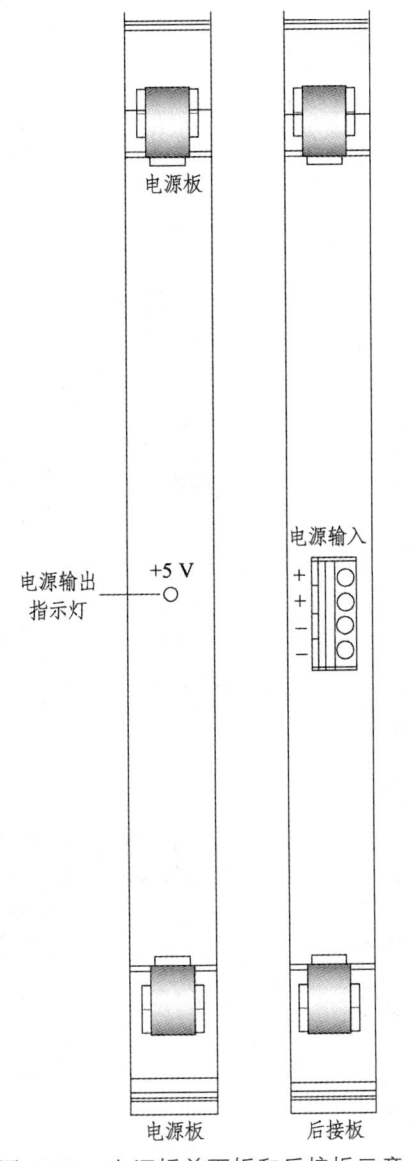

图 4-2-8 电源板前面板和后接板示意

④ 列控中心每系的主机部分配置 2 块 CPU 板（1 主 1 从，面对着 CPU 层左边的为主 CPU），负责列控中心的逻辑运算及处理工作，这两块 CPU 板逻辑运算的过程相互独立，并

通过相互比较运算结果来检查各自的工作状态,是2取2安全计算平台的核心组成部分。CPU板的前面板示意图及各部分的说明如图4-2-9和图4-2-10所示。

⑤ 列控中心每系设置一块轨道电路通信板用于与轨道电路(ZPW2000)进行通信,每块轨道电路通信板提供了4路CAN总线接口,其中两路CAN总线用于负责列控中心与轨道盘的通信工作。

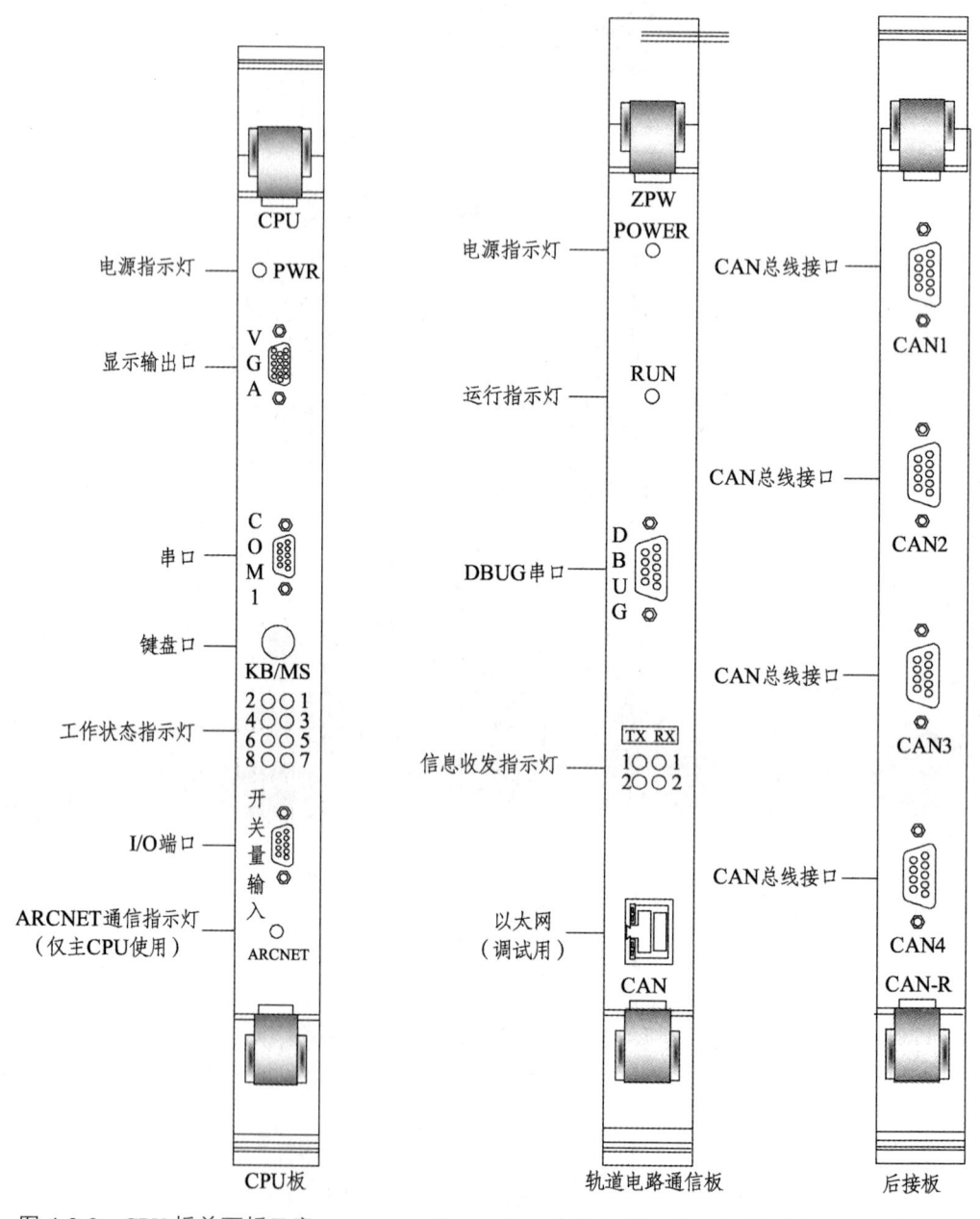

图 4-2-9　CPU 板前面板示意　　图 4-2-10　轨道电路通信板的前面板与后接板示意

⑥ 加扰板属于协处理器,仅在采用实时生成报文方式的列控中心上使用,负责对实时生成的报文进行加扰运算(一种安全算法)。加扰板前面板如图4-2-11所示。

⑦ 比较板是 2 取 2 安全计算平台的重要组成部分，负责自动比较列控中心主机中两块 CPU 板的驱动输出的运算结果，如果比较结果连续三次不一致则自动切断本系列控中心主机控制的 I/O 单元的工作电源，使本系 I/O 单元不工作。比较板前面板如图 4-2-12 所示。

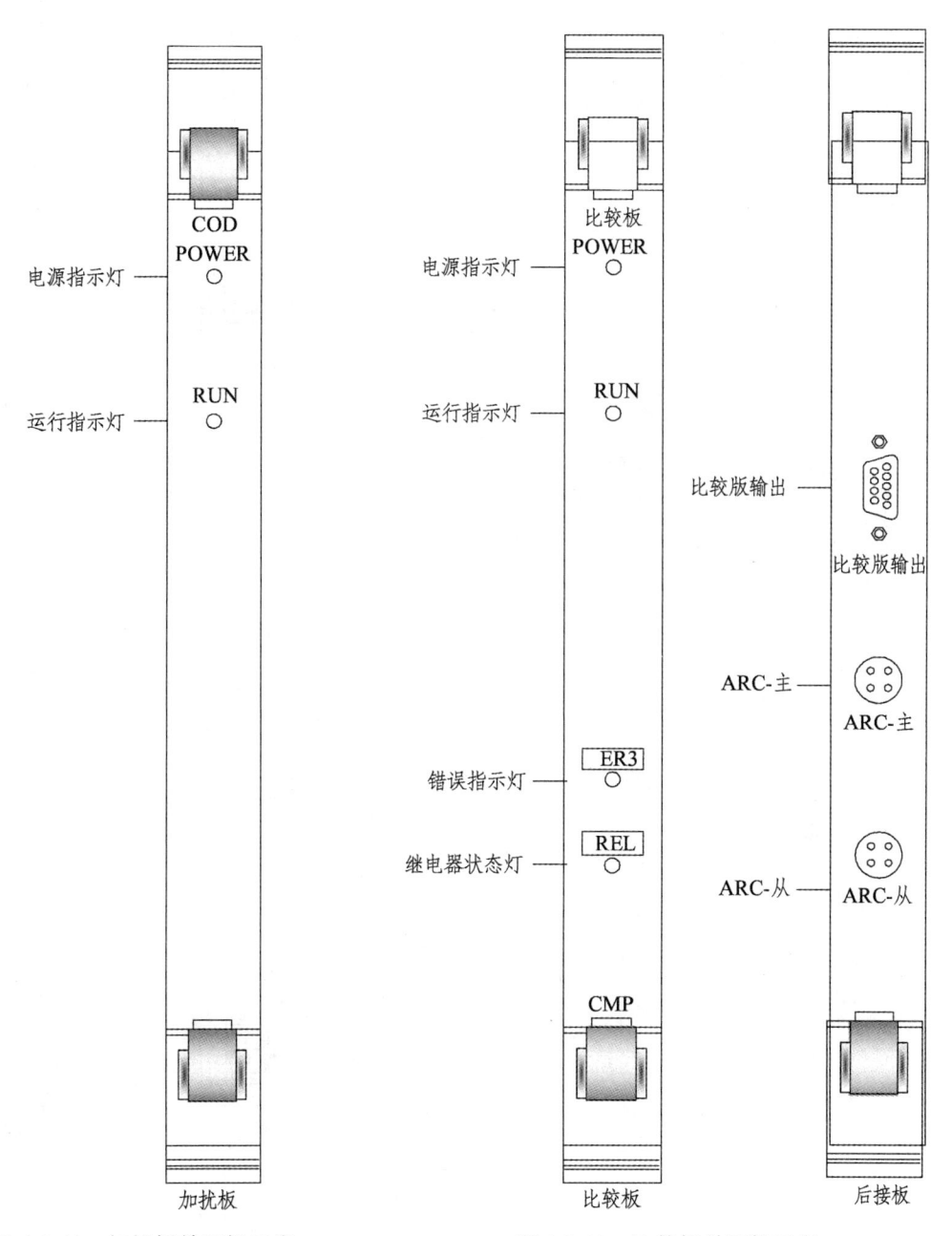

图 4-2-11 加扰板前面板示意　　图 4-2-12 比较板前面板示意

⑧ 列控中心每系设置 2 块 CAN 总线通信板，每块 CAN 总线通信板提供了 1 路 CAN 总线接口、1 个 CPU 驱动接口和 1 个 CPU 采集接口，其中只有与主 CPU 通信的 CAN 总线通信板使用驱动接口和采集接口，用于驱动切换单元的指示灯和采集切换手柄的状态。CAN 总

线通信板的 CAN 总线接口负责列控中心主机与本系 I/O 单元的通信，每一系的两块 CAN 总线通信板分别与相对应的 CPU 板通信，负责传送主 CPU 与本系 I/O 单元之间的正码信息和从 CPU 与 I/O 单元之间的反码信息。CAN 总线通信板后接板提供了 1 路 CAN 总线接口、1 路 CPU 驱动接口、1 路 CPU 采集接口和 2 路 ARCNET 网口（未使用）。其中与主 CPU 通信的 CAN 总线通信板后接板的 CPU 驱动接口和 CPU 采集接口通过电缆接头连接到航空插头上，航空插头再与切换单元相连接，用于驱动工作状态指示灯和采集切换手柄的位置状态，具体如图 4-2-13、图 4-2-14 和表 4-2-1 所示。

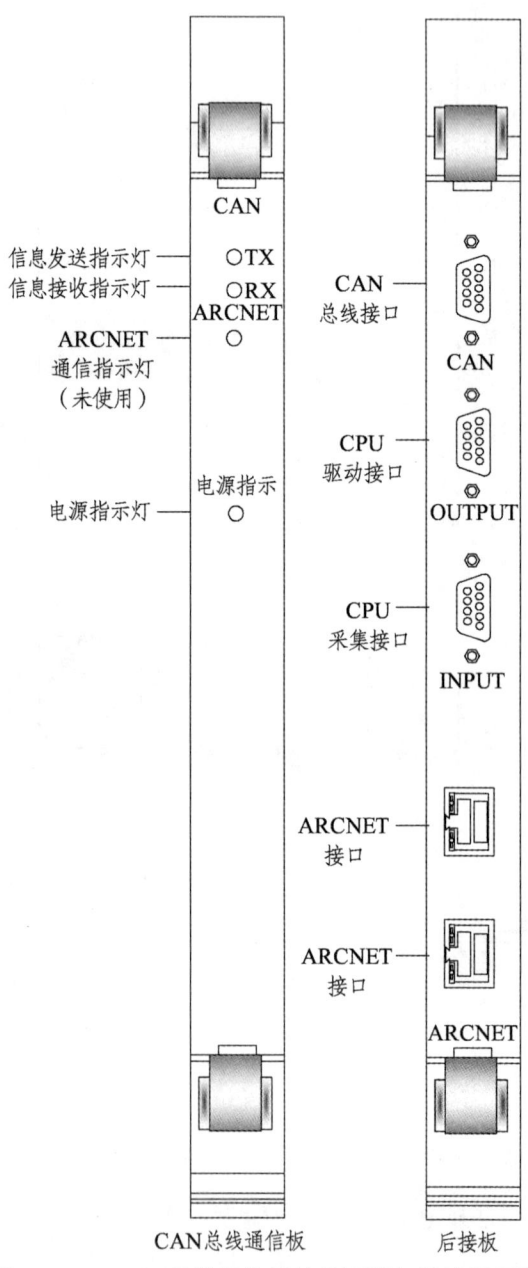

图 4-2-13　CAN 总线通信板的前面板与后接板示意

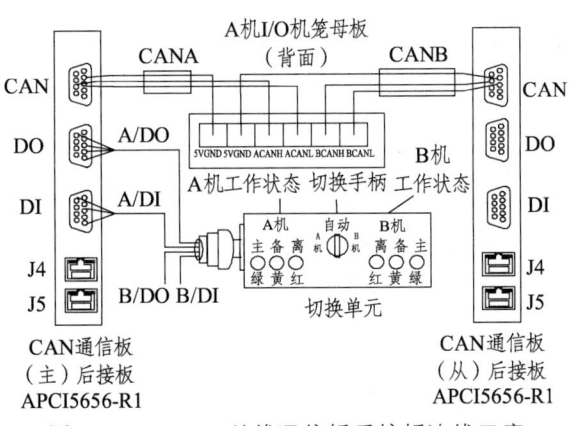

图 4-2-14　CAN 总线通信板后接板连线示意

表 4-2-1　CAN 总线通信板后接板地址跳线分配表

序号	CAN 总线通信板后接板位置	跳线示意图
1	A 机主 CPU 侧	W1
2	A 机从 CPU 侧	W1
3	B 机主 CPU 侧	W1
4	B 机从 CPU 侧	W1

（2）综合柜。

LKD2-YH 型列控中心的综合柜内配置有 LEU 电源、LEU、一体化鼠标键盘显示器、维护终端、站间交换机和 ODF 架等设备。综合柜的正面和背面结构如图 4-2-15 所示。

除 24 V 的 LEU 电源外，列控中心通过 LEU 与应答器连接。LEU 的主要功能是完成报文从列控中心到有源应答器之间的透明传输（从列控中心接收报文再转发给有源应答器），同时监测有源应答器的状态，并将其状态信息传送给列控中心。

1 台 LEU 可以连接 4 个有源应答器，每个车站配置的 LEU 数量由该站设置的有源应答器的数量决定。

LEU 与列控中心之间采用 RS422 串口连接，列控中心主机的 LEU 通信板（RS422 串口通信板）与 LEU 直接进行通信，一块 LEU 通信板最多可以同时控制 4 台 LEU。LEU 的前面板包括通过内部总线接收 S 接口板转发的应答器报文数据的 C 接口板、通过 RS422 串口与 TCC 进行实时通信，并将 TCC 发送的有源应答器报文通过内部总线转发至 C 接口板的 S 接口板、电源板。

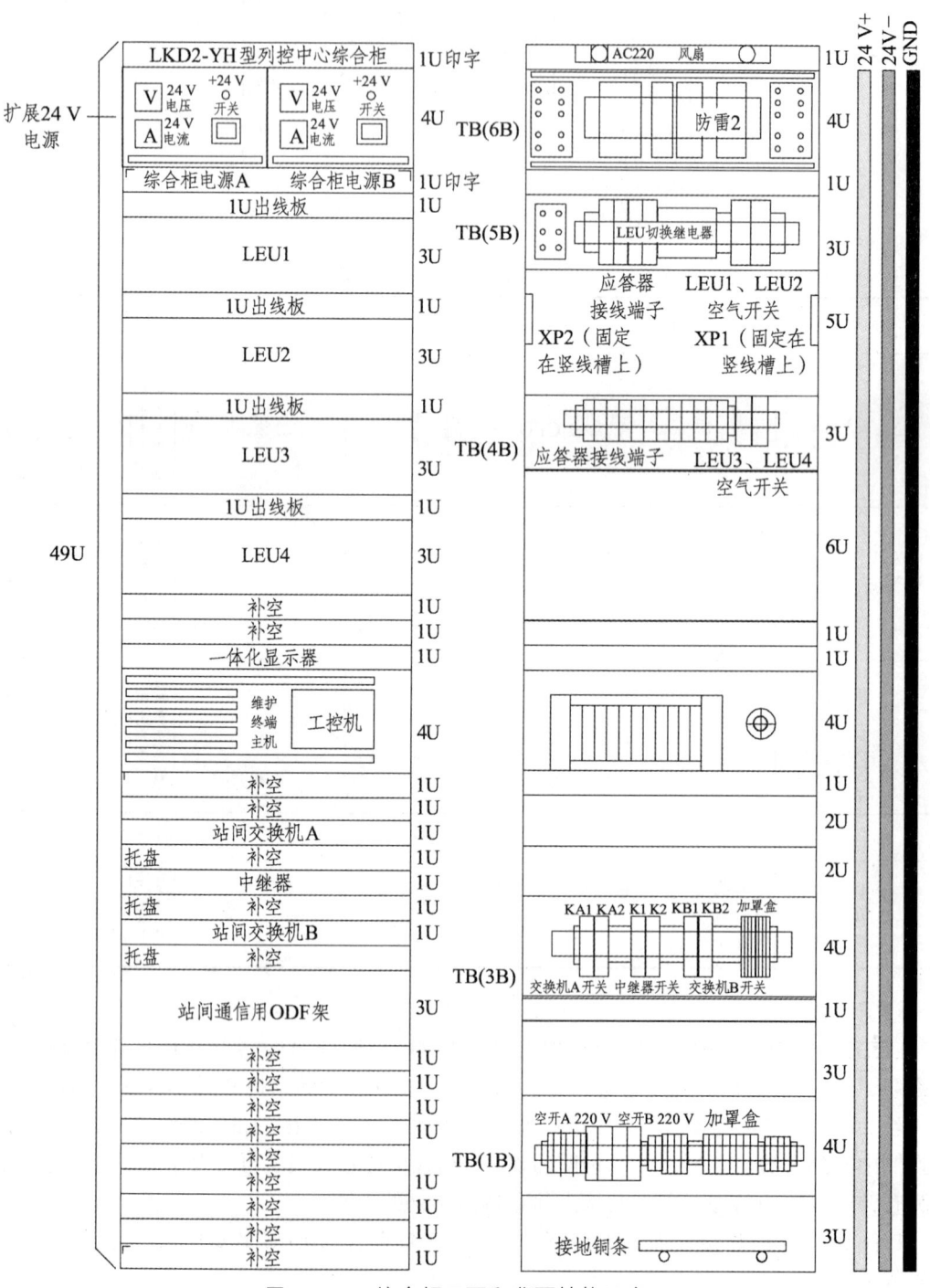

图 4-2-15 综合柜正面和背面结构示意

2. 轨道电路

ZPW-2000 系列轨道电路完成列车占用检测及列车完整性检查，连续向列车传送行车许可、前方空闲闭塞分区数量、车站进路速度等信息。轨道电路中 3 个信息码具有明确的目标速度含义，它们是 HU→0 km/h，UU→45 km/h，UUS→80 km/h。为满足列控车载设备运行需要，车站正线接车区段和发车区段轨道电路载频必须采用交叉配置的方式，不能使用同一频率。

1）轨道电路编码

（1）对于站内轨道区段，列控中心应根据本站进路及前方进路信号开放状态，按照轨道电路信息编码逻辑，对应各个轨道区段进行编码。

（2）对于站内轨道区段，进路某区段占用，本区段及其前方区段保持正常发码，后方区段恢复发送默认码（咽喉区发 B 码或无码，股道发 HU 码）。

（3）正线通过进路，列车压入进站或出站信号机内方第一区段后，如轨道电路低频信息变化为升级码序时，列控中心应保持接、发车进路发码不变，直到列车压入股道或区间。轨道电路码序升级关系按照以下顺序排列：

H→HU→HB→UU→UUS→U→U2→U2S→LU→L→L2→L3→L4→L5

（4）站内无进路时，不论是占用还是空闲，列控中心控制股道区段发缺省码（HU 码），其余区段缺省发检测码（B 码）。

（5）进路建立后，信号异常关闭时，列控中心应按进路未建立处理，进路上各个区段发缺省码。

（6）站内股道由多个轨道区段组成时，前方轨道区段占用，后方轨道区段应向相反方向发码。

（7）在进路电码化编码模式下，进路上所有轨道区段应发送有效码。

2）轨道电路发码

（1）正线接车进路，股道区段依照发车进路发码，咽喉区段发码与股道区段保持一致；接近区段基于股道发码，编码逻辑如图 4-2-16 至图 4-2-20 所示。

| L5 | L4 | L3 | L2 | L | LU | U | HU | B | HU | HU |

图 4-2-16　正线接车信号未开放，咽喉区发检测码，股道发默认码

| L5 | L5 | L4 | L3 | L2 | L | LU | U | HU | HU | HU |

图 4-2-17　正线接车信号开放，咽喉区跟随股道发码，股道发默认码

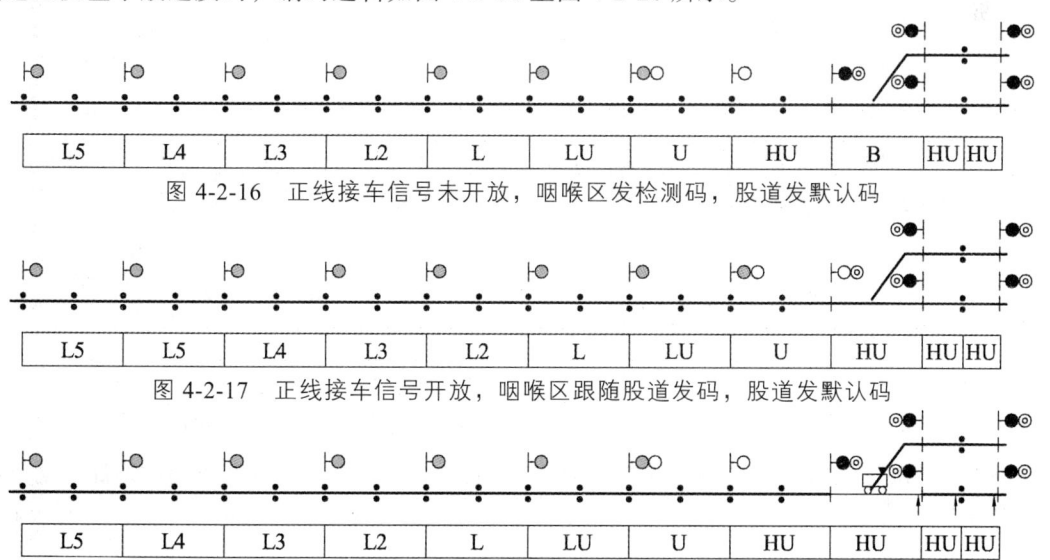

| L5 | L4 | L3 | L2 | L | LU | U | HU | HU | HU | HU |

图 4-2-18　正线接车信号开放，列车进入咽喉区，咽喉区跟随股道发码，股道发默认码

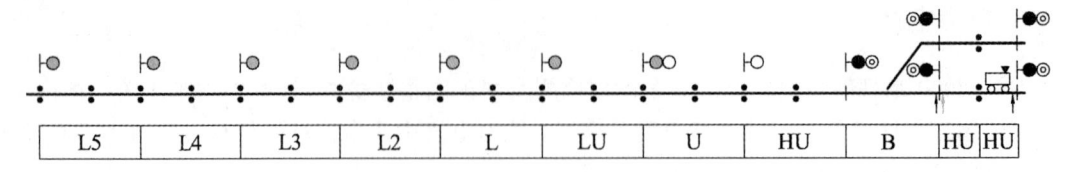

图 4-2-19　正线接车信号开放，列车进入股道，咽喉区发检测码，股道发默认码

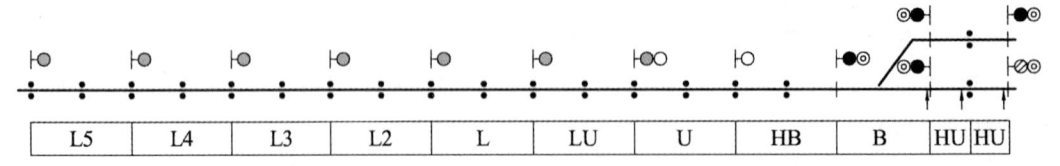

图 4-2-20　正线引导接车信号开放（非引导总锁），接近区段发 HB 码，咽喉区发检测码，股道发默认码

（2）侧线接车进路上的最小号码道岔为 18 号道岔以下时，接近区段应发 UU 码，股道区段依照发车进路发码，咽喉区段发码与股道区段保持一致，编码逻辑如图 4-2-21 至图 4-2-24 所示。

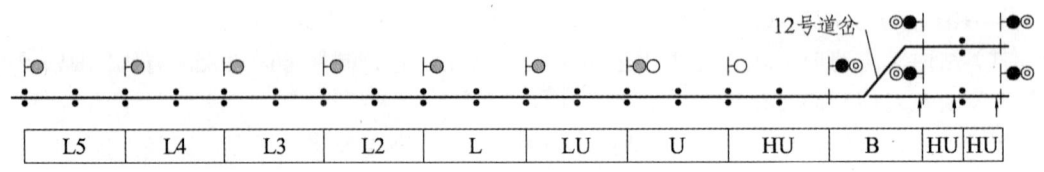

图 4-2-21　侧线接车信号未开放，咽喉区发检测码，股道发默认码

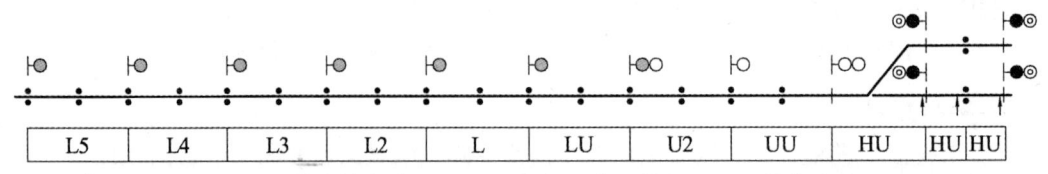

图 4-2-22　侧线接车信号开放，咽喉区随股道发码，股道发默认码

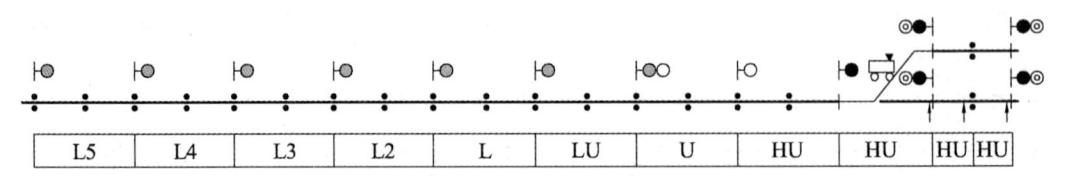

图 4-2-23　侧线接车信号关闭，列车进入咽喉区，咽喉区随股道发码，股道发默认码

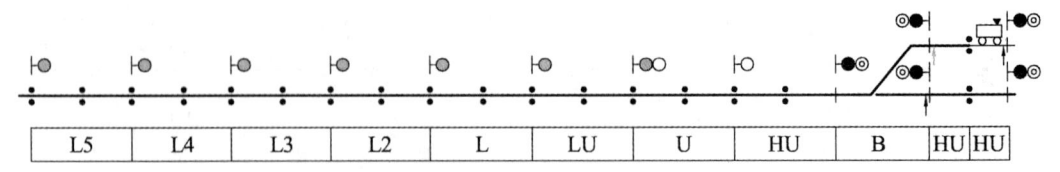

图 4-2-24　侧线接车信号关闭，列车进入股道，咽喉区恢复发检测码，股道发默认码

（3）侧线接车进路上的最小号码道岔为 18 号道岔时，对于只开行动车组的线路，编码逻辑如图 4-2-25 所示。

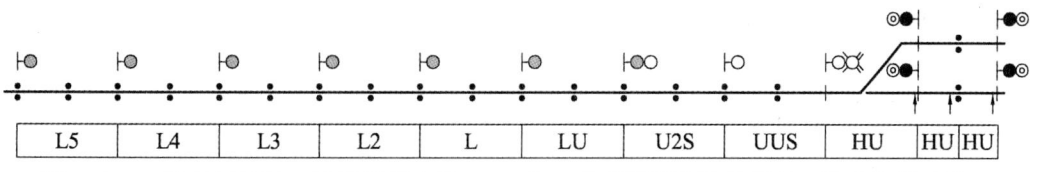

| L5 | L4 | L3 | L2 | L | LU | U2S | UUS | HU | HU | HU |

图 4-2-25　信号开放时，接近区段应发 UUS 码，咽喉区跟随股道发码，股道发送默认码

（4）对于客货混运线路，最小为 18 号道岔的侧线接车进路接近区段发码原则按照《机车信号信息定义及分配》（TB/T 3060）要求发码。

（5）侧线引导接车进路，接近区段发 HB 码，股道区段依照发车进路发码，咽喉区段发 B 码，编码逻辑如图 4-2-26 所示。

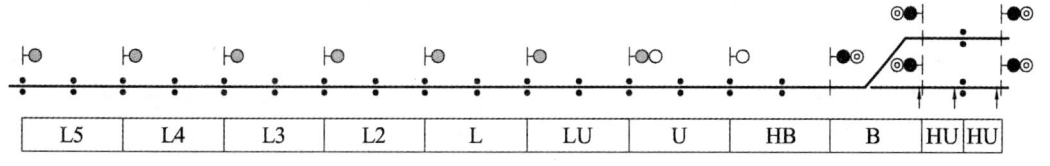

| L5 | L4 | L3 | L2 | L | LU | U | HB | B | HU | HU |

图 4-2-26　侧线引导接车进路，接近区段发 HB 码，股道区段依照发车进路发码，咽喉区段发 B 码

（6）正线发车进路，咽喉区段发码与离去区段保持一致，股道区段基于离去区段发码，依照追踪码序递推，编码逻辑如图 4-2-27 至图 4-2-30 所示。

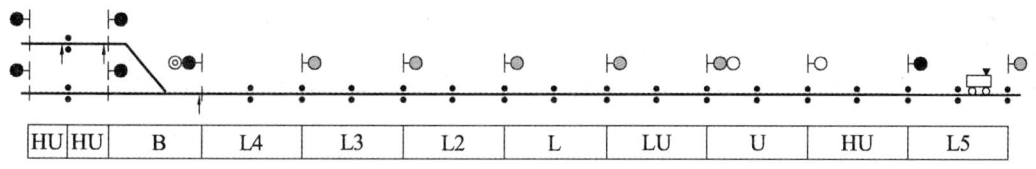

| HU | HU | B | L4 | L3 | L2 | L | LU | U | HU | L5 |

图 4-2-27　发车信号未开放，咽喉区发送检测码，股道发送默认码

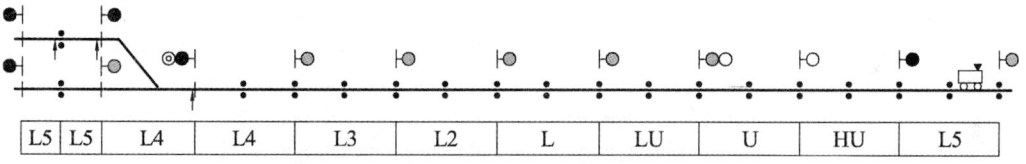

| L5 | L5 | L4 | L4 | L3 | L2 | L | LU | U | HU | L5 |

图 4-2-28　发车信号开放，咽喉区跟随离去区段发码，股道基于离去区段发码

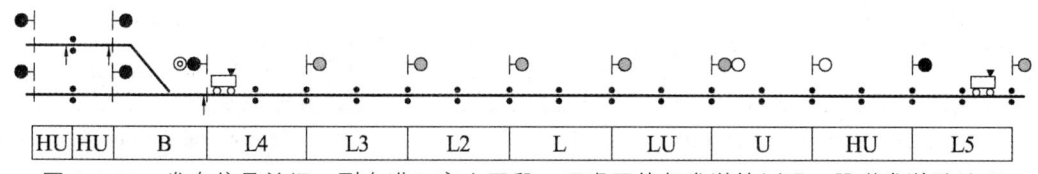

| HU | HU | B | L4 | L3 | L2 | L | LU | U | HU | L5 |

图 4-2-29　发车信号关闭，列车进入离去区段，咽喉区恢复发送检测码，股道发送默认码

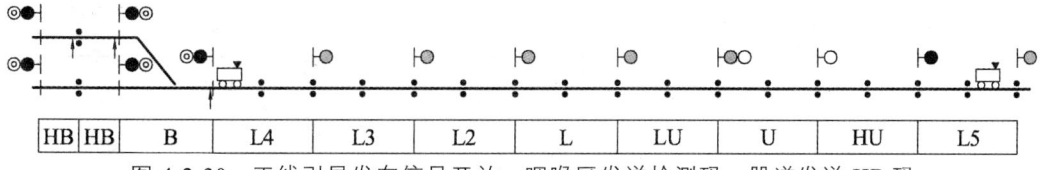

| HB | HB | B | L4 | L3 | L2 | L | LU | U | HU | L5 |

图 4-2-30　正线引导发车信号开放，咽喉区发送检测码，股道发送 HB 码

（7）侧线发车进路上的最小号码道岔为 18 号道岔以下时，股道区段应发 UU 码，咽喉区段发码与离去区段保持一致，编码逻辑如图 4-2-31 所示。

（8）侧线发车进路上的最小号码道岔为 18 号道岔时，编码逻辑如图 4-2-32 所示。

135

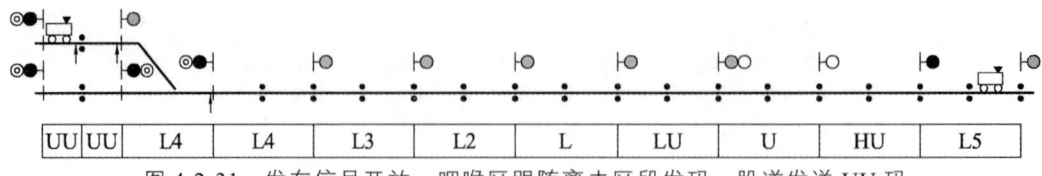

图 4-2-31　发车信号开放，咽喉区跟随离去区段发码，股道发送 UU 码

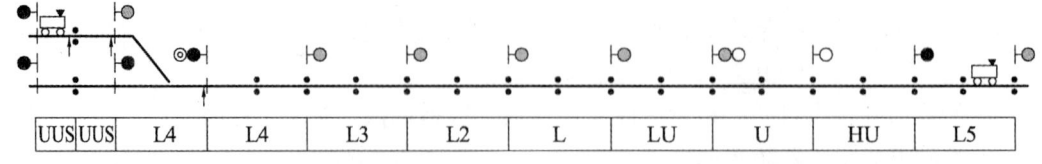

图 4-2-32　侧线发车进路上的最小号码道岔为 18 号道岔时发车信号开放（点 L 或 LU 时），股道区段应发 UUS 码

（9）对于区间轨道区段，列控中心应根据前方轨道区段占用状态以及前方车站接车进路信号开放情况，按照轨道电路信息编码逻辑生成信息码，如图 4-2-33 至图 4-2-35 所示。

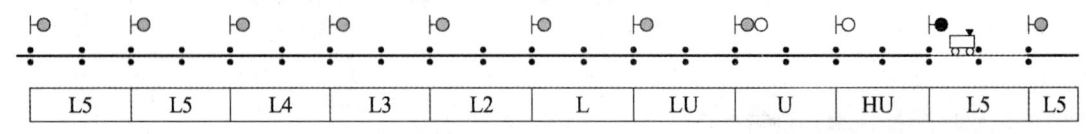

图 4-2-33　区间轨道电路编码

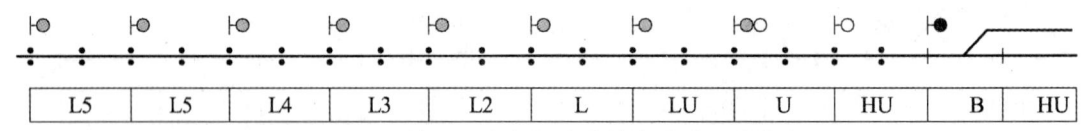

图 4-2-34　接近区段根据站内接车进路码序发码

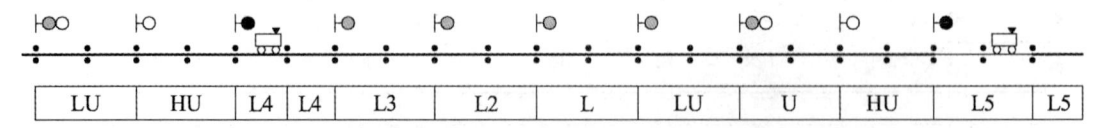

图 4-2-35　同一闭塞分区内的所有轨道电路区段低频发码应保持一致

3）载频切换

采用全进路发码的车站并存在转频的列车进路，咽喉区发检测码（27.9 Hz），股道发正常码，当列车占用上下行载频分界的绝缘节前方轨道区段时，上下行载频分界的绝缘节后方轨道区段开始预发送转频码（25.7 Hz），该轨道区段的前方区段占用后或者本区段解锁，恢复发检测码。1DG 占用，3DG 开始发送转频码，7DG 占用后或者 3DG 解锁后恢复发送检测码，如图 4-2-36 所示。

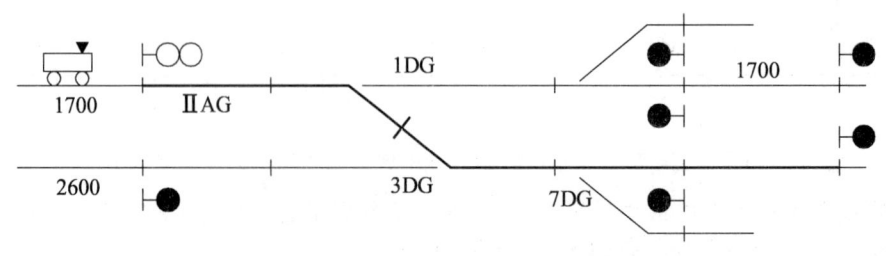

图 4-2-36　载频切换

采用正线和股道发码的车站并存在转频的列车进路，当办理了接车进路，股道发检测码（27.9 Hz），列车占用股道（GJ 落下）后，股道区段发送转频码（25.7 Hz），2 s 后恢复发送正常码；当办理了发车进路，进路的最后一个轨道区段发转频码（25.7 Hz），该区段解锁后或者前方区段占用后，恢复发检测码（27.9 Hz）。

4）站内轨道电路方向控制

（1）站内每个轨道区段设置一个轨道电路方向切换继电器，控制站内轨道电路的发码方向。

（2）列控中心根据站内进路方向，分别驱动相应轨道电路的方向切换继电器，控制轨道电路迎列车运行方向发码。

（3）站内轨道电路区段缺省方向为进路正方向。轨道电路方向继电器吸起表示反向，落下表示正向。列控中心采集轨道电路方向继电器的状态，当轨道电路方向继电器的状态与进路方向不符时，列控中心应仍维持原编、发码条件，并向集中监测系统发送报警信息。

（4）列控中心设备初始化时，站内区段发码方向应置为缺省方向，股道分割区段发码方向应相反，确保机头停在股道任何一端均能收到移频信息（若要改为正向发送、需要向相关股道排正向接车进路），如图 4-2-37 所示。

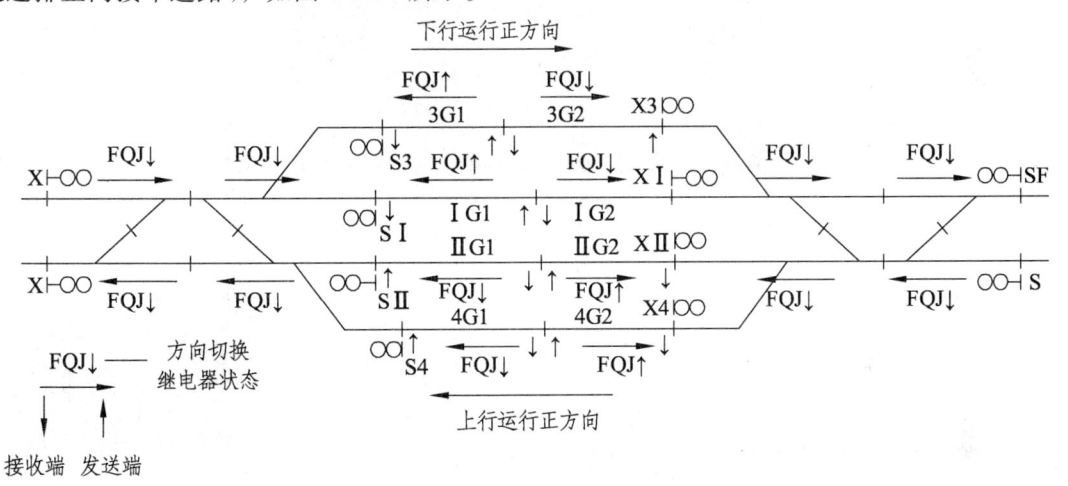

图 4-2-37 站内轨道电路继电器状态图

（5）站内股道由多个轨道区段组成时，当列车占用前方轨道区段时，占用区段后方的轨道区段发码应转为向另一方向发码。

5）区间轨道电路方向控制

（1）区间每段轨道电路设置方向切换继电器用于改变轨道电路的发码方向。

（2）区间轨道区段的缺省方向为线路正向运行方向。

（3）车站的每个发车口（含反向）设置一个极性保持轨道电路方向继电器（FJ），列控中心应通过控制 FJ 来实现区间轨道电路方向的切换和保持，FJ 落下时表示正向，吸起时表示反向。

（4）当站间通信故障时或列控中心设备故障时，保持区间方向切换继电器状态不变。

（5）列控中心采集发车口（含反向）的方向切换继电器和区间轨道区段方向继电器的状态，区间轨道电路发码方向应该与区间闭塞方向保持一致，当出现不一致时向集中监测报警。

3. 应答器

应答器是一种基于电磁耦合原理而构成的高速点式数据传输设备，如图 4-2-38 所示。应答器用于向 CTCS-3 级列控系统车载设备提供位置、等级转换、建立无线通信等信息，同时对 CTCS-2 级列控系统车载设备提供线路速度、线路坡度、轨道电路、临时限速等线路的参数信息。在 CTCS 标准中，点式应答器是在特定地点为列车定位和传递地面信息的关键和基础设备，具有不可替代的重要作用。

图 4-2-38 应答器

应答器设备包括地面设备和车载设备。地面设备主要包括地面应答器；车载设备包括车载应答器天线和车载查询器主机。其中，地面应答器包括无源应答器和有源应答器（含 LEU）。

有源应答器通过专门电缆与地面电子单元（LEU）连接，可实时发送 LEU 传送的数据报文。当列车经过有源应答器上方时，有源应答器接收到车载天线发射的电磁能量后，将其转换成电能，使地面应答器中发射电路工作，将 LEU 传输给有源应答器的数据循环实时发送出去，直至电能消失（即车载天线已经离去），如图 4-2-39 所示。当与 LEU 通信故障时，有源应答器转变为无源应答器工作模式，发送存储的固定信息（默认报文）。

无源应答器存储固定信息，当列车经过无源应答器上方时，无源应答器接收到车载天线发射的能量后将其转换成电能，使地面应答器中的电路工作，把存储在地面应答器中的数据循环发送出去，直到电能消失（即车载天线已经离去）。

图 4-2-39 应答器转换

地面应答器设备包括无源应答器、有源应答器、应答器地面电子单元（LEU），以及应答器读写工具等。无源应答器设于闭塞分区入口和车站进、出口处，用于向列控车载设备传输闭塞分区长度、线路速度、线路坡度、列车定位等静态信息。有源答器设置于车站进、出口处，当列车通过有源应答器时，有源应答器向列车

提供接车进路参数、临时限速等信息。为实现系统功能，列控地面设备还通过车站列控中心与车站联锁系统、CTC/TDCS 车站分机连接。

微课：应答器原理　　　　　微课：200～250 km/h 高速铁路 CTCS-2 级区段应答器的设置

微课：应答器数据传输　　　　　微课：应答器安装

微课：应答器结构　　　　　微课：应答器报文编制与临时限速设置

知识点 2　地面设备配置条件

ATP 系统通过目标距离模式曲线进行控车，本节从地面配置条件方面来介绍列控车载设备的控车原理。只有当列控车载设备要求地面发送正确的信息，才能正常进行控车。所以，地面设备必须具备一定的技术条件。

1. 轨道电路

根据 CTCS 有关技术规范，不同级别的线路其轨道电路制式有所不同，主要包括以下几种制式：

CTCS-1/0 级：国产 8 信息、18 信息数字移频、UM71、ZPW-2000。

CTCS-2 级：UM71、ZPW-2000A。

当 CTCS-2 级列控车载设备运行于 CTCS-1/0 级线路时，列控车载设备采集轨道电路的信息，但不控车。

2. 应答器配置

1）应答器报文及安装位置

应答器都有编号，在全国范围内具有唯一性。每个应答器（组）的编号由大区号＋分区号、车站编号＋应答器（组）编号共同构成。应答器编号以每个应答器（组）为一个基本单元进行编号，编号顺序以列车运行方向为参照，按从小到大的原则进行编排。每个应答器组可由 1～8 个应答器组成，以列车运行方向为参照，列车首先通过的应答器其位置为①，其他位置的编号以此类推。以各应答器（组）中的第一个应答器①为该应答器（组）的基点位置，相关的应答器（组）位置参数均以此点为基准。

根据不同的用途，应答器里有不同的报文。报文是以 1 个或多个信息包组合起来的形式进行传输的。报文信息包括应答器链接[ETCS5]、线路坡度[ETCS-21]、线路速度[ETCS-27]、等级切换[ETCS-41]、特殊区段[ETCS-68]、轨道区段[CTCS-1]、区间反向运行[CTCS-3]、临时限速[CTCS-2]、大号码道岔[CTCS-4]、调车危险[ETCS-132]等信息包。

无源应答器将前方一定距离内的线路参数向车载设备传输。前方一定距离是指从前方第二个应答器组向前到大约相当于制动距离处。传输的内容包括信息包[ETCS-5]、[ETCS-21]、[ETCS-27]、[ETCS-41]、[ETCS-68]和[CTCS-1]等。有源应答器负责传输直到下一站为止的临时控制速度等信息。地面应答器的安装位置在线路中心线上，如图4-2-40所示。

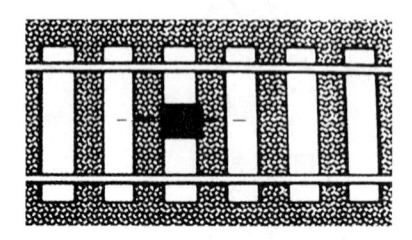

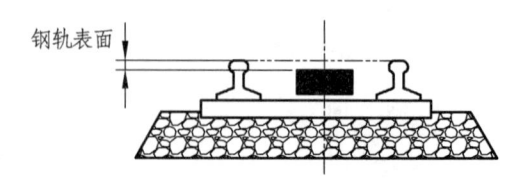

图4-2-40 地面应答器安装位置

2）应答器的设置

（1）进站信号机应答器组。

进站信号机外方（30±0.5）m（从靠近绝缘节的应答器计算）处设置由有源应答器和无源应答器组成的应答器组（JZ），提供临时限速、接车进路参数、调车危险以及发车方向的区间轨道电路和线路参数等信息。应答器组距调谐单元或机械绝缘节的距离为（30±0.5）m，组内相邻应答器间的距离为（5±0.5）m，如图4-2-41所示。

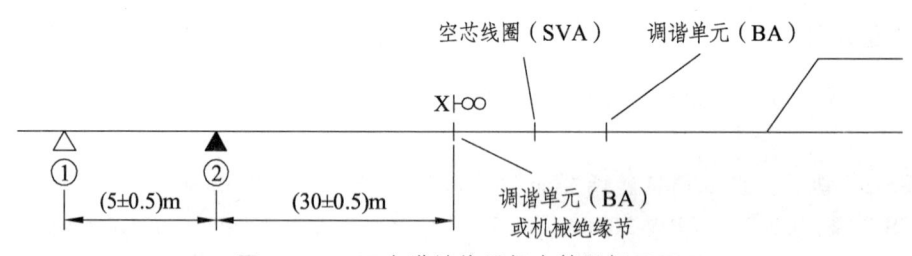

图4-2-41 正向进站信号机应答器组配置

正向进站口固定应答器组，用于提供反方向行车时所需要的数据，如线路允许速度、线路坡度、轨道区段和调车危险信息包等反方向线路数据，还有正向线路坡度信息。进站口第二（三）个应答器为可编程应答器，用于提供列车正向进站所需要的数据，如应答器链接信息、临时限速信息、正向特殊区段信息。当排列侧向接车进路且区间运行方向为接车方向时，发送应答器链接、线路允许速度、轨道区段及临时限速等信息；当排列反向发车时，发送反向运行、临时限速等信息。

当设置可编程应答器组时，发送进路信息、临时限速信息和特殊区段信息；当设置为固定应答器组时，发送线路数据。由于这些信息随着排列不同的进路而变化，因此需要靠有源应答器传送。有源应答器的设置位置靠近进站信号机。

反向进站信号机（或标志牌）处设置由可编程应答器和固定应答器组成的应答器组，用于进路线路参数和临时限速，如图4-2-42所示。

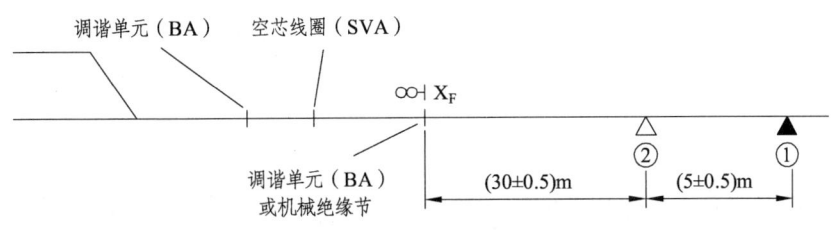

图 4-2-42　反向进站信号机应答器组配置

反向进站口按列车正向运行，该处第一个是有源应答器，当排列正向发车时，可编程应答器发送正向链接信息包、临时限速信息包和正向特殊区段信息；当排列反向接车时，发送轨道区段、临时限速、反向运行信息包。第二（三）个是无源应答器，提供线路坡度、线路允许速度、轨道区段和调车危险信息包等正向数据和反向线路坡度等信息。

（2）出站信号机应答器组。

在车站到发线和有图定专线作业的正线上的出站信号机处，设置由一个可编程应答器和一个固定应答器构成的出站信号机应答器组。对客货共线的客运专线，出站信号机距离警冲标 5 m，出站信号机处的应答器组安装在出站信号机绝缘节前方（65±0.5）m 处，如图 4-2-43 所示。

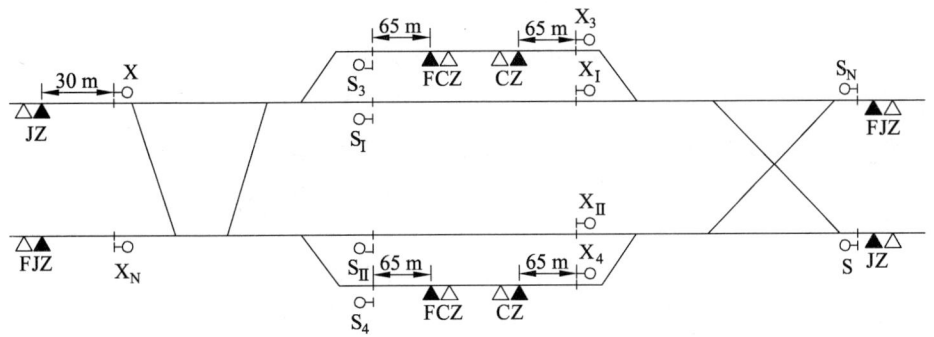

图 4-2-43　客货共线出站应答器组配置

对仅开行动车组的客运专线，出站信号机距离警冲标 30~50 m 处，到发线出站信号机处的应答器组安装在出站信号机绝缘节前方（20±0.5）m 处，正线出站信号机处的应答器组安装在出站信号机绝缘节前方的（30±0.5）m 处，如图 4-2-44 所示。

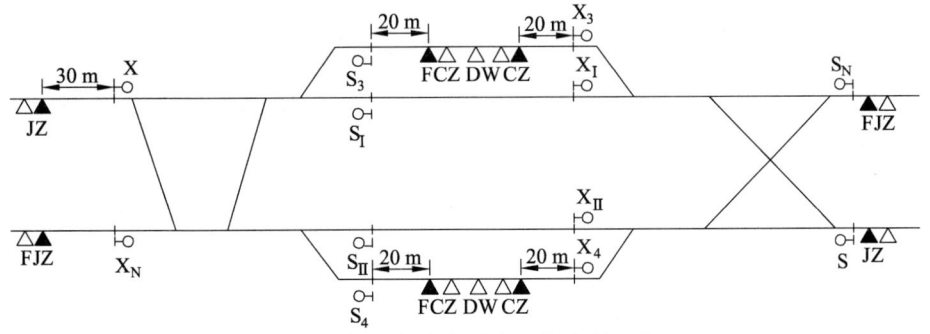

图 4-2-44　客运专线出站信号机应答器组配置

当发车信号关闭时，可编程应答器发送发车方向有效的停车报文，该报文只包含绝对停车信息包；当发车信号开放后，发送对发车方向有效的应答器链接、线路允许速度、轨道区段、临时限速及特殊区段等信息。固定应答器用于发送里程信息等固定数据。

（3）列车定位应答器组。

车站进站信号机（含反向）外方（200±0.5）m 处、车站各股道中间应设置由单个无源应答器构成的定位应答器组（DW）。

（4）区间应答器组。

区间设置无源应答器组，用于提供线路固定参数，如线路坡度、线路允许速度、轨道区段、链接信息等。

区间原则上每两个闭塞分区，即间隔一个闭塞分区设两个及以上无源应答器构成应答器组（Q）。

区间无源应答器组应设置在闭塞分区入口处外方，并距闭塞分区入口最近的调谐单元（BA）或机械绝缘节（200±0.5）m（从靠近调谐单元或机械绝缘节的应答器计算，见图4-2-45）。

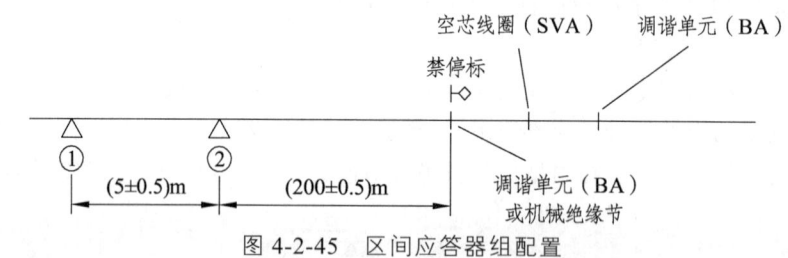

图 4-2-45　区间应答器组配置

对于正向运行的信息，应答器提供至运行前方第二个应答器（组）的线路参数，并增加一个完整列车常用制动距离的数据余量，同时还必须满足覆盖前方应答器从次高允许码到 HU 码的闭塞分区数量，即取上述两种条件下信息覆盖长度较大值。

（5）级间转换应答器。

动车组同时装备列控车载设备和列车运行监控记录装置（LKJ-2000）。在 CTCS-2 级区段，地面设备按照 CTCS-2 级列控系统要求进行改造，由列控车载设备控车。在 CTCS-1/0 级区段，地面设备保持现有配置，由 LKJ-2000 控车。列车在线路上运行时自动地完成 CTCS-1/0 级至 CTCS-2 级或 CTCS-2 至 CTCS-1/0 的控车等级的切换，中途不需要列车停车。

为完成上述功能，在地面 CTCS-2 级和 CTCS-1/0 级区段边界增设特殊用途的 CTCS 级间切换应答器，如图 4-2-46 和图 4-2-47 所示。

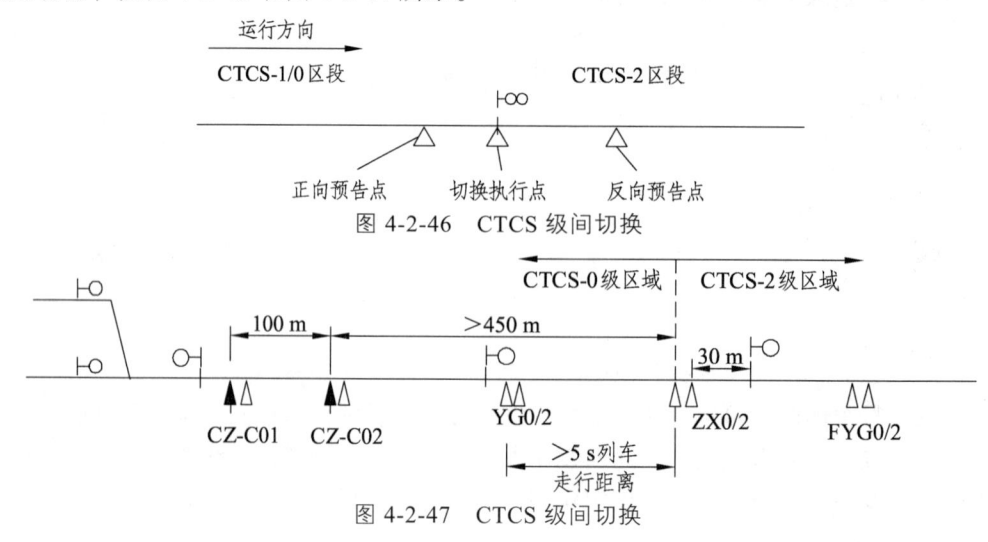

图 4-2-46　CTCS 级间切换

图 4-2-47　CTCS 级间切换

级间切换应答器设置的基本要求：① 线路允许速度在 160 km/h 以下；② 通常不产生制动的区域；③ 距进、出站端距离大于 450 m；④ 预告点至执行点不小于 240 m。级间切换应答器根据功能分别写有切换预告信息和执行信息，当列车通过预告点应答器时，列控车载设备接收到级间切换预告信息，提示列车司机准备开始切换；当列车越过转换点应答器后，开始执行切换动作。预告点和执行点应答器信息互为冗余，只要一组应答器工作正常，就可以向列控车载设备提供完整的级间切换信息。

微课：CTCS-2 级与 CTCS-0 级列控系统切换

同时，为保证控车权可靠、平稳交接，控车权的交接以列控车载设备为主。级间切换时若列车已触发制动，则保持制动，直至停车或列车发出缓解指令后，再自动切换。另外，如果自动切换失败，列控车载设备未输出制动或列车在停车状态下司机可以根据列控车载设备指示，手动进行级间切换。

【拓展阅读】

电务故障案例

某时某站列控中心 A 机（备用系）发生故障报警："从 CPU 报文加扰板双口 RAM 通信超时，错误号 1"、本系与通信盘、所有驱动采集通信中断后重启，A 机重启后恢复同步状态，不再报警。A 机报警记录如图 4-2-48 所示。

记录时间	记录类型	记录内容
2019/03/04 04:22:56	报警信息	从CPU报文加扰板双口RAM通信超时,错误号 1
2019/03/04 04:22:56	报警信息	119
2019/03/04 04:22:56	硬件平台	通信盘1总线A通信中断
2019/03/04 04:22:56	硬件平台	通信盘1总线B通信中断
2019/03/04 04:22:56	硬件平台	通信盘2总线A通信中断
2019/03/04 04:22:56	硬件平台	通信盘2总线B通信中断
2019/03/04 04:22:56	硬件平台	通信盘3总线A通信中断
2019/03/04 04:22:56	硬件平台	通信盘3总线B通信中断
2019/03/04 04:22:56	硬件平台	通信盘4总线A通信中断
2019/03/04 04:22:56	硬件平台	通信盘4总线B通信中断
2019/03/04 04:22:56	硬件平台	通信盘5总线A通信中断
2019/03/04 04:22:56	硬件平台	通信盘5总线B通信中断
2019/03/04 04:22:56	硬件平台	通信盘6总线A通信中断
2019/03/04 04:22:56	硬件平台	通信盘6总线B通信中断
2019/03/04 04:22:56	硬件平台	通信盘7总线A通信中断
2019/03/04 04:22:56	硬件平台	通信盘7总线B通信中断
2019/03/04 04:22:56	硬件平台	通信盘8总线A通信中断
2019/03/04 04:22:56	硬件平台	通信盘8总线B通信中断
2019/03/04 04:22:57	报警信息	从CPU驱动板4工作错误，错误值0xff

图 4-2-48　列控 A 机报警记录

根据列控记录分析故障原因，04:22:56 从 CPU 产生如下报警：与加扰板双口 RAM 通信超时、与轨道电路通信板双口 RAM 通信超时（报警信息 119）、与驱动采集板通信错误、与轨道电路通信中断，之后列控 A 机于 4:23:49 自动重启后相关故障自动恢复。可见故障期间，列控 A 机从 CPU 与所有对外通信板卡的通信均出现问题，且由于板卡未出现其他异常报警，可以排除板卡复位的可能性，可以初步确定该故障是由于该 CPU 板对外通信总线故障引起。更换列控 A 机从 CPU 板用备品后，故障排除。

【电务小贴士】

电路安全要实现，坚决禁止封连线！

封连线指通过短接或封锁部分电路或元件，进而去维修或调试其他部分电路的手段。铁路信号故障很多都是封连线引起，采用封连线或其他手段封连信号设备电气接点，造成联锁失效，所以，铁路电务上有句话叫作：封连线就是高压线！封连线就是违法！封连线就是犯罪！

【练习】

（1）列控地面设备包括_____、_____、_____，它分为_____和_____两部分。
（2）进站信号机外方_____m 处设置由有源应答器和无源应答器组成的应答器组。
（3）应答器分为_____和_____。
（4）简述列控中心中轨道电路编码原理。
（5）尝试写出图 4-2-49 中每个轨道区段的发码情况。

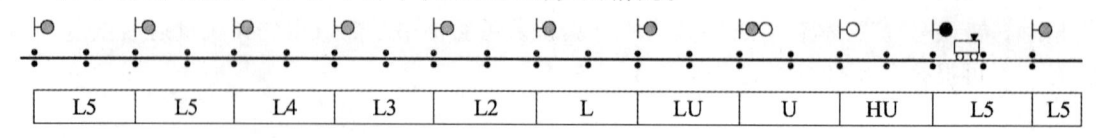

| L5 | L5 | L4 | L3 | L2 | L | LU | U | HU | L5 | L5 |

图 4-2-49　发码情况

专项技能 4.3　CTCS-2 级列控车载设备

【学习目标】

- 能力目标

（1）能简述 CTCS-2 级列控系统车载设备的主要功能。
（2）能说出 CTCS-2 级列控系统车载设备的组成和相关设备。
（3）能解释 CTCS-2 级列控系统车载设备的工作原理。

- 知识目标

掌握 CTCS-2 级列控系统车载设备组成。

- 素质目标

（1）培养严谨细致的学习习惯。
（2）强化岗位安全意识。

【任务下达】

列车是如何根据地面设备提供的信息来指示行车的？车上的设备是如何工作的？现在我们来学习列控车载设备。

【理论学习】

知识点 1　车载 ATP 硬件构成

1. 概　述

车载设备由车载安全计算机（VC）、轨道电路信息接收模块（STM）、应答器信息接收模块（BTM）、人机界面（DM1）、速度传感器、列车接口单元（TIU）、运行记录单元（DRU）、轨道电路信息接收天线、应答器信息接收天线等部件组成。

车载安全计算机根据地面连续式和点式设备传输的控车信息、线路数据以及列车参数，生成连续式速度监控曲线，监控列车安全运行。

轨道电路信息接收模块用于接收 ZPW-2000 系列轨道电路低频信息，并将此信息同时提供给车载安全计算机和列车运行监控装置 LKJ。

应答器信息接收模块用于接收处理应答器信息，并将解码得到的应答器报文提供给车载安全计算机。

人机界面显示列车运行速度、允许速度、目标速度和目标距离，并可接收司机输入。

动车组同时装备列控车载设备与列车运行监控记录装置（LKJ）。在 160 km/h 以上区段，地面设备按照 CTCS-2 级列控系统要求进行改造，由列控车载设备控车。在 160 km/h 及以下区段，地面设备保持现有配置（或在 CTCS-2 级区段列控车载设备故障的情况下）LKJ 结合列控设备提供的机车信号功能，控制列车运行。正常情况下，两种控车模式通过 CTCS 级间转换应答器由列控车载设备实现自动切换（无须停车转换）；故障情况下，停车手动转换。LKJ 通过列控车载设备接收或记录有关列控状态数据及其对应的操作状态信息。

ATP 控制设备主体及 ATP 控制设备的内部如图 4-3-1 和图 4-3-2 所示。

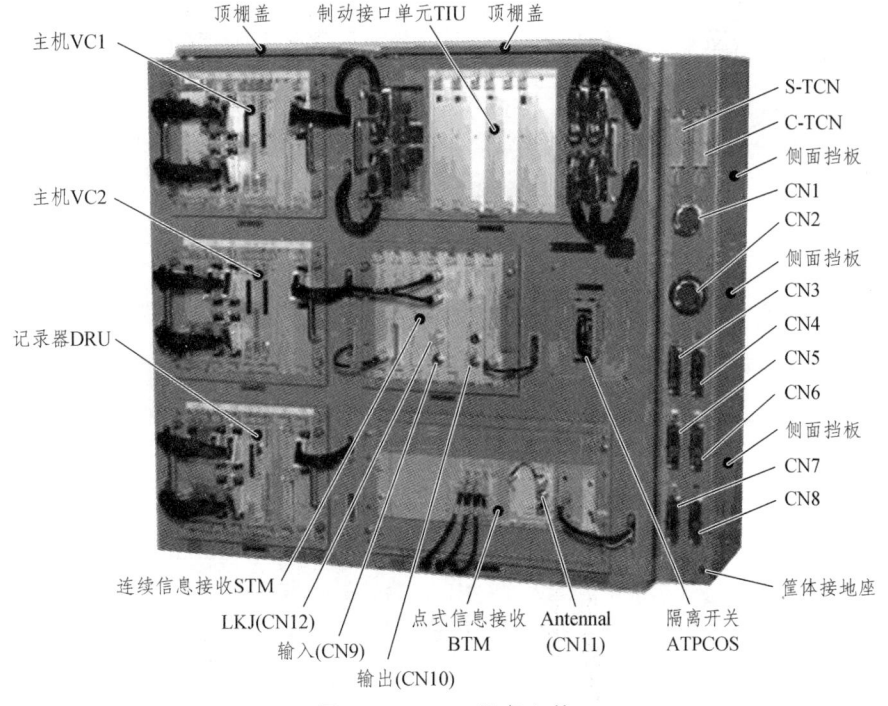

图 4-3-1　ATP 设备主体

2. 具体设备

1）安全计算机

安全计算机（VC）由功能完全相同的 2 个系统（第 1 系统、第 2 系统）构成。各个系统有着功能相同的 2 个 CPU（A 系统、B 系统），每个 CPU 的处理结果都会与另一个 CPU 的处理结果进行校准。如果 A 系统、B 系统这 2 个 CPU 的处理结果不一致则会作为故障处理。安全计算机如图 4-3-3 所示，各 PCB 控制内容见表 4-3-1。

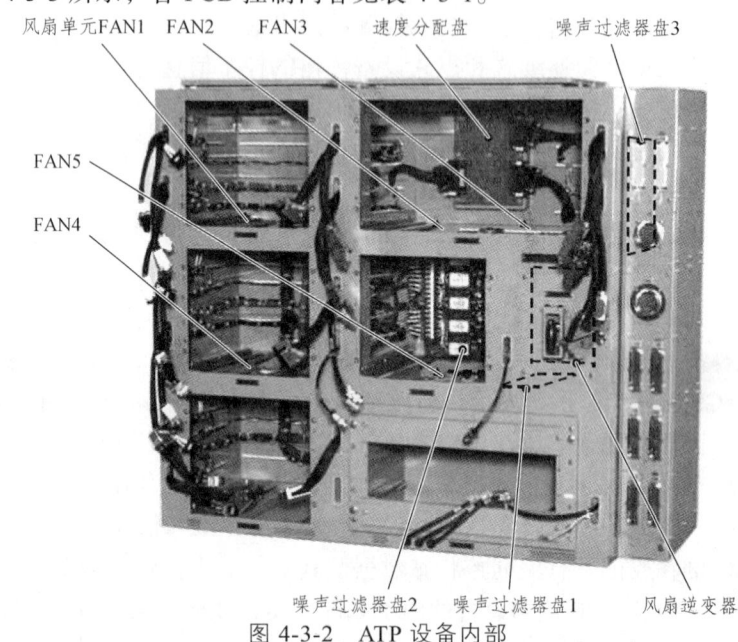

图 4-3-2 ATP 设备内部

图 4-3-3 安全计算机 VC

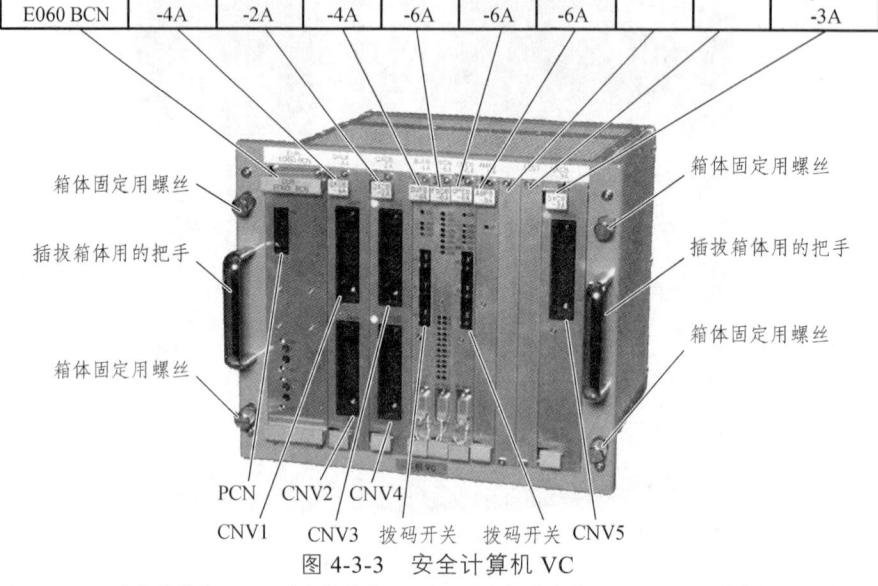

注：1. SW1 为车种设定，KHI 动车组设为 1，BSP 动车组设定为 2，ALSTOM 动车组设定为 4。
2. SW2 设定机控优先/人控优先，机控优先设定为 1 人控优先设定为 2。
3. SW3 设定 CTCS0/2（启动时的模式），CTCS0 设定为 0，CTCS2 设定为 2。

表 4-3-1　安全计算机 PCB 功能

PCB 名称	功能
OPE 8-6A	执行速度核查模式曲线和来自速度信号的速度核查演算； 将励振制动指令（EB，BR7）输出到 AMP 基板； 将制动指令（BR4，BR1，PCUT）输出给 RLU； 与 STM 通信； 输入速度信号； 输入 BTM 的 CD 检测信号
FSC 8-6A	生成速度核查模式曲线； 解析 Balise 报文； 与 BTM.DMI，DRU 通信
AMP 8-6A	在故障-安全（Fail Safe）输出电路中将生成的制动指令（EBBR7）输出给 RLU； 同时将故障信号输出给 RLU
BuF 8-4A	搭载有控制车辆运转条件的输入的 DI 电路； 输入 RLU 的继电器接点； 向 RLU 输出继电器线圈励磁信号
QXC 8-4A	在箱体外部组装上连接用的连接器 CNV1 连接器：速度分配盘，连接到 RLU 上； CNV2 连接器：BTM（CD 检测），连接到 RLU 上
QXC 8-3A	在箱体外部组装上连接用的连接器； CNV5 连接器：接到 STMBTMDWIDRU 上
QXC 8-2A	在箱体外部组装上连接用的连接器 CNV3 连接器：连接到 RLU 上 CNV4 连接器：连接到 RLU 上
EUR-E060 BCN	印刷板用电源 输入：DC 110 V；输出：5 V，24 V

安全计算机基于两个处理器的实时比较达到 SIL4 级。为了提高系统可用性采用了第三个处理器。该原则基于两个不同应用处理器同时执行应用软件，并采用故障安全检测器对这些处理器的输出进行比较。如果输出相同，检测器给出相关输出。若存在任何差异，检测器将输出设置为限制状态。

故障安全 CPU 板是控制部件的核心部分，ATP 速度核对运算和制动指令功能集中在 1 块印刷线路板上。该故障安全 CPU 板装有双重系统 CPU 和计算环运算方式故障安全 LSI。故障安全 LSI 核对两个 CPU 的运算结果（制动指令条件等），如果校验结果不一致就立即进行故障检测，确保最后的安全性。

2）数据记录单元（DRU）

该模块采用 PCMCIA 卡作为存储介质，通过读卡器可将数据下载至地面分析管理微机，进行设备运行状况分析。记录的事件包括：司机对 ATP 设备的操作、轨道电路信息、ATP 与机车信息交换等。维修人员可以通过专用微机或者 IC 卡等设备进行数据下载。

数据记录单元如图 4-3-4 所示,各 PCB 功能见表 4-3-2。

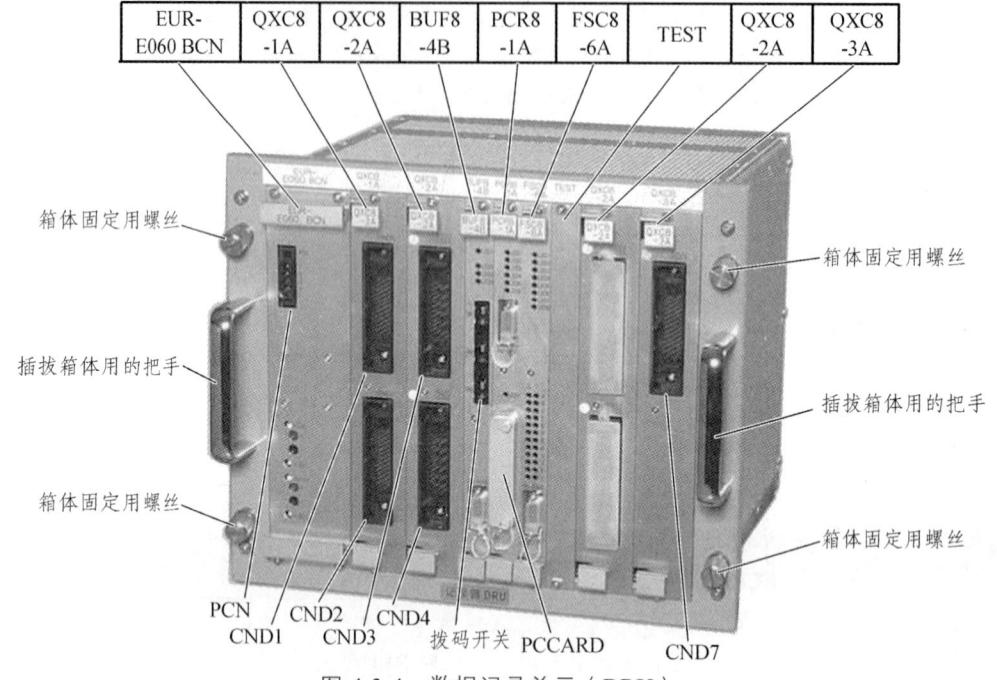

图 4-3-4 数据记录单元(DRU)

表 4-3-2 数据记录单元 PCB 功能

PCB 名称	功能
PCR 8-1A	在 PC 卡上记录 ATP 控制设备的动作状态,故障信息
FSC 8-6A	编辑记录在 PC 卡上的 ATP 控制设备的动作状态,故障信息; 与 BTM,LKJ,VC1,VC2 通信
BUF 8-4B	输入 RLU 的继电器接点; 输入风扇故障信号
QXC 8-1A	在箱体外部组装上连接用的连接器 CND1 连接器:连接到风扇上,承接风扇故障信号 CND2 连接器:连接到 RLU 上
QXC 8-3A	在箱体外部组装上连接用的连接器 CND7 连接器:接到 BTM,LKJ,VC1,VC2 上
QXC 8-2A	在箱体外部组装上连接用的连接器 CND3 连接器:连接到 RLU 上,输入风扇故障信号 CND4 连接器:连接到 RLU 上
EUR-EO60B CN	印刷板用电源 输入:DC 110 V 输出:5 V,24 V

3）制动接口单元（RLU）

制动接口单元主要由继电器组成的单元，实现输入与输出接口功能。

它的作用是核对车载安全计算机各系统输出的制动指令，对两套车载安全计算机输出的制动指令进行"或"操作后，作为系统的最终输出。制动接口单元如图 4-3-5 所示，其 PCB 功能见表 4-3-3。

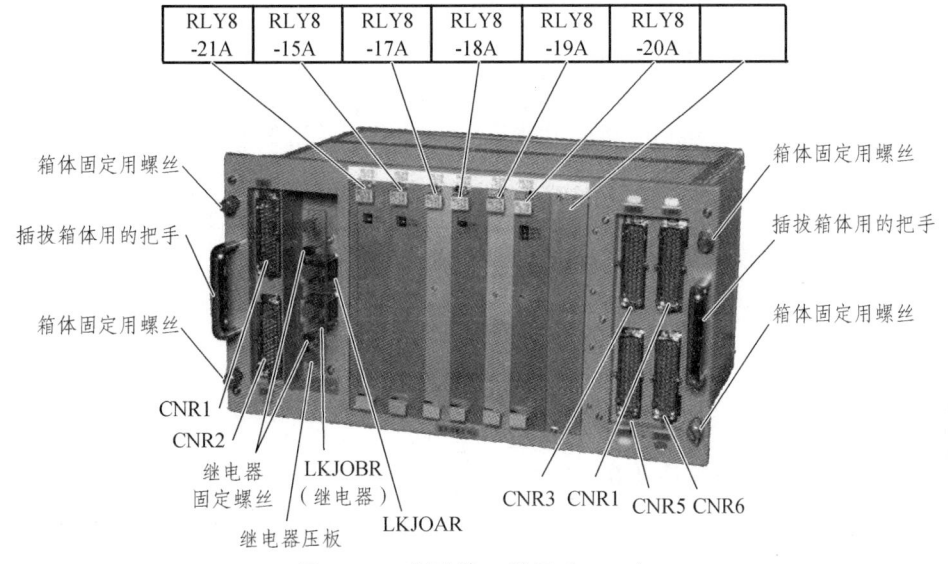

图 4-3-5　制动接口单元（RLU）

表 4-3-3　数据记录单元 PCB 功能

PCB 名称	功能
RLY8-15A	ATP 制动指令（EB、BR7）最终输出继电器
RLY8-17A	接收来自车体的 DC 110 V 输入用继电器
RLY8-18A	系统故障检测涨电器
RLY8-19A	定时器电路
RLY8-20A	ATP 制动指令（BR4，BR1，PCUT）最终输出继电器
RLY8-21A	与 LKJ 的接口继电器
RLY8-26A	ATP 过分相指令（VALD，SECT）最终输出继电器

4）轨道电路信息接收模块（STM）

轨道电路信息接收模块是安全模块（见图 4-3-6），它通过 STM 天线（感应器）接收轨道电路信号，解调轨道电路上传的信号信息，将解调的信息传递给安全计算机。STM 可以接收最多 16 种载频，包括国产移频以及 ZPW-2000、UM71 系列轨道电路信息。STM 可根据应答器信息、轨道电路载频锁定信息、司机操作锁定可接收的载频。

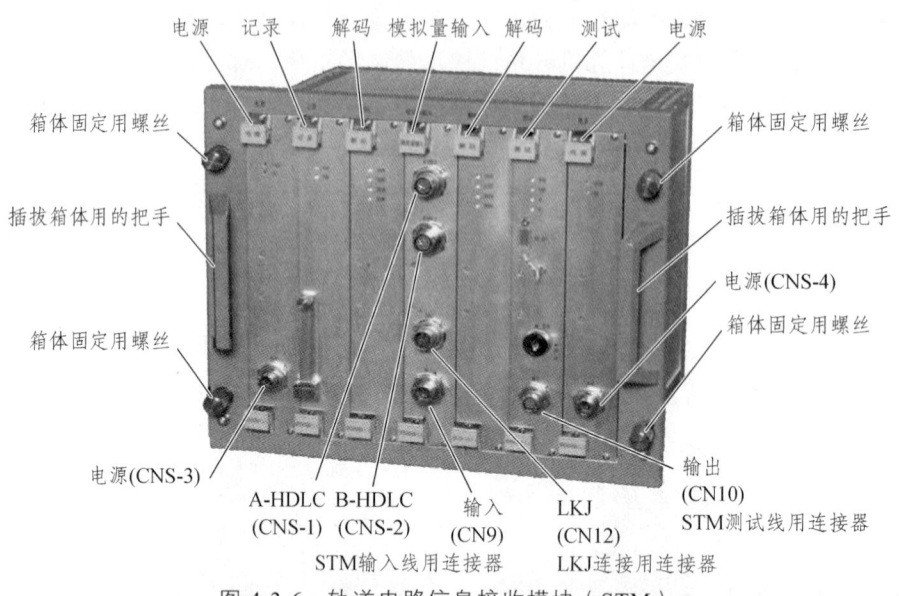

图 4-3-6 轨道电路信息接收模块（STM）

5）应答器信息传输模块（BTM）

应答器信息传输模块（BTM）是高速铁路中列车获取地面信息的重要手段，车载设备通过 BTM 接收到应答器上传的数据并将数据解码后发送至 ATP。ATP 从 BTM 获取信息后可了解相关线路和临时限速信息，并对列车控制速度进行调整。

BTM 通过天线向应答器发射频率为 27.095 MHz 的能量用于激活应答器，应答器被激活后向 BTM 发射频率为 3.951 MHz 和 4.516 MHz（分别代表 0 和 1）两种频点的信号。BTM 通过连续接收该信号从而接收应答器报文。

一个 BTM 模块包含电源板、接收板、传输板和接口板，如图 4-3-7 所示。BTM 是一个采用 2 取 2 技术的故障安全模块，接收应答器信息并提供精确定位。BTM 的作用是通过 BTM 天线，接收、解调符合 ETCS 标准的地面设备的应答器的信息，并在校核后将正确的信息传输给安全计算机。

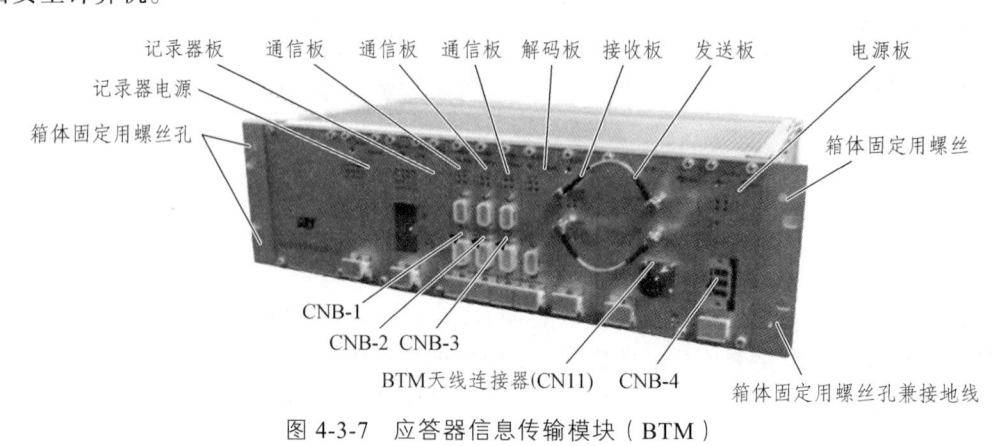

图 4-3-7 应答器信息传输模块（BTM）

6）STM 天线

STM 天线感应钢轨中的轨道电路信号，传输至 STM 模块进行解码处理。STM 轨道电路感应器是由感应线圈、固定支架和线缆组成，如图 4-3-8 所示，它是 STM 的前端信号感应部件，安装于机车前部。

从头车的第一轴起，在左右轨道的正上方各设一台 STM 天线。利用电磁感应接收钢轨的信号电流。两个天线接收到的信号在连接箱处连接，最后传送到设置在 ATP 主机柜的 STM，STM 再对该信号进行选择和解调。

图 4-3-8　STM 天线

7）BTM 天线

BTM 天线接收来自地面应答器的信号，传输至 BTM 模块进行信息解调处理，如图 4-3-9 所示，其接口如图 4-3-10 所示。

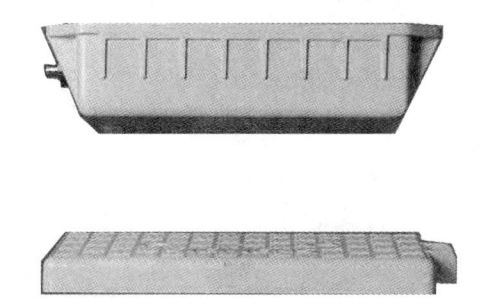

图 4-3-9　BTM 天线

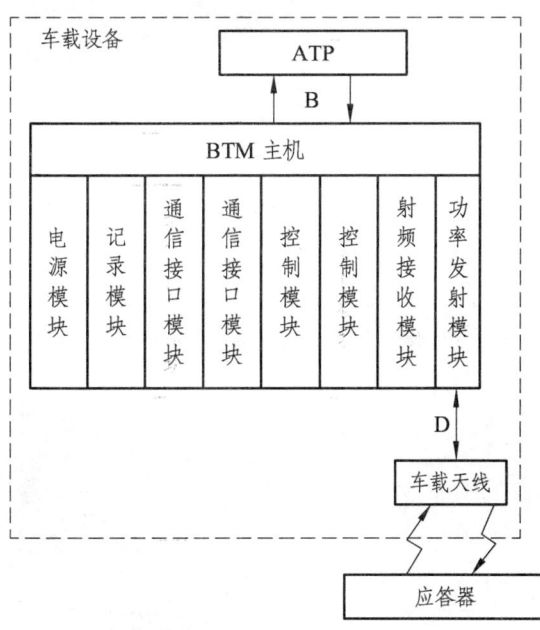

A 接口—BTM 与应答器之间的无线接口；B 接口—BTM 与车载设备 ATP 之间的接口；
D 接口—BTM 主机与天线之间的接口。

图 4-3-10　BTM 接口

在头车的第一转向架的后方，车体的左右的中心线上设置一台 BTM 天线。在特定的场所，有应答器放置在轨道的中心。车辆通过该场所时，车辆内设置的 BTM 天线经过地上的应答器的正上方后，就会接收到地上的应答器所发出的高频无线电信号，并用专用的电缆将该信号传递给设置在 ATP 本体上的 BTM 天线，如图 4-3-11 所示。

8）速度传感器

速度传感器是设置在头车的第 2 轴和第 3 轴上、将各轴的转速转变成电信号并加以输出的装置。速度发电机的磁极是与齿轮相对的齿，与直接装在各轴上的检出用齿轮之间有微小的空隙，齿轮的齿通过磁极时，会因磁束的变化而感应出电压。该电压的频率与齿轮的转速同步，该电压会传递到设置在 ATP 本体上的 VC。VC 通过对该频率的计数来了解速度和距离。速度传感器如图 4-3-12 所示。

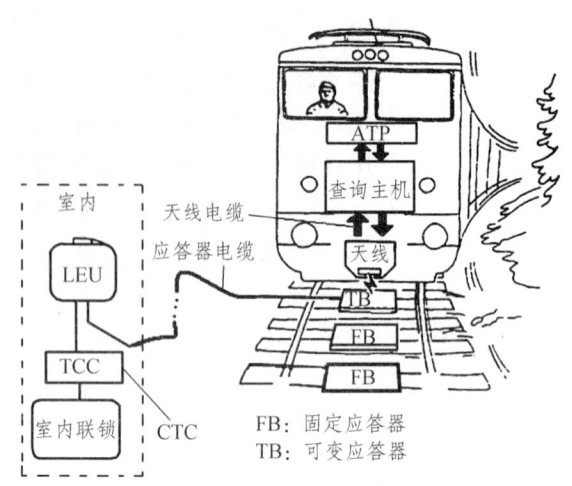

图 4-3-11　BTM 天线布置

图 4-3-12　速度传感器

注：本图是 AG43 的外观，AG43E 速度传感器主体颜色不一样。

9）人机界面（DMI）

人机界面通过声音、图像等方式将 ATP 车载装置的状态通知司机。司机可以通过 DMI 上的按键来切换 ATP 装置的运行模式或是输入必要的信息，具体如图 4-3-13 和图 4-3-14 所示。车载 ATP 显示装置在驾驶室的布局如图 4-3-15 和图 4-3-16 所示。

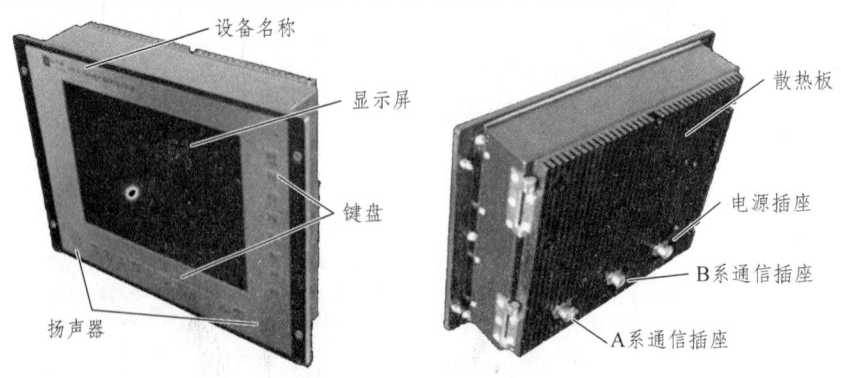

图 4-3-13　人机界面

模块 4　CTCS-2 级列控系统

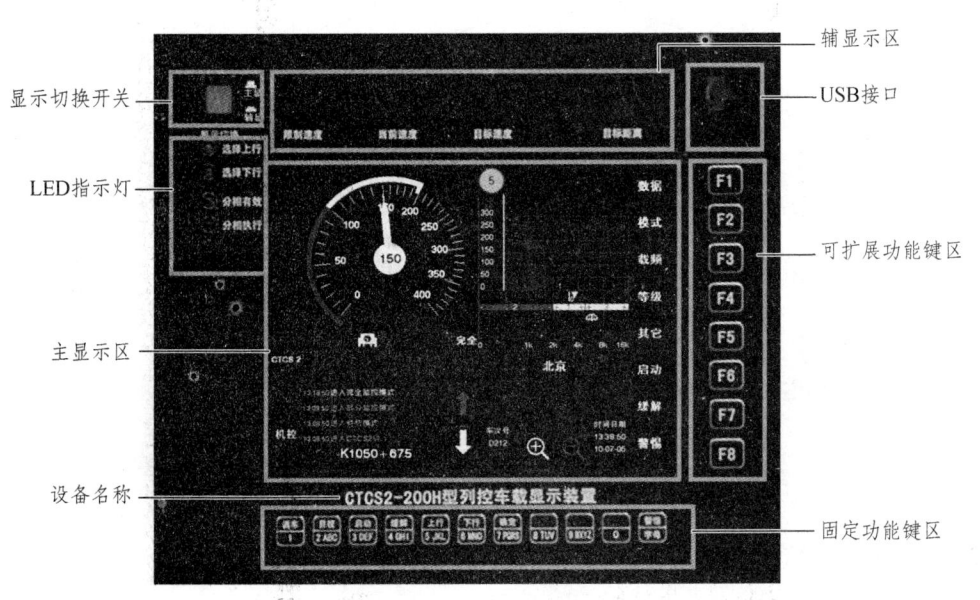

图 4-3-14　显示界面

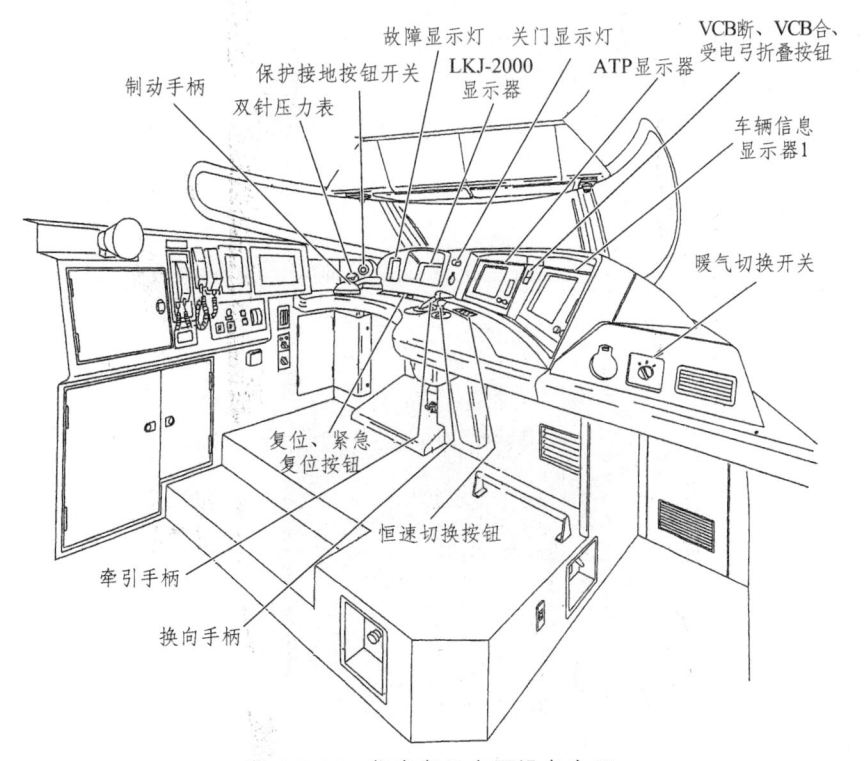

图 4-3-15　仪表盘及台面设备布置

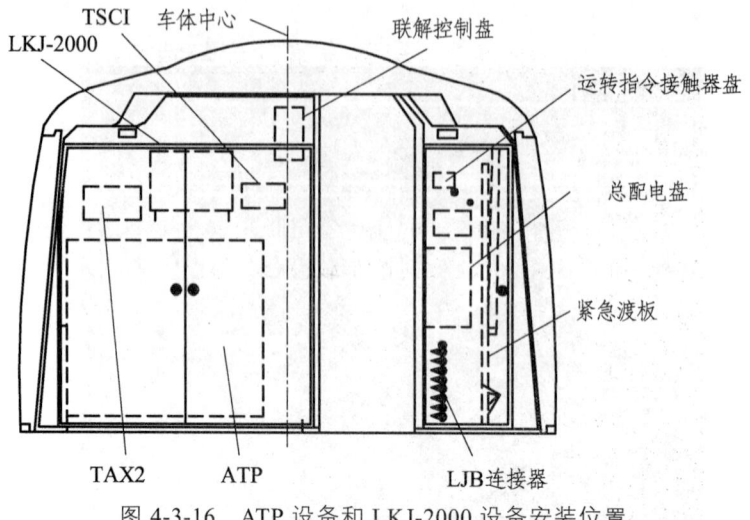

图 4-3-16　ATP 设备和 LKJ-2000 设备安装位置

3. 其他相关设备

1）动车组（EMU）接口

动车组接口是 ATP 车载装置的控制对象向 ATP 提供包括前进、后退、零位、制动、牵引在内的司机操作状态，同时接收 ATP 发出的制动、切除牵引等信息。

2）运行监控记录装置（LKJ）

在 CTCS0/1 级或 ATP 某些故障的情况下，由 LKJ 控车。当 LKJ 控车时，ATP 负责向 LKJ 提供轨道电路信息（机车信号）。另外，ATP 与 LKJ 之间还存在一些列车控制、状态信息的交互，用于运行管理。

3）外部电缆

系统外部连接电缆与 ATP 车载设备主机连接，具体如图 4-3-17 所示。

CN1—外接速度传感器；CN2—外接 110 V 电源；CN3—外接手柄位；CN4—外接制动单元；CN5—外接 LKJ-2000；CN6—外接 DMI；CN7—外接制动显示单元和车辆监视器；CN8—外接 GSM-R（暂不使用）。

图 4-3-17　外部接口连接

知识点 2　车载设备功能与特点

1. 车载设备功能

列车车载设备的实施主体为和利时公司/日立公司联合体、铁科院/株洲公司联合体，分别负责研发 CTCS-200H 数和 CTCS-200C 型列控车载设备，本节主要以 CTCS-200H 设备为例进行介绍。

1）轨道电路信息接收与处理

通过轨道电路信息接收天线和轨道电路信息按接收顺序从线道电路获取地面信息，包括行车许可、前方空闲闭塞分区数量、车站进路速度等。

2）应答器信息接收与处理

通过应答器信息接收天线和应答器信息接收模块从地面应答器获取地面信息，包括前方线路信息、列车位置、列车的运行方向、进路信息、临时限速信息等。

3）测速测距

实时监测列车运行速度并计算列车走行距离，校正空转或滑行对测速测距的影响。根据应答器信息进行位置校正，两个应答器的位置校正通过检测轨道电路的边界（绝缘节）实现。可以通过主机的拨码开关进行轮径补偿系数的设定。

4）超速防护

根据来自轨道电路信息接收模块接收到的轨道电路信息和来自应答器信息接收模块接收的线路数据以及列车的特性，生成一次制动的连续控制模式曲线。列控车载设备监控列车允许的速度，包括动车组构造速度、线路允许速度、进路允许速度、临时限速和紧急限速。

如果列车速度与允许速度之差超过报警门限，列控车载设备提供相应报警信息。如果列车速度与允许速度之差超过常用制动门限，列控车载设备产生常用制动。如果列车速度与允许速度之差超过紧急制动门限，列控车载设备产生紧急制动，直到列车停车。

5）CTCS 级间切换

CTCS 级间切换主要指列控车载设备与 LKJ 之间控制权的切换。列控车载设备在地面应答器的配合下，可以在区间完成与 LKJ 的自动切换，也可以通过人机界面进行人工切换。控车权的交接以列控车载设备为主。为保证制动的安全性、平稳性和连续性，如果在切换时列控车载设备或 LKJ 已经触发制动，则在停车后或缓解后方可切换。

6）防溜逸

在列车停车状态，会对列车的不恰当移动进行防护，防止列车在停车状态下发生非预期的前后移动。

7）与司机进行信息交互

人机界面设备可接收司机的信息输入，部分非安全信息也可通过运行监控记录装置提供，并向司机提供以下信息：列车实际速度、目标速度、限制速度、目标距离、机车信号等以及显示和声音提示。

8）数据记录

为了能在事故发生时进行原因分析，采用连续记录的方式对信息进行详细记录，最少可以连续记录 24 h，记录的周期为 300 ms。对于地面应答器的信息，只有在通过地面应答器时才进行记录，记录列控车载设备的主要工作状态，记录容量达到 30 天以上，只有在检测出故障时，才进行一般设备状态记录，当所有数据记录满后，可以用新数据覆盖旧数据。

9）载频锁定

轨道电路信息接收模块具有接收多个载频的能力。利用应答器信息、人机界面选择和轨道电路信息三种方法锁定载频。在 CTCS-0/1 级区段，按人机界面选择和轨道电路信息锁定载频的方法中最新接收的指令锁定载频。在 CTCS-2 级区段，优先采用应答器信息锁定载频。如果未收到应答器信息，也可通过人机界面选择或轨道电路信息锁定载频。

2. 车载设备特点

1）采用目标距离模式曲线控制方式

目标距离模式曲线是根据目标速度、线路参数、列车参数、制动性能等数据信息确定地反映列车允许速度与目标距离间关系的曲线。它反映了列车在各位置的允许速度值。列控车载设备根据目标距离模式曲线实时给出列车当前的允许速度，当列车速度超过当前允许速度时，自动实施常用制动或紧急制动，保证列车能在停车点前停车。这种控制方式拥有较高的运行效率。

2）高兼容性

系统能自动根据地面设备配置情况确定运行模式的功能。当地面设备满足 CTCS-2 级条件时，列控车载设备按照目标距离模式曲线方式进行控制。当地面条件仅满足 CTCS-0/1 级条件时，列控车载设备可以实现机车信号的功能，为其他控制设备提供机车信号信息。列控车载设备可以自动识别 ZPW-2000 系列轨道电路和 UM71 轨道电路的信息。

3）自诊断能力

系统各子系统分别具有自检测和自诊断功能。发生故障时，通过静态和动态方式可以及时发现故障位置，保证系统不产生危险侧输出的同时尽量减小故障影响。发生严重故障时，具有降级能力，保证列车运行安全。

4）实时性

列控车载设备是实时信息处理和实时控制的系统，在列车运行中对轨道电路信息、线路

微课：CTCS-2 级二级列控车载设备及其功能

参数、停车轨道电路和准许运行位置等进行信息采集，绘出一次制动模式曲线，并依据车辆位置与模式速度值的关系，对其进行实时、有序的处理，输出制动力。线路数据和限速信息无须预存在列控车载设备内部。

5）高安全性

列控车载设备设计严格遵照"故障-安全"原则，各模块之间以及与其他系统之间的联系采用冗余通道。

6）易维护

列控车载设备采用模块化开放式结构设计，易与相关系统衔接，易于功能扩展更新，满足设备的可用性、维修性的要求。在使用中，用户提出新的需求时，在硬件体系结构不变的前提下，可以对软件进行修改更新。

知识点3　车载设备主要工作模式

1. 名词解释

1）目标距离模式曲线

根据目标距离、目标速度及列车本身的性能，确定列车制动曲线，采取连续式、多次制动模式控制列车运行。如图4-3-18所示，实现目标距离速度监控曲线，从最高速到零速的列车速度监控曲线为一条连贯光滑的曲线，虚线为列车实际驾驶速度曲线，列车实际驾驶速度曲线只要在监控曲线之下就可以了。如果因超速使驾驶曲线碰撞了速度监控曲线，列控车载设备将自动触发常用制动或紧急制动，防止列车超速运行。

列控车载设备给出的一次连续的制动速度控制模式曲线，是根据目标距离、线路参数和列车本身的性能计算而定的。为计算得到速度监控曲线，由轨道电路发送行车许可和前方空闲闭塞分区数量信息,由应答器发送闭塞分区长度、线路速度、线路坡度等固定信息，列控车载设备接收上述信息，通过"前方空闲闭塞分区数量"和"闭塞分区长度"信息，获得目标距离长度，并结合线路速度、线路坡度和对应列车的制动性能等固定参数，实时计算得到速度监控曲线，并监控实际驾驶曲线是否处于速度监控曲线下方，保证列车安全运行。

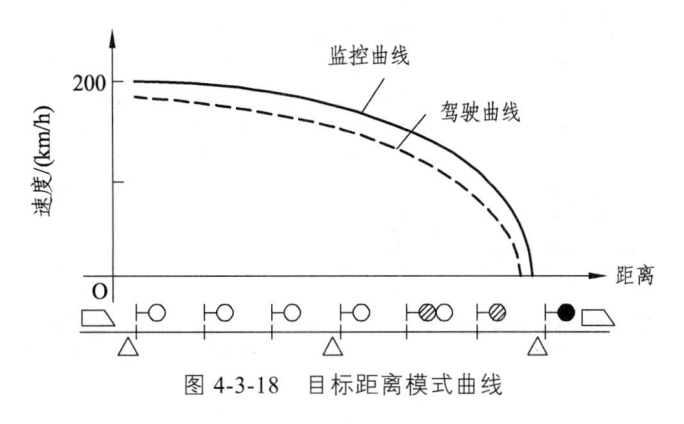

图4-3-18　目标距离模式曲线

2）车许可界限 LMA（Limit of Movement Authority）

根据地面信号确定的列车应该停车的轨道电路边界。

3）报警速度曲线 WSP（Warning Speed Profile）

报警发生时的速度曲线。

4）常用制动模式曲线 SBP（Service Brake Profile）

常用制动发生时的模式曲线。

5）紧急制动模式曲线 EBP（Emergency Brake Profile）

紧急制动发生时的模式曲线

6）静态速度曲线 SSP（Static Speed Profile）

静态速度限制是由地面设备、列车特性、地面信号及列控车载设备工作模式所决定的速度限制，共包含以下4种类型的静态速度限制：静态速度数据、临时限速数据、最大列车运行速度、轨道电路信号相关速度限制。

7）最低限制速度曲线 MRSP（Most Restrictive Speed Profile）

所有速度限制因素中，最低值（最不利限制部分）的集合，是综合考虑线路信息、临时限速、静态速度曲线信息所有的条件后得出的低位限速信息。

2. 设备优先和司机优先

CTCS-200H型列控车载设备的控制方式有两种：设备制动优先模式和司机制动优先方式。在这两种控制方式下列控车载设备拥有6种工作模式。

设备优先的系统当要求列车减速时，根据实际情况，输出不同级别的制动，低于允许速度后自动缓解。当列车速度超过紧急制动曲线时，则实施紧急制动，使列车停车。制动完全由列车运行控制系统自动完成，不必司机人工介入，其最大优点是能够减少司机的劳动强度，提高列车运行服务质量。同时也可适当缩短列车运行间隔时间。但为满足旅客乘坐舒适性，制动系统的自动化程度及制动性能要求非常高，具体如图4-3-19所示。

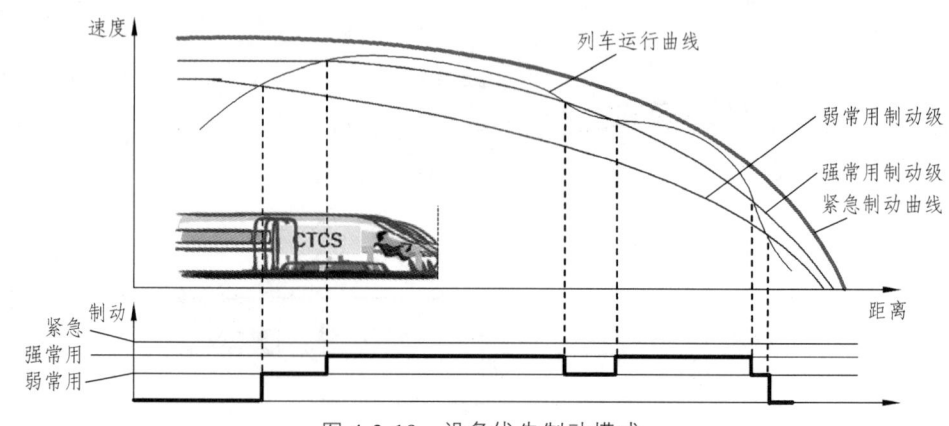

图 4-3-19 设备优先制动模式

司机优先的系统列车运行速度一般由司机控制，只有列车超过允许速度，设备才自动介入实施制动。司机制动优先的系统优点是便于发挥司机的责任感，充分发挥人的技术能力，减少设备对司机操纵的干扰，如图 4-3-20 所示。

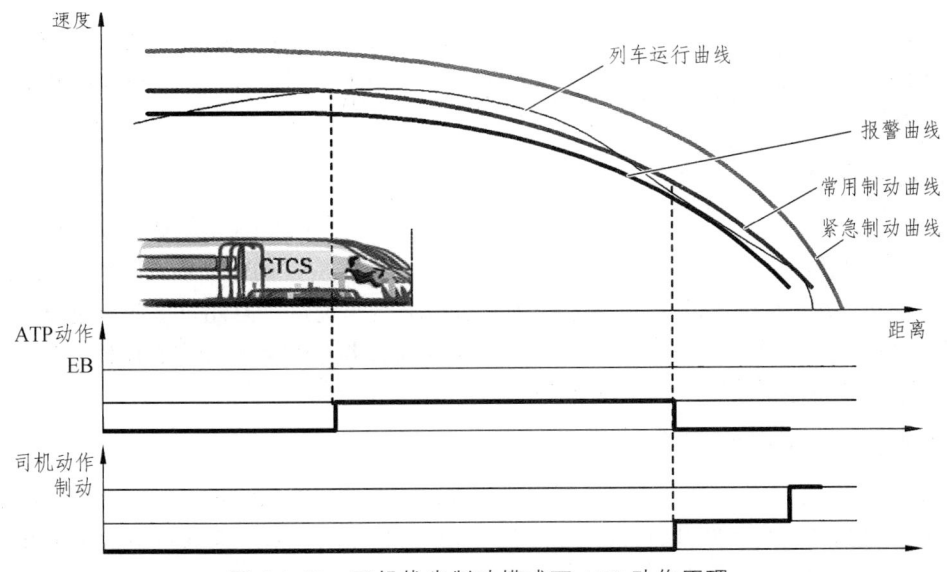

图 4-3-20　司机优先制动模式下 ATP 动作原理

注意无论是哪种制动优先，紧急制动只有停车后，才可缓解。

3. 工作模式

1）待机模式（SB）

SB 模式（Stand-By mode，SB）即待机模式。在列控车载设备默认等级设置为 CTCS-2 级的情况下，上电后，列控车载设备自动转入待机模式。在待机模式下，列控车载设备应保持接收轨道电路信息、接收应答器信息等功能有效，不进行速度比较等控制。处于待机模式时，能自动启动防溜逸控制功能。

微课：列控车载设备的主要工作模式

2）完全监控模式（FS）

FS 模式（Full Supervision mode，FS）即完全监控模式。完全监控模式是 CTCS-2 中最普通的模式，当列控车载设备具备控车所需的基本数据（轨道电路信息、应答器信息、列车数据）时，列控车载设备转入此模式。它也是列车在区间（含车站正线通过和侧进直出）和车站接车作业时的正常运行模式。在完全监控模式下，列车判断自身位置和停车位置后，在保证列车速度满足线路固定限速、车辆构造速度、停车位置临时限速等条件的前提下，产生目标距离模式曲线，连续监控列车速度，自动输出紧急制动或常用制动命令，并能通过 DMI 显示列车运行速度、允许速度、目标速度和目标距离等，保证列车的运行安全。

3）部分监控模式（PS）

PS 模式（Partical Supervision Mode，PS）即部分监控模式。列控车载设备将由于应答器信息接收异常导致线路数据缺失,或者由于其他原因导致列控车载设备无线路数据,以及引导接车时的工作模式定义为部分监控模式。

4)目视行车模式(OS)

OS 模式(On Sight Mode,OS)即目视行车模式。当列控车载设备接收到禁止信号或无信号时,在列车停车后,根据行车管理办法(含调度命令),司机经特殊操作(如按压专用按钮),列控车载设备生成固定限制速度(20 km/h),列车在列控车载设备监控下运行,司机对安全负责。

5)调车监控模式(SH)

SH 模式(Shunting Mode,SH)即调车监控模式。列车进行调车作业时,司机经特殊操作(如按压专用按钮)后,转为调车模式,列控车载设备生成常用制动模式曲线为 45 km/h 的固定速度模式曲线,限制列车速度,监控列车运行。列车速度一旦超过该限制速度,列控车载设备输出制动。当从车站进、出站端的应答器接收到调车危险信息包[ETCS-132]时,列控车载设备输出紧急制动。

6)隔离模式(IS)

IS 模式(Isolated mode,IS)即隔离模式,将隔离开关操作到隔离位置,隔离列控车载设备的制动输出,列控车载设备转入隔离模式,隔离开关如图 4-3-21 所示,此时机车信号功能正常,向 LKJ 提供机车信号。

图 4-3-21 隔离开关

各模式的切换如图 4-3-22 和表 4-3-4 所示。

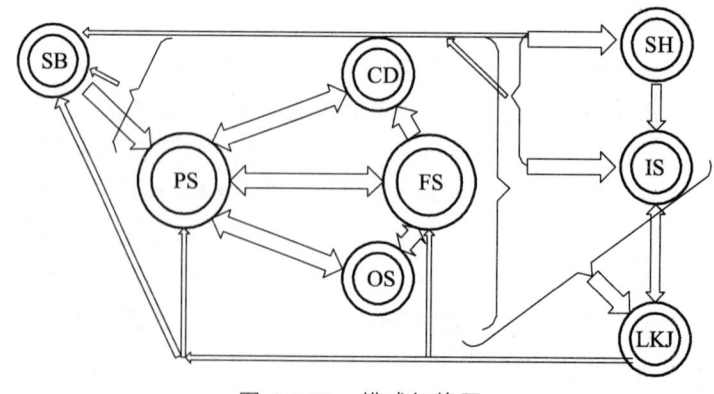

图 4-3-22 模式切换图

模块 4　CTCS-2 级列控系统

表 4-3-4　模式切换表

	待机(SB)	完全(FS)	部分(PS)	反向(RO)	引导(CO)	应答器故障(BF)	目视(OS)	调车(SH)	隔离(IS)
待机(SB)	—	—	启动SW	—	—	—	—	调车SW∩停止	隔离SW→隔离
完全(FS)	接收到CTCS-5∩停车∩缓解SW	—	侧线发车∪既有线侧线通过∪侧线进站时进站侧应答器丢失∪DPL出站信号机处应答器丢失∪DPL侧线通过时由于闭塞信息不足∪VLF无信号时∪位置不足∪默认报文	反向区间在线	HB收信NBP在45 km/h以下∩确认SW	NBP50km/h以下∩核对速度以下∩闭塞列车不足	—	调车SW∩停止	隔离SW→隔离
部分(PS)	接收到CTCS-5∩停车∩缓解SW	通过应答器确定位置	—	反向区间在线	HB收信NBP在45 km/h以下∩确认SW	—	目视SW∩(停车∩停止显示)	调车SW∩停止	隔离SW→隔离
反向(RO)	接收到CTCS-5∩停车∩缓解SW	反向区间结束	位置未确定	—	—	—	目视SW∩(停车∩停止显示)	调车SW∩停止	隔离SW→隔离
引导(CO)	接收到CTCS-5∩停车∩缓解SW	—	接收正常信号	—	—	—	目视SW∩(停车∩停止显示)	调车SW∩停止	隔离SW→隔离
应答器故障(BF)	接收到CTCS-5∩停车∩缓解SW	通过应答器时∩位置	(收到U/UUS)∩(列车速度<NBP)	—	HB收信NBP在45 km/h以下∩确认SW	—	目视SW∩(停车∩停止显示)	调车SW∩停止	隔离SW→隔离
目视(OS)	接收到CTCS-5∩停车∩缓解SW	接收前进显示∩位置确定	接收前进显示∩位置未确定	接收前进显示∩反向区间	—	—	—	调车SW∩停止	隔离SW→隔离
调车(SH)	[按下调车键∪(接收ETCS-132∩缓解SW)]∩停车,或接收到CTCS-5∩停车∩缓解	—	—	—	—	—	—	—	隔离SW→隔离
隔离(IS)	隔离SW→正常	—	—	—	—	—	—	—	—

【拓展阅读】

电务故障案例

4月10日02:37:23，某列控中心A机频繁报警"与列控通信中断"并恢复，报警记录如图4-3-23所示。

记录时间	记录类型	记录内容
2019/04/10 02:37:23	维护终端	与列控通信中断
2019/04/10 02:37:46	维护终端	与列控通信正常
2019/04/10 02:40:43	维护终端	与列控通信中断
2019/04/10 02:40:58	维护终端	与列控通信正常
2019/04/10 02:50:55	维护终端	与列控通信中断
2019/04/10 02:51:00	维护终端	与列控通信正常
2019/04/10 03:10:20	维护终端	与列控通信中断
2019/04/10 03:10:24	维护终端	与列控通信正常
2019/04/10 03:23:41	维护终端	与列控通信中断
2019/04/10 03:24:13	维护终端	与列控通信正常
2019/04/10 03:25:15	维护终端	与列控通信中断
2019/04/10 03:26:07	维护终端	与列控通信正常

图4-3-23　列控中心报警记录

通过返回的现场记录，可确认列控中心A机CTC通信板发生故障，造成与列控维修机通信时通时断。中继站列控中心CTC通信板仅负责列控中心主机与维修机的通信，向列控维修机发送实时运行数据信息。列控中心主机A机作为主控系并未发生系统故障，也没有进行自动倒机（可通过备系查看是否有"ARCNET通信中断，发送/接收错误"报警来确定对方系是否正常运行），因此仅是维修机未正常接收数据造成的报警，所以只需用备品更换列控A机CTC通信板即可排除故障。

【电务小贴士】

要想成为一名铁路信号工，吃苦耐劳是必不可少的，这也是铁路信号工必须具备的素质。铁路信号工要求踏实肯干，具有高度的责任心。同时，良好的沟通能力和团队合作精神也是一名铁路信号工必须具备的素质，铁路信号设备一旦发生故障，铁路信号工要向行车室或值班室准确描述故障情况，冷静处理。打铁还需自身硬，只有拥有了良好的技术技能，才能保障行车安全。

【作业任务单】

根据如图4-3-24所示的DMI显示，填写其中各功能区的名称。

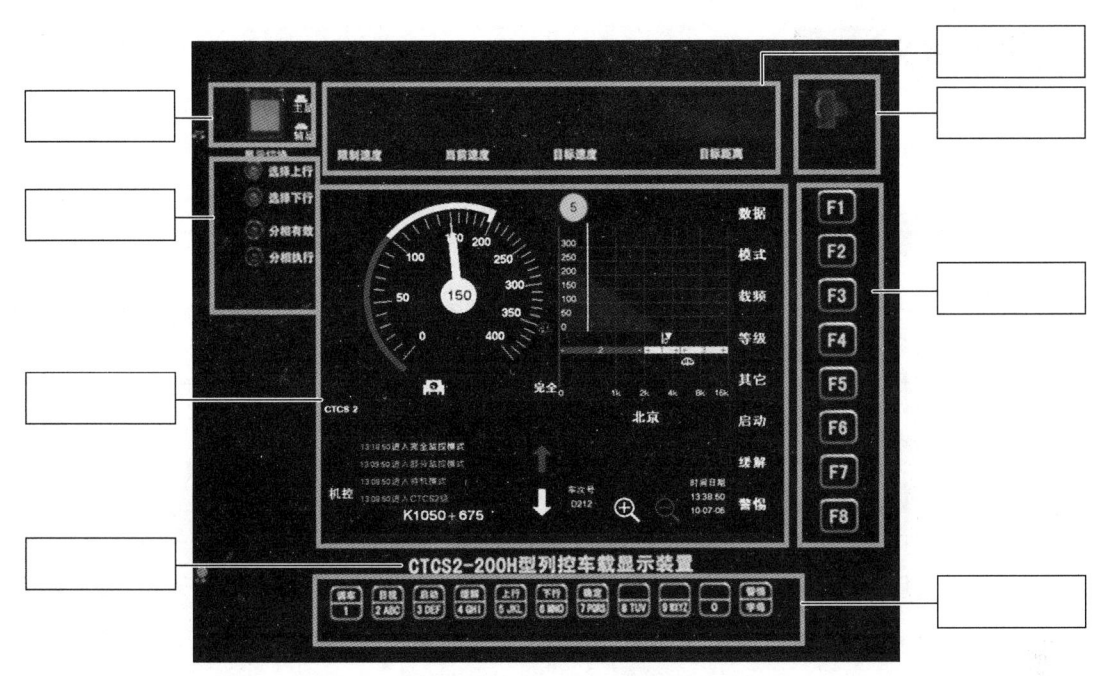

图 4-3-24 DMI 显示

专项技能 4.4　CTCS-2 级 ATP 车载设备检修作业标准及典型故障案例

【学习目标】

- 能力目标

（1）能根据故障现象分析和处理常见 CTCS-2 级列控设备故障。

（2）能按照作业流程正确完成 CTCS-2 级列控设备 ATP 车载入库、出库和检修作业。

- 知识目标

（1）了解 CTCS-2 级列控设备常见故障现象和处置方法。

（2）掌握 CTCS-2 级列控设备检修作业流程。

（3）了解 CTCS-2 级列控设备文件质量分析作业标准；

- 素质目标

（1）培养严谨细致的学习习惯。

（2）强化岗位安全意识。

【任务下达】

信号工是如何检修这么复杂的设备的？他们是按照什么流程来操作的？现在我们来学习新知识。

【理论学习】

知识点 1　ATP 车载设备出库检修作业标准

ATP 车载设备出库检修作业标准见表 4-4-1。

表 4-4-1　ATP 车载设备出库检修作业标准

设备名称	修程	周期	检修内容	检修作业标准	备注
ATP 车载设备	检查	出库 1 次	1. 立岗送车	值班人员穿规定的工作服，佩戴符号，携带工具、仪表和其他小型材料以及"出入库检查记录本"，按规定时间到达动车组出库地点	
			2. 主机表示灯和开关检查	1. 检查 VC1、VC2、DRU、RLU、STM、BTM 各表示灯是否显示正常。 2. 检查 VC1、VC2、DRU 拨码器开关位置是否正确。 3. BTM 上开关置"1"位置	

续表

设备名称	修程	周期	检修内容	检修作业标准	备注
ATP车载设备	检查试验	出库1次	3. PC卡、CF卡检查	检查PC卡、CF卡插接是否良好	
			4. DMI显示器检查	1. 安装牢固,各按键是否动作灵活,无卡阻损伤。	
				2. 屏幕显示正确,无故障表示信息	
			5. 确认ATP信号接收正常	1. 确认CTCS-0级在地面环线发码时信号接收正确,与LKJ-2000显示一致。	
				2. 确认CTCS-2级在地面环线发码时ATP模式曲线正确。	
				3. 应答器信息接收正确	
			6. 确认ATP控制功能	1. ATP在CTCS-0级时RLU表示灯正确。	
				2. 试验ATP在CTCS-2级时RLU表示灯正确	
			7. 隔离开关位置检查	检查隔离开关位置正确	
			8. 记录出库检查试验结果	记录清晰、准确、完整,严禁涂改	
	办理交付使用		9. 交付使用	与地勤司机办理设备交付使用,填写"动车组出所质量联检记录单"并签字,派发"机车信号设备出入库检查记录"合格证交地勤司机签字确认	

知识点2 ATP车载设备入库检修作业标准

ATP车载设备入库检修作业标准见表4-4-2。

表4-4-2 ATP车载设备入库检修作业标准

设备名称	修程	周期	检修内容	检修作业标准	备注
车底ATP设备	检查	入库1次	1. 立岗接车,访问地勤司机设备运用情况	1. 值班人员穿规定的工作服,佩戴符号,携带工具、仪表和其他小型材料及"出入库检查记录本",立岗接车。	设备断电
				2. 查看运行日志和相应设备运用记录,并访问地勤司机设备运用情况,记录在"动车组运行技术状态交接单"上并签字。要求设备断电检查	
			2. 检查STM、点式信息接收天线、速度传感器	1. 确认动车组受电弓已降下无电,动车组已进入各专业无电作业时间,列车不移动,才允许下车底地沟。	
				2. STM接收天线:安装牢固,外观无异状,螺丝无松动;连接电缆固定良好,无破损。	
				3. 点式信息接收天线:安装牢固,外观无异状,螺丝无松动;连接电缆固定良好,无破损。	
				4. 速度传感器:安装牢固,外观无异状,螺丝无松动;连接电缆固定良好,无破损	

续表

设备名称	修程	周期	检修内容	检修作业标准	备注
车底ATP设备	检查	入库1次	3. 检查主机（无电状态检查）	1. 主机柜及各部安装牢固，外观无异状。 2. 插接件紧固，无破损。 3. 连接电缆固定良好，无破损。 4. VC1、VC2、DRU 面板上拨码器开关位置正确。 5. 隔离开关完好。 6. 记录卡完好，安装良好。 7. BTM 面板上开关位置正确。 8. 转储故障信息	
车上ATP设备	检查试验	入库1次	4. 检查 DMI（无电状态下）	检查 DMI 安装牢固，外观无异常	设备上电
			5. 检查主机显示灯（无电状态下）	检查 ATP 机柜 VC1、VC2、DRU、RLU、STM、BTM 面板上各种表示灯显示正常	
			6. 检查 DMI 显示屏显示	1. 屏幕显示正确，显示内容符合规定。 2. 按键及功能键作用良好。 3. 提示音输出清晰、良好	
	签认交付		7. ATP 信号试验	1. CTCS-0 级信号试验，地面环线发各种载频和低频信号时，DMI 信号显示正确，与 LKJ-2000 显示一致。 2. CTCS-2 级信号试验，地面环线发各种载频和低频信号时，DMI 上模式曲线表示正确。 3. 对试验发现的问题及时处理	
			8. ATP 控制试验	1. 把隔离开关打在隔离位，LKJ-2000 控制试验。 2. 把隔离开关打在正常位置，ATP 常用和紧急控制试验正常	
			9. 记录入库检查试验结果	记录清晰、准确、完整，严禁涂改	
			10. 交付使用	到动车所调度报到，填写"动车组检修竣工记录单"，交付设备并签字	

知识点 3　ATP 车载设备检修作业标准

ATP 车载设备检修作业标准见表 4-4-3。

表 4-4-3　ATP 车载设备检修作业标准

设备名称	修程	周期	检修内容	检修作业标准	备注
ATP 设备	月检修	每月 1 次	1. STM 接收天线	1. 安装牢固，无碰伤，无变形。 2. 连接电缆固定良好，无破损，无磨卡。 3. 各部件密封及防水、防潮作用良好。 4. 天线下表面距轨面高度：(135±5) mm	
			2. 点式信息接收天线	1. 安装牢固，无碰伤，无变形。 2. 连接电缆固定良好，无破损，无磨卡。 3. 各部件密封及防水、防潮作用良好。 4. 天线下表面距轨面高度：204～230 mm	
			3. 速度传感器	1. 安装牢固，外观无异状。 2. 连接电缆固定良好，无破损，电缆线的半径大于 180 mm。 3. 速度传感器计电缆与车体绝缘电阻均大于 10 MΩ	
			4. 主机	1. 主机柜安装牢固，外观无倾斜、龟裂、损伤、腐蚀现象。 2. 各模块箱体安装螺丝紧固，无松动。 3. 制动接口单元继电器固定良好。 4. 各板件螺丝紧固，无松动。 5. 各接插件紧固，无破损。 6. 配线电缆连接良好，无破损。 7. 机柜内风扇运行正常，无报警。 8. 隔离开关切换良好；拨码开关设定符合规定，防护措施良好。 9. 主机柜接地线安装良好，与车体接地电阻小于 1 欧姆。 10. 各部电压测试： 直流 110 V 电压：77～138 V； 直流 5 V 电压 4.95～5.05 V； 直流 24 V 电压：23.76～24.24 V	
			5. DMI	1. 安装牢固，外观无异状。 2. 屏幕显示正确，显示内容符合规定。 3. 按键及功能键作用良好。 4. 提示音输出清晰、良好	

续表

设备名称	修程	周期	检修内容	检修作业标准	备注
ATP设备	月检修	每月1次	6. 测试	1. 按要求正确连接测试仪。 2. 设备上电，开始测试。 3. 测试项目：STM 信号接收确认检查、应答器信号接收确认检查、速度传感器断线检测试验、DMI 显示确认、D1/D0 确认、通信电路确认、检查速度、核对动作确认、速度差异常检测。每个测试项目显示在测试系统的屏幕上，测试系统判定为"OK"表示通过，测试系统判定为"NG"表示故障。 4. 将测试结果存入计算机	
			7. 记录	填写检查测试记录	
			8. 交付使用	到动车所调度报到，填写"动车组检修竣工记录单"并签字，交付设备使用	
ATP设备	集中检修	每年1次	1. STM 接收天线	1. 安装牢固，无碰伤，无变形。 2. 连接电缆固定良好，无破损，无磨卡。 3. 各部件密封及防水、防潮作用良好。 4. 安装几何尺寸符合标准。 5. STM 天线及电缆与车体绝缘电阻均大于 10 MΩ	
			2. 点式信息接收天线	1. 安装牢固，无碰伤，无变形。 2. 连接电缆固定良好，无破损，无磨卡。 3. 各部件密封及防水、防潮作用良好。 4. 安装几何尺寸符合标准。 5. BTM 天线及电缆与车体绝缘电阻均大于 10 MΩ	
			3. 速度传感器	3.1 安装牢固，外观无异状。 3.2 连接电缆固定良好，无破损。 3.3 安装几何尺寸符合标准。 3.4 速度传感器计电缆与车体绝缘电阻大于 10 MΩ	
			4. 主机	1. 设备主机柜内部分解清扫。 2. 设备主机柜内部螺丝检查内部安装及电器螺丝紧固无松动。 3. 设备各单元 VC1、VC2、DRU、RLU、statement、BTM 分解清扫。 4. 设备各单元 VC1、VC2、DRU、RLU、STM、BTM 内部安装及电器螺丝紧固无松动。 5. 设备主机柜内部配线检查，配线布线、绑扎良好，无破损，线头无松动，布线及元器件间距符合要求，器材外观无老化变形。	

续表

设备名称	修程	周期	检修内容	检修作业标准	备注
ATP设备	集中检修	每年1次	4. 主机	6. 主机柜安装紧固，外观无倾斜、龟裂、损伤、腐蚀现象。 7. 各模块箱体安装螺丝紧固，无松动。 8. 制动接口单元继电器固定良好。 9. 各板件螺丝紧固，无松动。 10. 各插接件紧固，无破损。 11. 配线电缆连接良好，无破损。 12. 机柜内风扇运行正常，无报警。 13. 隔离开关切换良好；拨码开关设定符合规定，防护措施良好。 14. 主机柜接地线安装良好，与车体接地电阻小于10 Ω。 15. 各部电压测试： 直流 110 V 电压：77～138 V； 直流 5 V 电压：4.95～5.05 V； 直流 24 V 电压：23.76～24.24 V 16. 输入电源110 V与箱体绝缘电阻均大于10 MΩ	
			5. DMI	1. DMI内部分解清扫。 2. DMI内部螺丝检查，内部安装及电器螺丝紧固无松动。 3. 安装牢固，外观无异状。 4. 屏幕显示正确，显示内容符合规定。 5. 按键及功能键作用良好。 6. 提示音输出清晰、良好	
			6. 器材更换	按照器材寿命期管理的要求更换寿命到期的器材	
			7. 测试	1. 按要求正确连接测试仪。 2. 设备上电，开始测试。 3. 测试项目：statement信号接收确认检查、应答器信号接收确认检查、速度传感器断线检测试验、DMI显示确认、D1/D0确认、通信电路确认、检查速度、核对动作确认、速度差异常检测、每个测试项目显示在测试系统的屏幕上，测试系统判定为"OK"表示通过，测试系统判定为"NG"表示故障。 4. 将测试结果存入计算机	使用专用测试仪
			填写"动车组检修竣工记录单"	按照铁运函〔2007〕124号《关于印发〈动车组专业管理规定〉的通知》要求，填写"动车组检修竣工记录单"	

知识点 4　典型案例

1. 地面载频不稳定导致 STM/TCR 故障或输出制动

收到的地面载频时有时无，故障信息报 STM 信息不合理或进股道时收到短暂干扰载频，ATP 输出 B7 制动，如图 4-4-1 和图 4-4-2 所示。

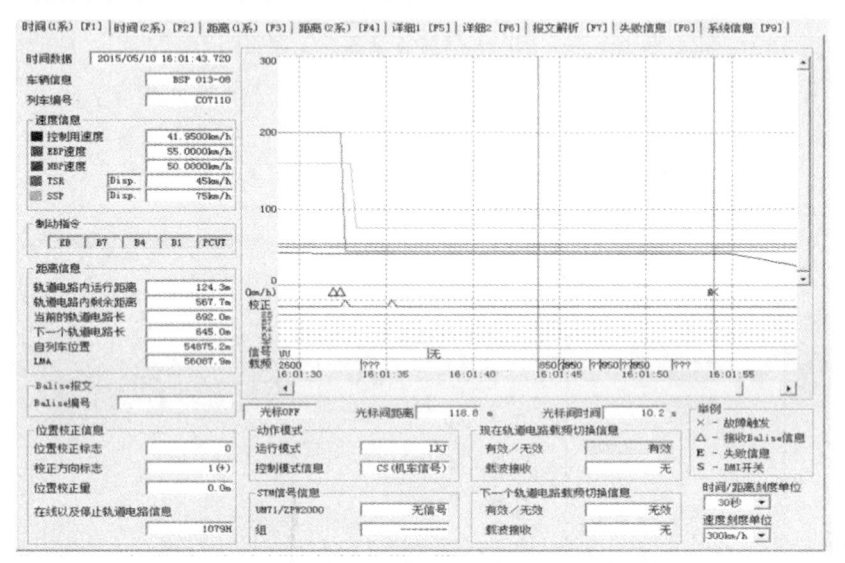

图 4-4-1　地面载频不稳定导致 STM/TCR 故障时间界面

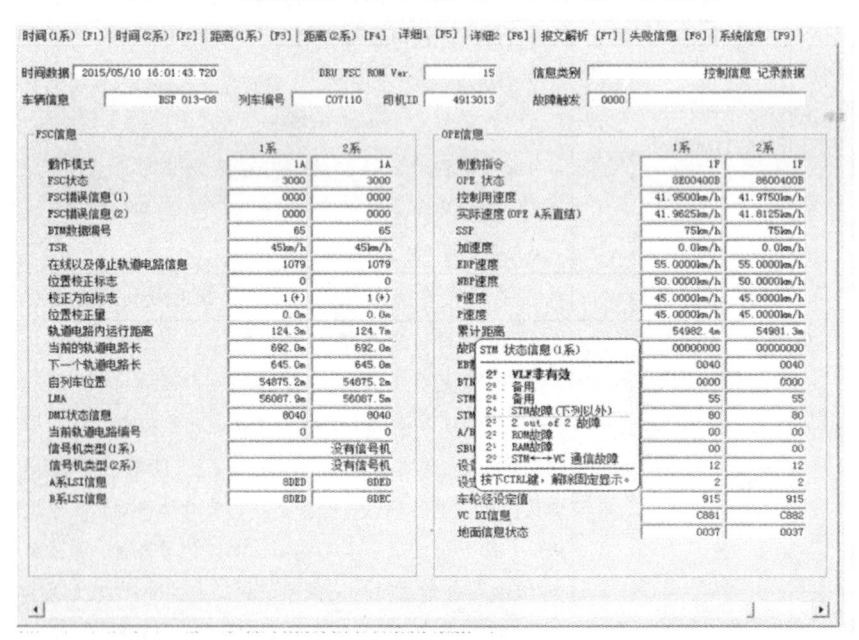

图 4-4-2　详细界面

具体原因为地面载频不稳定，导致 STM 持续向 VC 报低频无效，超过 10 s，导致 VC 认为 STM 故障，报"STM 信息不合理"。

2. DMI 传输故障

故障信息报 DMI 传送不良，如图 4-4-3 和图 4-4-4 所示。

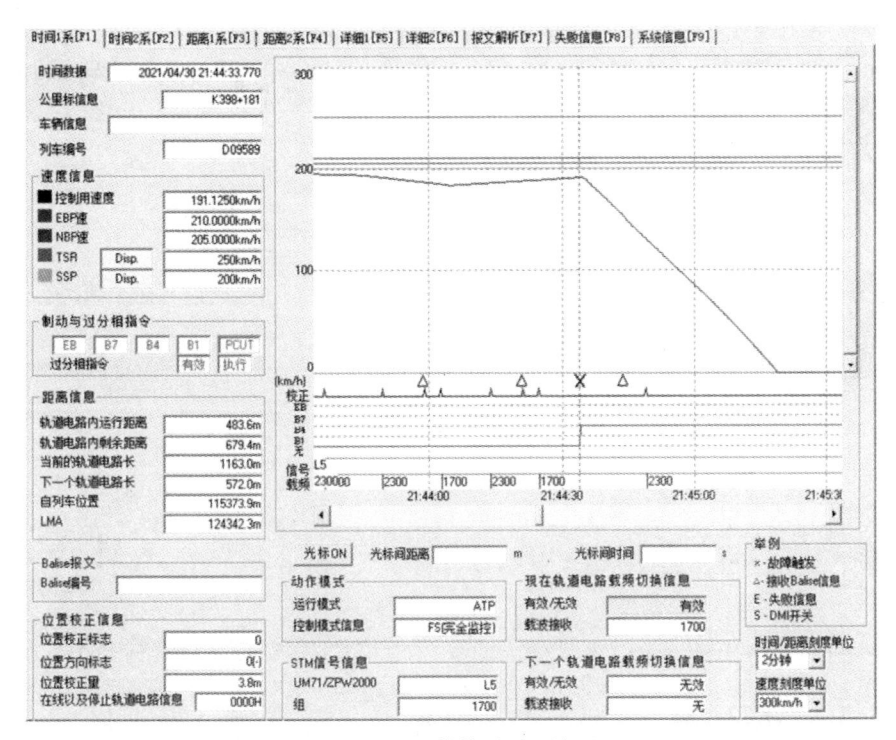

图 4-4-3　DMI 传输故障时间界面

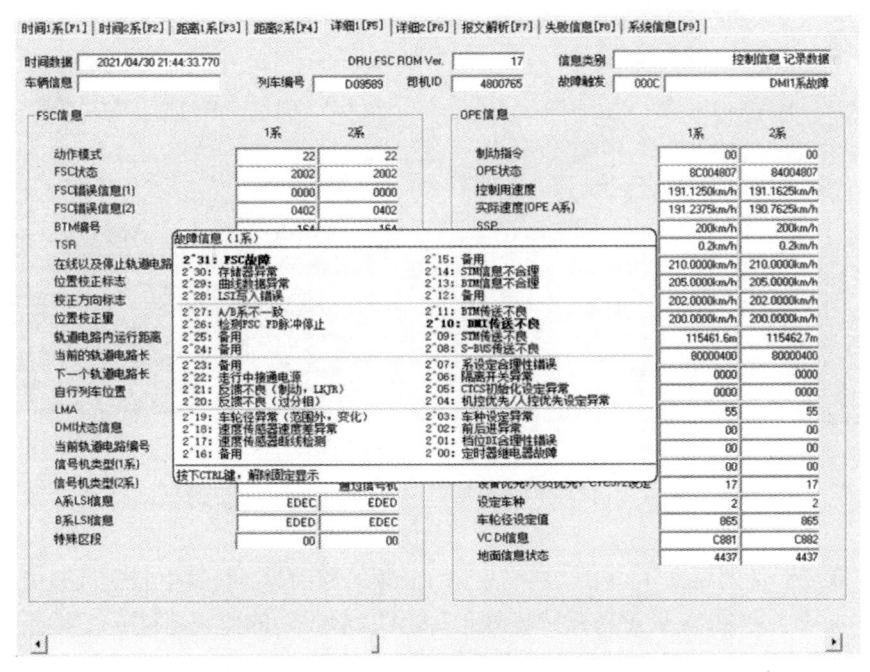

图 4-4-4　故障信息详细显示界面

分析过程：首先由于两系 VC 同时报 DMI 传送不良，因此判断为 DMI 故障。导致 DMI 故障的原因，可能为：

（1）DMI 电源故障。

（2）DMI 电源线缆接头故障。

（3）200H 型列控车载显示装置统型 DMI 在 V2.09 版之前，存在运行中卡屏导致的传送不良。

3. 掉码类故障

ATP 掉码输出制动，如图 4-4-5 所示。

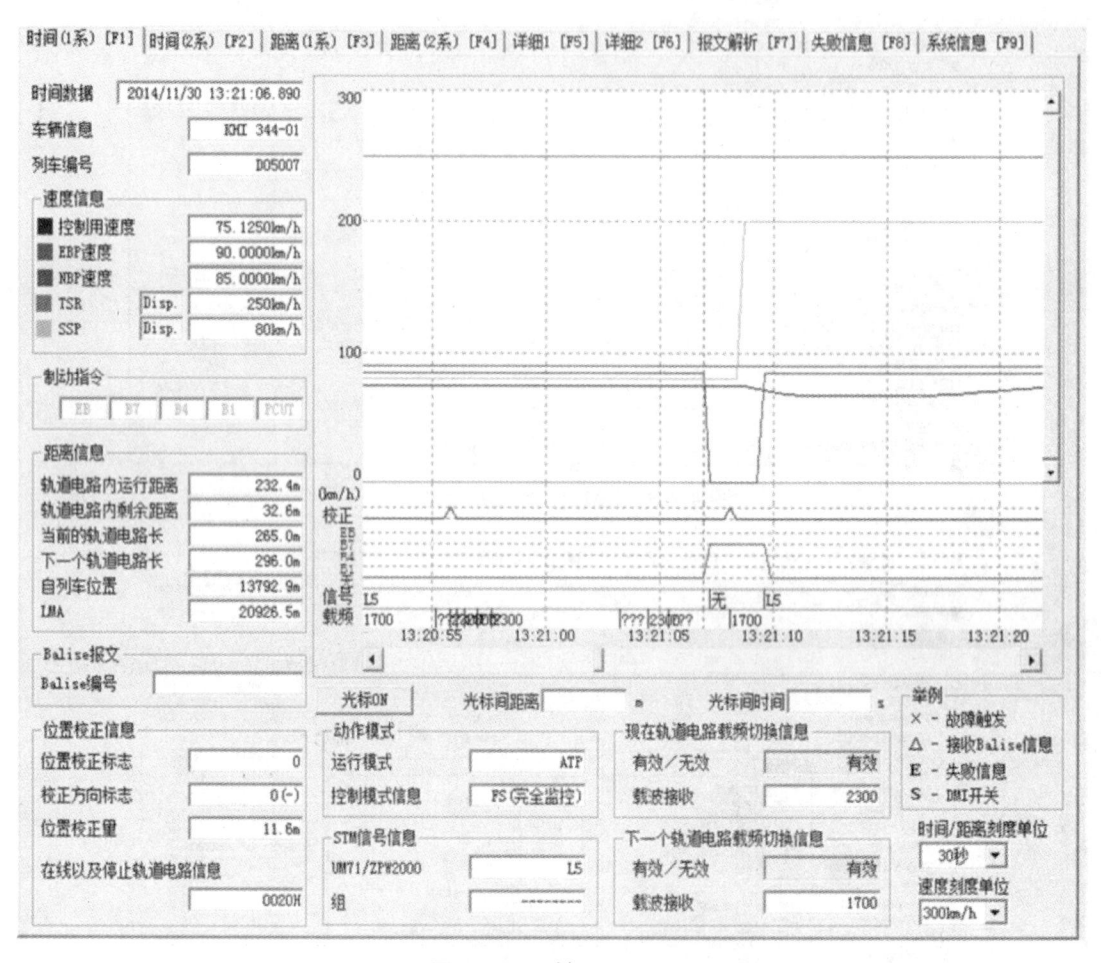

图 4-4-5　时间界面图

由 CF 卡数据分析知，一般情况的掉码都是 4 s 内无法解码新的低频信息导致，具体如图 4-4-6 所示。

故障排除：常见的导致 4 s 内无法解码新的低频的原因为，载频中断或低频中断。不论什么类型的中断都会导致 TCR 重新开始解码，只要无法解码新的低频超过 4 s，就会导致掉码，如图 4-4-7 所示。

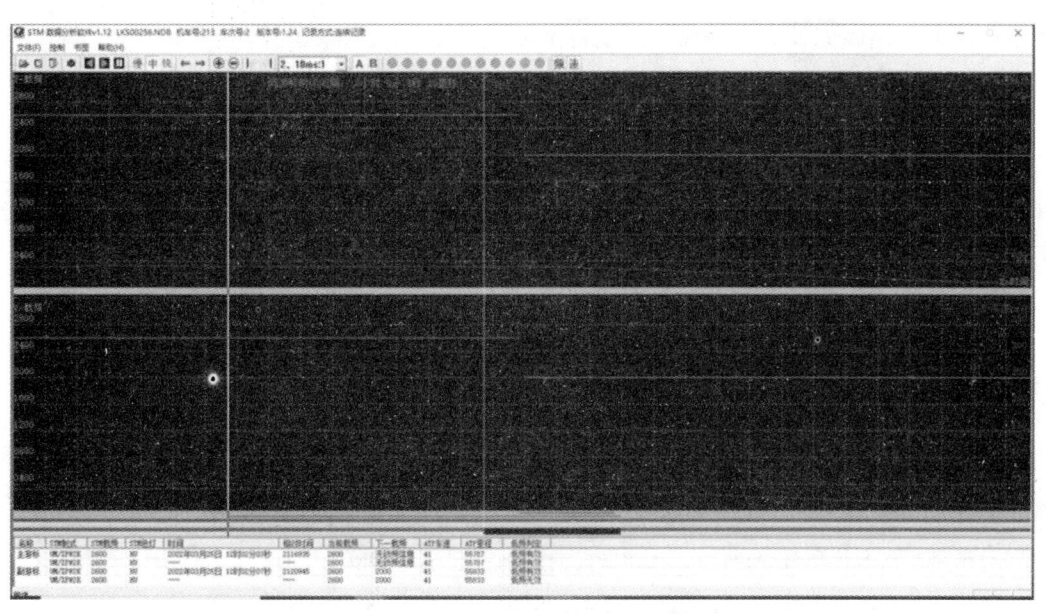

图 4-4-6　CF 卡数据分析

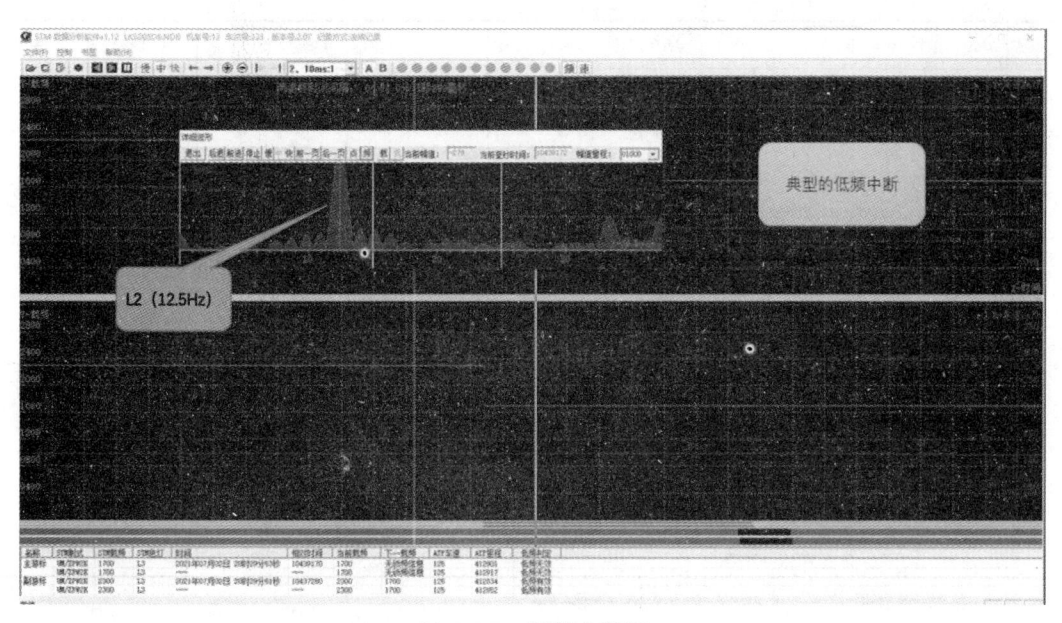

图 4-4-7　低频中断图

【拓展阅读】

电务故障案例

CRH2 列车的 ATP 型号为 200H。某次司机报告，发车后 ATP 信号显示由绿 3 码瞬间变红码，随即又变回绿 3 码，ATP 瞬间输出 7 级制动后又缓解（未停车）。调度立即扣停后续列车，通知电务检查处理。电务确认无闪红后恢复正常行车。调查后发现异常制动 B7。制动原因为瞬间掉码，VC1 系掉码导致输出 B7 制动，VC2 系正常。

初步分析原因为列车运行在道岔区段且遇列车追踪低频（机车信号）变化特殊场景下车

载解码时间不足瞬间掉码,地面信号设备正常。

【电务小贴士】

故障导向安全是我们永恒的追求,也是我们每一个铁路信号工必备的意识,不仅仅是人才培养的目标,更是我们要永远掌握的信条,精益求精,精准高效的同时要做到周密细致,万无一失,对应着我们铁路的小标语:

铁路在脚下,责任在肩上;跟着感觉走,事故牵你手,跟着规章走,安全永长久!

【作业任务单】

CTCS2-200H 列控车载设备动态功能测试记录表

时间:_____年____月____日

地点:_____ 动车组编号:_____ 车厢号:_____

动车组车载系统序列号:_____ 主机:_____ DMI:_____

作业人员(承修单位):_____

记录及确认人员(承修单位):_____

序号	项目	操作	确认事项	结论	备注
1	超速防护(常用制动)	ATP 上电 ATP 设定为"目视"模式 拉牵引手柄 持续加速至 SBI 速度	ATP 输出最大常用制动	□合 格 □不合格	
2	紧急制动、缓解	提示"目视确认"后,60 s 内不按【警惕】按键 车停后按压 DMI【缓解】按键	ATP 输出紧急制动 缓解制动	□合 格 □不合格	
3	溜逸防护(静止防护)	ATP 设定为"目视"模式 处于非牵引状态 5 s 以上	ATP 输出 B4 制动	□合 格 □不合格	
4	退行检测	ATP 设定为"目视"模式 将方向手柄置于"向后"位置	ATP 输出 B7 制动	□合 格 □不合格	

注:在结论中用"√"选择合格还是不合格。

模块 5　CTCS-3 级列控系统

教学目标

能力目标

（1）能熟练说出 CTCS-3 级列控系统组成和工作原理。
（2）能熟知 CTCS-3 级列控车载 DMI 的显示界面含义，并能正确操作。
（3）能按照检修作业流程正确完成 CTCS-3 级无线闭塞中心、车载设备的检修。
（4）能根据故障现象分析和处理常见 CTCS-3 级列控系统设备故障。

知识目标

（1）掌握 CTCS-3 级列控系统的组成和基本原理。
（2）掌握 CTCS-3 级列控系统无线闭塞中心的结构，了解其他地面设备。
（3）掌握 CTCS-3 级列控系统车载设备的结构，了解 DMI 显示含义。
（4）了解 CTCS-3 级列控系统地面设备、车载设备的检修作业流程。

素质目标

（1）提升自主学习能力和团队协作意识。
（2）强化安全责任意识。
（3）践行严谨规范、精益求精的工匠精神。

专项技能 5.1　CTCS-3 级列控系统总体结构

【学习目标】

- 能力目标

（1）能简述 CTCS-3 级列控系统总体结构。
（2）能对比 CTCS-3 级列控系统与 CTCS-2 级列控系统的异同。
（3）能解释 CTCS-3 级列控系统工作原理。

- 知识目标

（1）掌握 CTCS-3 级列控系统结构组成。
（2）掌握 CTCS-3 级列控系统工作原理。

- 素质目标

（1）培养对比学习的学习习惯。

（2）强化岗位安全意识。

【任务下达】

CTCS-3级列控系统是保证高速列车运行安全、可靠、高效的核心技术之一，CTCS-3级列控系统基于GSM-R无线通信，实现车-地信息双向传输、无线闭塞中心（RBC）生成行车许可，满足300～350 km/h运行速度、最小运行间隔3 min的列车运营要求。客运专线实现CTCS-3级列控系统技术创新，对中国铁路列控系统的技术发展和技术装备现代化具有深远的意义。

【理论学习】

知识点1　CTCS-3级列控系统总体结构

1. CTCS-3级列控系统主要技术原则

CTCS-3级列控系统是我国铁路速度300～350 km/h高速铁路的重要技术装备，是铁路技术体系和装备现代化的重要组成部分，是保证高速列车运行安全、可靠、高效的核心技术之一。CTCS-3级列控系统是基于GSM-R实现车-地信息双向传输、无线闭塞中心生成行车许可的列控系统，采用先进的技术手段对高速运行下的列车进行运行速度、运行间隔等实时监控和超速防护，以目标-距离连续速度控制模式、设备制动优先的方式监控列车安全运行，并可满足列车跨线运营的要求。

微课：CTCS-2级与CTCS-3级列控系统的功能介绍及对比

CTCS-3级列控系统是300 km/h及以上高速动车组的主用列控系统，CTCS-2级列控系统作为备用列控系统。其主要的技术原则如下：

（1）满足运营速度350 km/h，最小追踪间隔3 min的要求。

（2）满足正向按自动闭塞追踪运行，反向按自动站间闭塞运行的要求。

（3）满足跨线运行的运营要求。

（4）车载设备采用目标-距离连续速度控制模式、设备制动优先的方式监控列车安全运行。

（5）CTCS-2级作为CTCS-3级的后备系统，无线闭塞中心（RBC）或无线通信故障时，CTCS-2级列控系统控制列车运行。

（6）全线RBC设备集中设置。

（7）GSM-R无线通信覆盖包括大站在内的全线所有车站。

（8）动车段及联络线均安装CTCS-2级列控系统地面设备。

（9）300 km/h及以上动车组不装设列车运行监控装置（LKJ）。

（10）在300 km/h及以上线路，CTCS-3级列控系统车载设备速度容限规定为超速2 km/h报警、超速5 km/h触发常用制动、超速15 km/h触发紧急制动。

（11）RBC向装备CTCS-3级车载设备的列车，应答器装备CTCS-2级车载设备的列车分别发送分相区信息，实现自动过分相。

（12）CTCS-3级列控系统统一接口标准，涉及安全的信息采用满足 IEC 62280 标准要求的安全通信协议。

（13）CTCS-3级列控系统安全性、可靠性、可用性、可维护性满足 IEC 62278 等相关标准的要求，关键设备冗余配置。

2. CTCS-3级列控系统总体结构

CTCS-3级列控系统包括地面设备和车载设备，以及 GSM-R 无线传输网络，系统总体结构如图 5-1-1 所示。

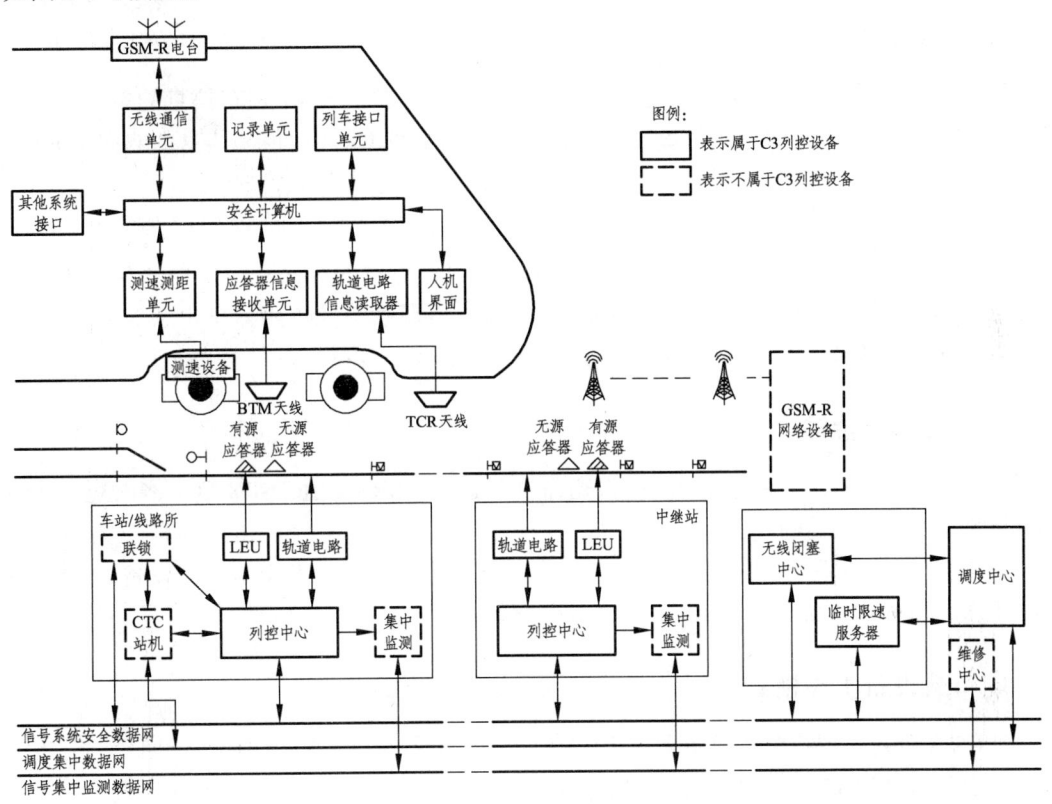

图 5-1-1　CTCS-3 级列控系统结构示意

地面设备由无线闭塞中心（RBC）、列控中心（TCC）、ZPW-2000 系列轨道电路、应答器（含 LEU）、GSM-R 通信接口设备等组成。车载设备由车载安全计算机（VC）、GSM-R 无线通信单元（RTU）、轨道电路信息接收单元（TCR）、应答器信息传输模块（BTM）、记录单元（JRU/DRU）、人机界面（DMI）、列车接口单元（TIU）等组成。

RBC 根据轨道电路、联锁进路等信息生成行车许可，并通过 GSM-R 无线通信系统将行车许可、线路参数、临时限速传输给 CTCS-3 级车载设备；同时通过 GSM-R 无线通信系统接收车载设备发送的位置和列车数据等信息。

TCC 接收轨道电路的信息，并通过联锁系统传送给 RBC；同时，TCC 具有轨道电路编码、应答器报文储存和调用、站间安全信息传输、临时限速功能，满足后备系统需要。

应答器向车载设备传输定位和等级转换等信息；同时，向车载设备传送线路参数和临时限速等信息，满足后备系统需要。应答器传输的信息与无线传输的信息的相关内容含义保持一致。

车载安全计算机根据地面设备提供的行车许可、线路参数、临时限速等信息和动车组参数，按照目标-距离连续速度控制模式生成动态速度曲线，监控列车安全运行。

知识点 2　CTCS-3 级列控系统基本原理

与 CTCS-2 级列控系统相比，CTCS-3 级列控系统地面设备主要增加了 RBC；车-地通信使用 GSM-R 无线通信系统。以下主要介绍工作原理明显不同的几点。

微课：CTCS-3 级系统故障和降级

1. 车-地通信

与 CTCS-2 级列控系统采用轨道电路和应答器方式，进行地-车控车信息的单向传输方式不同，CTCS-3 级列控系统采用 GSM-R 无线通信系统，实现车-地控车信息的双向实时传输。

2. 行车许可生成

CTCS-2 级列控系统，由车载设备根据接收的轨道电路的编码和应答器信息生成 MA；CTCS-3 级列控系统，则由 RBC 根据列车位置、轨道电路状态及进路信息生成 MA，并将 MA 与线路静态速度曲线、坡度和临时限速等信息一起传送给车载设备。

3. 临时限速传输

调度员通过 CTC 终端选取相应的限速命令下达给 TSRS，由 TSRS 负责将限速命令拆分给相关的 TCC、RBC 执行。

CTCS-2 级列控系统，临时限速命令由 TCC 通过有源应答器发送给车载设备，CTCS-3 级列控系统，临时限速命令由 RBC 发送给车载设备。

4. 车载设备工作模式

CTCS-3 级列控系统车载设备有完全监控（FS）、引导（CO）、目视行车（OS）、待机（SB）、调车（SH）、隔离（IS）和休眠模式（SL），而部分监控模式（PS）和机车信号模式（CS）则是 CTCS-2 级列控车载设备特有的工作模式。其中，部分监控模式（PS）是列控车载设备接收到轨道电路允许行车信息，而缺少应答器提供的线路数据或限速数据时使用的模式；机车信号模式（CS）是装备 CTCS-2 级列控车载设备的动车组在 CTCS-0/1 级区段运行时使用的模式经司机操作后，转为最高限速 80 km/h 控车模式。在该模式下，地面信号显示为行车凭证。

5. 后备系统

装备 CTCS-2 级列控车载设备动车组，其后备系统为列车运行监控系统（LKJ），而且与 LKJ 是独立的两套设备，当 CTCS-2 级列控车载设备故障或由 C2 区段进入 C0/1 区段级间转换后，由 LKJ 监控列车运行。

装备 CTCS-3 级列控车载设备动车组，其后备系统为 CTCS-2 级列控系统，并且在一个车载安全计算机内同时集成了 CTCS-3 级和 CTCS-2 级两个控车模块，当无线通信系统超时或由 C3 区段进入 C2 区段级间转换后，由 CTCS-2 级列控系统监控列车运行。

在没有装备 CTCS-2/CTCS-3 级地面设备而具有 ZPW-2000 轨道电路的区段，列控车载设备支持以机车信号模式（CS）行车。

6. 塌方、落物的灾害防护

对于塌方、落物等突发事件，通过灾害监测系统及时监测出灾害事件的发生，通过灾害报警开关接点条件直接将信息传送给管辖事发地点范围的车站联锁和 TCC，再通过联锁将相关信息传给 RBC、CTC。

CTCS-2 级列控系统中，TCC 接到灾害报警信息后，立即控制相关灾害区段闭塞分区轨道电路发出 H 码，其他轨道电路码序相应调整。CTCS-2 级列车根据接收到的轨道电路信息生成新的监控曲线，实施制动并停车。

CTCS-3 级列控系统中，车站联锁接到灾害报警信息后，立即关闭相关进路防护信号并将事先设计好的紧急停车区激活并传输给 RBC 及 CTC。RBC 根据联锁发送的灾害报警信息立即激活相应的紧急停车区，RBC 自动将紧急停车消息发送给正接近报警地点的列车。列车司机在 5 s 内确认收到的紧急报警信息并决定安全停车的地点，否则设备将实施紧急制动。

【拓展阅读】

某站 D××次 ATP 故障的情况调查

某日，某站 D××次计划由上行进站（S）至站内Ⅱ道停车，因收不上码在 442 km 993 m 处停车，通知电务处理；13 时 50 分改目视模式动车后恢复正常收码。调阅 DMS（实时传输系统）分析因 ATP 收上 27.9 Hz 检测码在 442+993 处（压入 8DG 区段）处停车，13 时 50 分以目视模式动车，进入Ⅱ道后恢复正常收码。

1. 原因分析

在列车压入接发车进路内方第一个 4DG 轨道区段时，发生瞬间压不死，4DG 轨道继电器 GDJ 中接点处于吸起与落下的中间位置，造成列控地面中心发 27.9 Hz 检测码，机车收到检测码后 ATP 触发制动，造成列车停车。

2. 存在问题

（1）地面列控设备对列车占用时发生瞬间压不死未能延时防护，未作容忍处理。

（2）目前，4DG 为 97 型 25 周轨道电路，室内双电子接收器驱动 JWXC-1700 轨道继电器无缓放、缓吸功能。

【电务小贴士】

某铁路集团公司提出的"四严"工作要求：严在明责落责，严在规矩规范，严在过程控制，严在结果考核。

【作业任务单】

（1）根据 CTCS-3 级列控系统组成和原理，补充图 5-1-2。

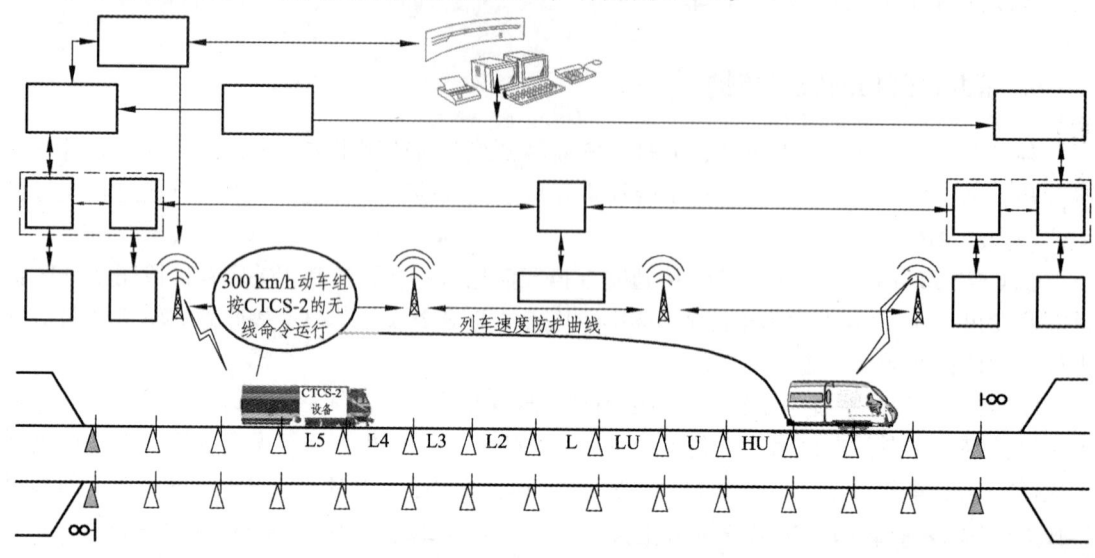

图 5-1-2　CTCS-3 级列控系统组成

（2）比较 CTCS-2 与 CTCS-3 级列控系统，完成表 5-1-1。

表 5-1-1　CTCS-2 与 CTCS-3 级列控系统比较

系统等级	CTCS-2	CSCS-3
列车运行速度		
列车追踪间隔		
车地通信方式		
后备系统		
临时限速的发送		
是否设区间通过信号机		
车站地面信号机状态		
行车许可的生成		

专项技能 5.2　CTCS-3 级列控系统地面设备

【学习目标】

- 能力目标

（1）能说出无线闭塞中心的功能。
（2）能辨识和指认无线闭塞中心现场设备组成。
（3）能说出 CTCS-3 级列控系统其他地面设备的组成。

- 知识目标

（1）掌握无线闭塞中心的功能和 RBC-2-YH 型无线闭塞中心组成。

（2）了解 CTCS-3 级列控系统其他地面设备的组成。

- 素质目标

（1）培养学以致用的学习习惯。

（2）树立岗位责任安全意识。

【任务下达】

RBC-2-YH 无线闭塞中心是中国铁道科学研究院引进日立公司核心平台，双方合作进行二次开发的无线闭塞中心系统，主要完成无线控车功能，采用二乘二取二的结构，RBC 硬件采用冗余安全结构，设备包括无线闭塞单元（RBC）、无线通信控制部（RCC）、RBC 维护终端、ISDN 转换接口装置等。RBC 单系使用的 CPU 内 MPU 单元是双套的，用比较电路处理结果，比较不一致或发生故障时，停止与外部的输入和输出。RBC 单元 1 系发生故障停止工作时，备系自动升为主系继续工作。这样确保 RBC 设备的高安全性和高可靠性。通过本项目的学习，能够掌握无线闭塞中心现场设备组成，辨识铁路现场 RBC 设备组成。

【理论学习】

知识点 1　无线闭塞中心（RBC）

1. RBC 功能和技术指规格

RBC 是基于故障安全计算机平台的信号控制系统，是 CTCS-3 级列控系统的地面核心设备。RBC 根据所控制列车的状态，其控制范围内的轨道占用、列车进路状态、临时限速命令、灾害防护和线路参数等信息，产生针对所控制列车的行车许可（MA）控制信息，并通过 GSM-R 无线通信系统传输给车载子系统，保证其管辖范围内列车的运行安全。

微课：无线闭塞中心功能

RBC 的主要功能是控制和管理 CTCS-3 级运行的列车，其功能如下：

（1）与车载设备双向信息传输。

（2）管理车载设备的注册和注销，并将车载设备状态信息发送给调度集中系统。

（3）根据从联锁获得的进路/轨道区段状态信息、车载设备发送的状态信息及前行列车发送的位置信息，向车载设备发送适合的行车许可功能。

（4）控制车载设备实现 CTCS-2/3 等级转换。

（5）实现 RBC-RBC 移交功能。

（6）根据从临时限速服务器接收的限速命令，向车载设备发送临时限速信息。

（7）向车载设备发送分相区相关信息。

（8）调车管理。

（9）根据调度员的紧急停车命令，向车载设备发送紧急停车消息。

（10）接受密钥，管理系统密钥。

（11）保持与CTC设备时钟同步。

RBC技术规格见表5-2-1。

表5-2-1　RBC设备技术规格

技术名称	规格	技术名称	规格
最大接入CBI数	8	最大接入TSRS数	1
最大接入NRBC数	4	最大接入CTC数	1
最大处理临时限速数	50	同时向1列车发送的最多临时限速数	3
最多接入的ATP数	60		

2. 设备组成

本节以RBC-2-YH型无线闭塞中心为例，介绍其系统组成。

RBC-2-YH型无线闭塞中心系统设备由无线闭塞中心（RBC）、无线通信控制设备（RCC）、接口转换部设备（IFC）、ISDN接口服务器、数据服务器、维护终端、网络设备、电源系统组成。设备分别安装在RBC柜、IFC柜、综合柜、通信柜4个机柜中。系统布置如图5-2-1所示。

图5-2-1　系统布置图

RBC设备的主要构成模块及功能见表5-2-2所示。

表 5-2-2　RBC 设备构成与功能概要

序号	设备名称		主要功能
1	无线闭塞中心（RBC）		（1）根据接收到的来自车载设备、联锁设备、临时限速服务器、相邻 RBC 设备等的输入信息，生成列车行车许可信息。 （2）将生产的列车许可信息，经由 CTCS3-LAN 发送给 RCC
2	无线通信控制设备（RCC）		（1）负责 RBC 与车载设备之间数据的双向交互。 （2）将接收到的 RBC 信息通过 G-SMR 网发送给车载设备，将接收到的车载设备信息通过 CTCS3-LAN 网发送给 RBC
3	接口转换部（IFC）	IFC-C（对 CTC）	负责 RBC 与 CTC 设备之间数据的双向交互
		IFC-T（对 TSRS）	负责与 TSRS 设备之间数据的双向交互，处理 TSRS 下达的临时限速信息
4	RBC 系统综合柜	ISDN 接口服务器	连接 RCC 与 GSM-R 系统的接口设备
		维护终端	负责 RBC、RCC、IFC-T、ITC-C 设备的状态显示、记录储存与实时报警的人机设备
		数据服务器	监测记录安全数据网数据
5	电源系统		为系统各设备提供电源

1）RBC 机柜

RBC 机柜由 RBC Ⅰ系 SCX 控制器、RBC Ⅱ系 SCX 控制器、RCC Ⅰ系 SCX 控制器、RCC Ⅱ系 SCX 控制器、CTCS3-LAN 交换机、安全-LAN 交换机、RCC-LAN 交换机、电源箱组成。

其中，RBC 的主控单元（SCX 控制器）如图 5-2-2 所示，由 2 个相互冗余的 SCX 控制器组成。每套控制器由电源板、CPU 板、以太网通信板、故障安全-以太网通信板构成。

图 5-2-2　SCX 控制器外观

RCC 主控单元（SCX 控制器）由 2 个相互冗余的 SCX 控制器组成。每套控制器由电源板、CPU 板、以太网通信板构成 RCC 的 SCX 控制器组装构成，两系通用。

2）IFC 机柜

IFC 机柜由 IFC-T Ⅰ 系 SCX 控制器、IFC-T Ⅱ 系 SCX 控制器、IFC-C Ⅰ 系 SCX 控制器、IFC-C Ⅱ 系 SCX 控制器、CTCS3-LAN 交换机、安全-LAN 交换机、CTC-LAN 交换机、电源箱组成。

其中，IFC-T 的主控单元（SCX 控制器）由 2 个相互冗余的 SCX 控制器组成。每套控制器由电源板、CPU 板、以太网通信板、故障安全·以太网通信板构成。

IFC-C 的主控单元（SCX 控制器）由 2 个相互冗余的 SCX 控制器组成。每套控制器由电源板、CPU 板、以太网通信板、故障安全·以太网通信板构成。

3）综合柜

综合柜由 ISDN-A、ISDN-B、ISDN-C、ISDN-D 接口服务器，维护终端，CTCS3-LAN 交换机，RCC-LAN 交换机，隔离变压器，电源箱组成。

综合柜设置 2 套 3U 凌华 CPCI 工控机笼，每个机笼装有 2 台 ISDN 接口服务器，分别是 ISDN-A、ISDN-B、ISDN-C、ISDN-D。ISDN 接口服务器，负责接入 GSM-R 网络，并管理车载的呼叫和车地数据的转发。每套 ISDN 支持 30 路通话，可根据控车容量进行配置，每套 RBC 最多支持配置 4 套 ISDN。

维护终端是 RBC 的维护平台，是一个集站场信息显示、通信状态监测、数据记录、软硬件报警提示等功能的综合性维护平台。通过维护终端能够监控并记录 RBC 系统各设备工作状态、网络连接状态，记录系统内外部系统的通信数据、错误信息等重要数据，并记录一个月的数据以备查询。系统界面如图 5-2-3 所示。

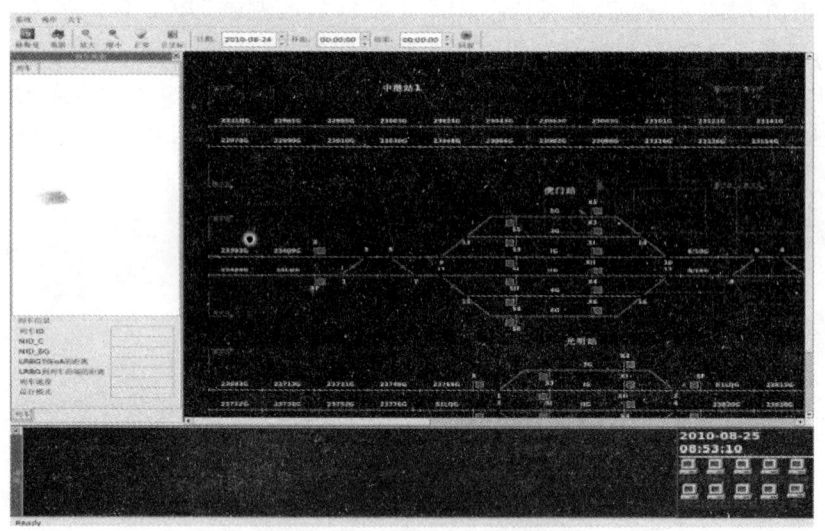

图 5-2-3 维护终端显示界面

4）通信机柜

通信机柜由 CTC 路由器、CTC 交换机、安全数据网交换机、阻抗转换器、防火墙、数据服务器、KVM、电源箱组成。

通信柜设置 2 台安全数据网交换机，分别是安全数据网交换机 A、安全数据网交换机 B。交换机选用赫兹曼 MAR-1140 交换机，交换机采用双路 220 V 交流电源供电，如图 5-2-4 所示。

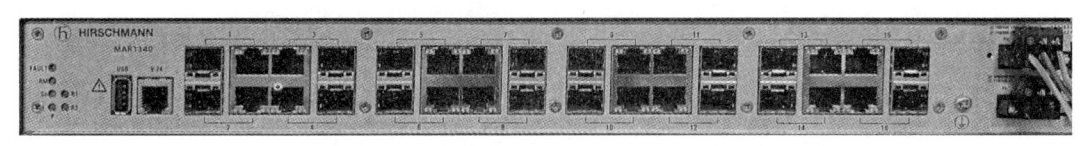

图 5-2-4　安全数据网交换机背部接口示意

通信柜设置 2 台 CTC 交换机，分别是 CTC 交换机 A、CTC 交换机 B。CTC 交换机 A 与路由器 A 连接、CTC 交换机 B 与路由器 B 连接。CTC 交换机选用赫斯曼 MAR-1130 交换机。

通信柜设置 2 台 CTC 路由器，分别是 CTC 路由器 A、CTC 路由器 B。路由器采用思科公司提供的 2900 系列路由器，路由器设备中均带协议转换卡，输入接口为 RJ45，输出接口为同轴电缆。

知识点 2　其他地面设备

1. 临时限速服务器

调度中心设列控系统专用临时限速服务器，用于临时限速的下达与取消。

为了提高临时限速命令的安全性，保证 RBC 和 TCC 临时限速命令的一致性、完整性有效性，以及冲突检测等功能，在调度中心设列控系统专用临时限速服务器。临时限速服务器的功能如下：

（1）对限速命令进行安全存储，验证限速命令来源的合法性、限速数据的有效性，校核发往两个目标系统（RBC 和 TCC）的临时限速一致性。

（2）执行命令时检查两个目标系统的临时限速执行情况，当发生一致性冲突或其他异常情况时，向目标系统发送导向安全的恢复指令，同时向操作员终端发送报警信息，提醒操作员处理。

（3）记录限速命令的操作和状态变化日志，供查询和分析。临时限速服务器直接与 RBC/联锁安全数据通信以太网连接，通过该网络实现与 RBC 和 TCC 的通信连接，传输临时限速相关信息。

临时限速服务器对安全性要求很高，数据存储必须采用特定的安全存储方式，数据传输必须采用安全传输协议，逻辑处理必须采用安全计算和输出。因此，临时限速服务器应采用高可靠性和高安全性计算机系统，同时与其他子系统之间的数据交换也应采用安全通信协议。

2. 列控中心

TCC 是 CTCS-2 级列控系统地面子系统的核心部分。根据轨道区段占用信息、联锁进路信息、线路限速信息等，产生列车行车许可命令，并通过轨道电路和有源应答器，传输给车载子系统，保证其管辖内的所有列车的运行安全。

TCC 采用二乘二取二安全计算机平台，具有技术成熟、可靠等特点。TCC 之间通过安全局域网进行连接，实现 TCC 之间、与车站联锁之间安全信息传输。

CTCS-3 级列控系统各车站、线路所及中继站均设置一套 TCC，中继站距离一般不超过 15 km，特殊困难地段不能超过 20 km。

3. GSM-R 通信网络

1）GSM-R 核心网节点设计

GSM-R 核心网包括移动交换子系统、GPRS 子系统、智能网子系统，应按照全路核心网建设规划建设，各条高速铁路接入相关节点。

2）GSM-R 无线网络

GSM-R 无线网络采用交织冗余覆盖方案，排序为奇数（1，3，5…）或偶数（2，4，6…）的基站达到的覆盖都分别能够满足系统规定的 QoS 指标，GSM-R 无线覆盖网络如图 5-2-5 所示。这种覆盖结构允许在单点（单个基站或单个直放站远端机）故障的情况下仍然能够满足系统规定的 QoS 指标。

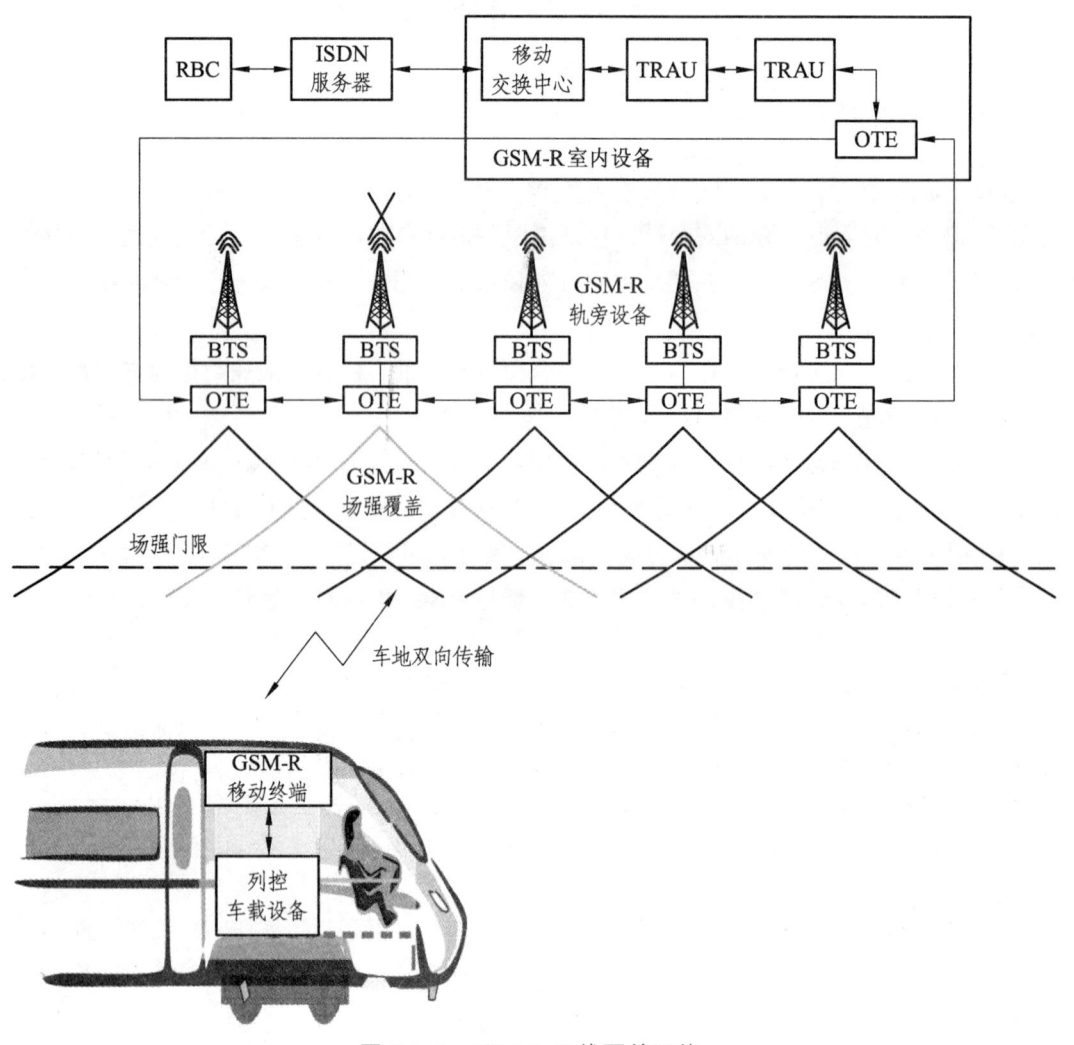

图 5-2-5　GSM-R 无线覆盖网络

基站频率配置应满足各类业务正常应用的需求，在两个 RBC 交界区域，还应考虑从一个 RBC 向另一个 RBC 切换时每列车双移动终端使用的容量需求。

列控系统每列车需要占用 1 个无线信道（RBC 间切换时占用 2 个），对于大站由于停靠通过的列车数量较多，需要占用大量的无线信道资源。

4. 信号系统安全数据网

信号系统安全数据网（简称信号安全数据网）保证车站、中继站（无岔站）以及其与中心信号设备（如 RBC、TSRS）间的安全信息可靠传输，同时还确保 RBC、TSRS 等中心设备与其他相邻线路安全数据网的安全信息可靠传输。

安全数据网设置网络管理系统，实现数据记录、故障报警、状态预测等功能，确保安全信息通信高可靠、高可用和高可维护性的要求。

信号安全数据网接入设备包括列控中心（TCC）、计算机联锁（CBI）、临时限速服务器（TSRS）、无线闭塞中心（RBC）、网络管理设备，如图 5-2-6 所示。

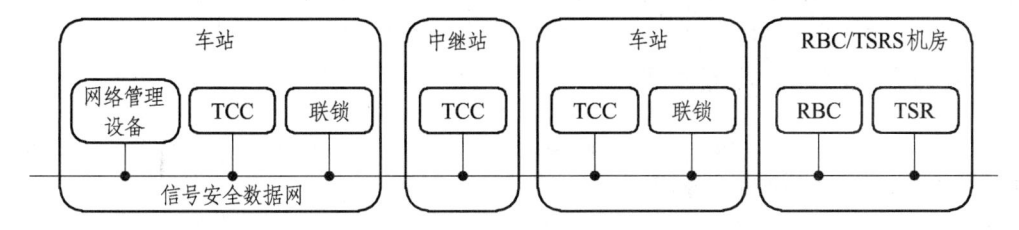

图 5-2-6 信号安全数据网示意

在信号安全数据网络中，采取了关闭交换机的闲置端口、绑定网络端口与固定 IP 地址、设置交换机本身的密码保护机制等安全措施。同时，采用授权终端对网络设备进行设置和管理的方式，防止非授权用户通过网络、Web、串口等各种方式对设备进行配置修改和安全设定修改。

信号安全数据网承载地面列控系统的安全数据通信，通信业务如下：TCC 设备通过信号安全数据网传输向相邻 TCC 传输的信息包括轨道区段边界信息、边界信号机状态、区间闭塞分区状态信息、区间改方信息、设备状态信息等。TCC 向 CBI 传输的信息包括区间方向信息、区间闭塞分区状态信息、信号降级命令信息。CBI 向 TCC 传输的信息包括列车进路状态信息、调车信号状态信息、区间改方命令信息、车站信号机点灯状态信息。在 CBI 和 CBI 通信中，CBI 间通过信号系统安全数据网传输站联信息。TSRS 服务器向 TCC 传输临时限速命令信息和校时时钟信息；TCC 向 TSRS 服务器传输临时限速命令状态信息、区间闭塞分区状态和站内正线轨道区段信息。TSRS 服务器向 RBC 传输临时限速命令；RBC 向 TSRS 服务器传输临时限速命令状态。联锁系统向 RBC 传输 SA（信号授权）信息；RBC 向联锁系统传输列车相关信息。

【拓展阅读】

某客专 G×× 次应答器丢失故障的调查

某日，G×× 次、G××× 次在 ×× 场至 ×× 场间上行线 151 km 处报应答器一致性错误后停车，立即通知电务处理。其间，电务 10 时 03 分、10 时 30 分处理完毕恢复正常行车。10 时 55 分，电务登记要求 G 字头上行动车组列车在 ×× 站 ×× 场至 ×× 站 ×× 场间上行线反方向运行，15 时 25 分电务销记恢复正常行车。原因为室外应答器 B×× 电缆检测盒不良，甩开故障电缆检测盒，采取应答器与尾缆直连方式进行连接，设备恢复正常。

1. 故障原因分析

经调查分析，××场至××场上行线 B×× 有源应答器故障的原因是应答器电缆检测盒特性不良，造成 ATP 报应答器一致性错误，从而影响配备 300T 型车载 ATP 设备在经过应答器时无法编译该逻辑，将应答器信息全置 0，且无前方线路数据，ATP 输出 SB7 级制动导致停车。

2. 故障定性定责

根据《铁路行车设备故障调查处理办法》，该设备故障定性为电务列控设备（应答器）故障（G7），列××电务段故障，因新设备上道使用仍在保质期内，建议由设备厂家××负故障的全部责任。

3. 故障存在问题及防范措施

（1）查明原因。要求××电务段对故障器材立即进行下道处理，并返回设备厂家进行深入检测分析，确定其故障具体原因，并制定改进措施或防范措施。

（2）故障应急预案。要求××电务段将该起故障向段内各高铁车间通报，以此为案例组织职工学习，确保在今后出现类似故障时能迅速采取正确的措施进行处置。

【电务小贴士】

只有零分和百分，没有任何中间分。

【作业任务单】

（1）根据 CTCS-3 级列控系统地面设备工作原理，完成框图 5-2-7。

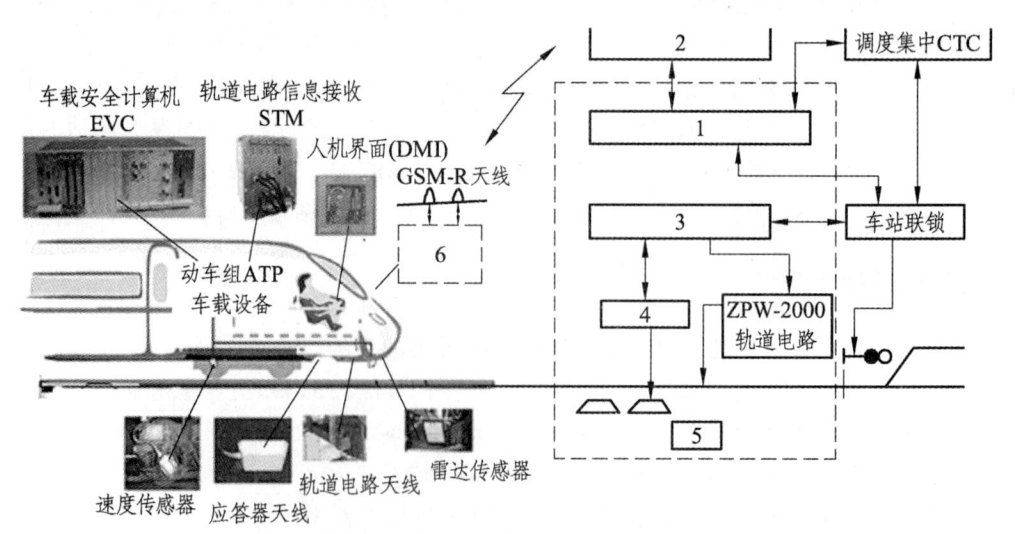

图 5-2-7　CTCS-3 地面设备组成

（2）根据 RBC-2-YH 型无线闭塞中心设备组成，完成实物图 5-2-8 和图 5-2-9 组成。

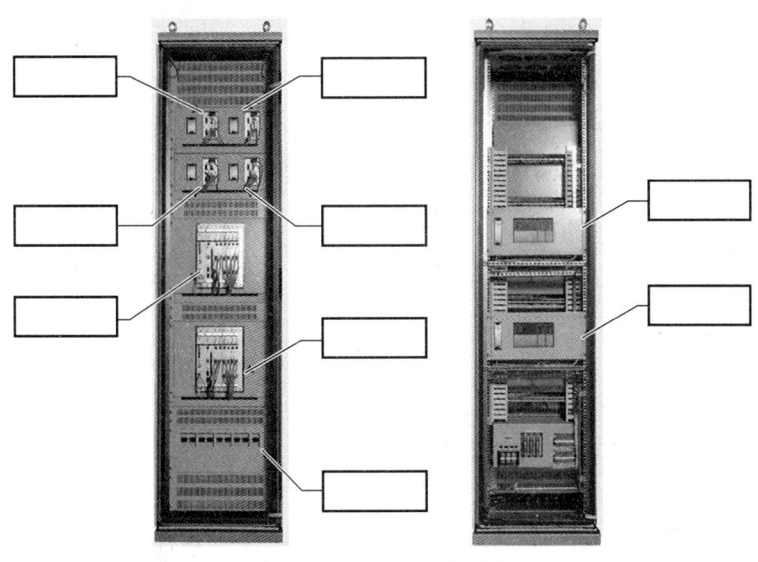

图 5-2-8　RBC 内部结构

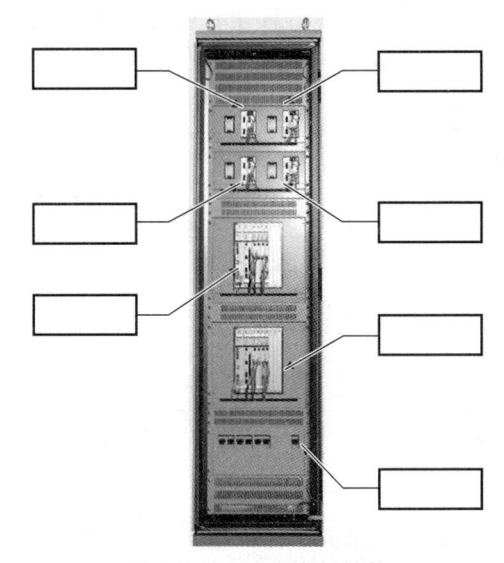

图 5-2-9　RCC 内部结构

专项技能 5.3　CTCS-3 级列控车载设备

【学习目标】

- 能力目标

（1）能辨识并指出 CTCS3-300S 型列控车载设备名称。
（2）能说出 CTCS3-300S 型列控车载设备 DMI 显示含义。
（3）能正确完成 CTCS3-300S 型列控车载设备参数设定等操作。

- 知识目标

(1) 掌握 CTCS3-300S 型列控车载设备组成。

(2) 了解 CTCS3-300S 型列控车载设备 DMI 显示含义。

(3) 了解 CTCS3-300S 型列控车载设备 DMI 操作方法。

- 素质目标

(1) 树立岗位责任安全意识。

(2) 培养严谨细致、精益求精的作业习惯。

【任务下达】

CTCS3-300S 型列控车载系统是和利时公司根据我国 CTCS-3 级列控技术标准的要求进行研制的，适用于 300～350 km/h 运营需求的 CTCS-3 级列车运行控制车载设备。该系统采用故障安全设计理念，安全性高；采用总线架构，可扩展性强；采用标准化设计，能够满足动车组跨线运行的运营要求。目前，已有近 500 套列控车载系统（ATP）成功运用于北京局、上海局、广铁集团、成都局、郑州局、武汉局、南昌局、西安局等路局（集团），成功运营于郑西、武广、沪宁城际铁路、沪杭等线路。通过本专项的学习，掌握 CTCS3-300S 型列控车载系统结构组成，并能完成车载设备基本操作。

【理论学习】

知识点 1　CTCS3-300S 型列控车载系统

1. CTCS3-300S 型列控车载系统构成

本小节以和利时 CTCS3-300S 型列控车载设备为例，说明系统具体构成，如图 5-3-1 所示。

微课：CTCS3-300S 列控车载系统介绍

1) ATP 控制设备主体

ATP 系统是对列车进行操纵和控制的主体设备，具有多种控制模式，能够接收轨道电路信息、点式传输信息，接收、发送 GSM-R 网络信息。设备主要包括 ATP 逻辑设备单元（ALA 单元）、记录单元（JRU 单元）、继电器单元（TIU 单元）、点式信息接收单元（BTM 单元）、无线接收单元（GSM-R 单元）、电源供电单元（PWU 单元）、电源管理分配单元（PDU 单元）。

2) 车体操作盘

将车体操作盘的信号（牵引、B1、B4、B7 制动、零位、向前、向后、过分相、过分相有效、休眠等信号通过 MVB 总线传输，紧急制动、紧急制动反馈、驾驶台激活通过 TIU 单元传输）传递给 ATP 控制设备。

3) DMI

将速度信息，显示信息通过图像、声音输出。另外，输入模式切换等司机指令。

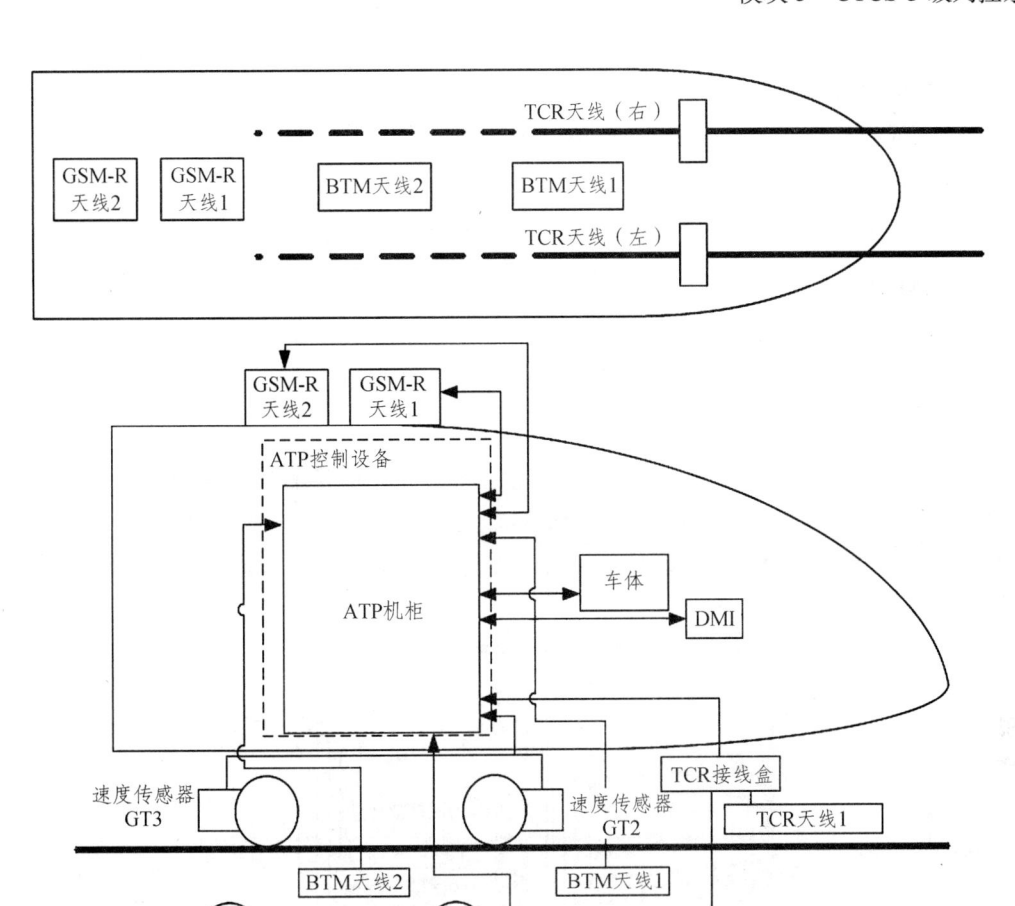

图 5-3-1　CTCS3-300S 型列控车载设备的系统构成示意图

注：GSM-R 天线在车顶中轴线 1、2 天线位，BTM 天线和 TCR 天线在车底，TCR 天线在安装时，面朝车底进行左右区分。

4）速度传感器

速度传感器将车轮的旋转速率转换为速度脉冲（速度信号），传给 ATP 控制设备，其安装位置如图 5-3-2 所示。

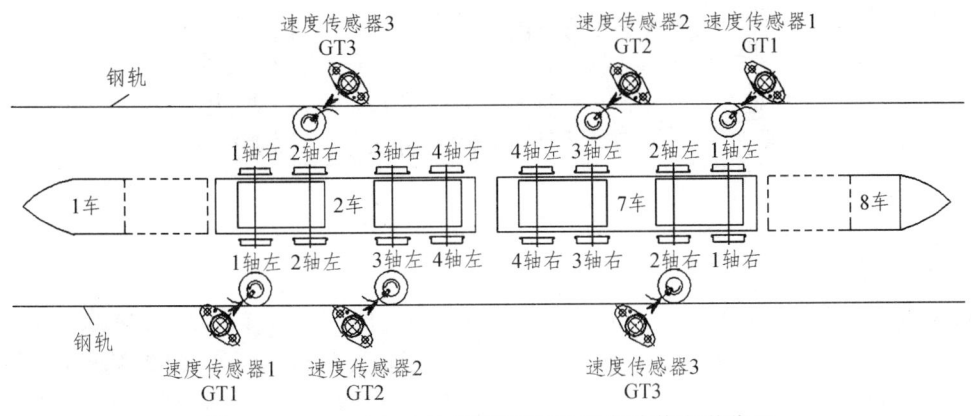

图 5-3-2　CTCS3-300S 型列控车载设备速传安装位置

5）BTM 天线

BTM 天线将从地面应答器接收到的应答器信号传给 ATP 控制设备 TCR 天线。

6）TCR 天线

TCR 天线将轨道电路的轨道电路信号传给 ATP 控制设备。

7）GSM-R 天线

GSM-R 天线与 RBC 进行信息交互，将 RBC 给出的无线报文传输给 ATP 控制设备。

2. ATP 机柜

CTCS3-300S ATP 机柜整机包括 ALA 单元 1 个、BTM 单元 2 个、TIU 单元 1 个、JRU 单元 1 个、电源单元（PWU 单元）1 个、断路器单元（PDU 单元）1 个、风扇单元 1 个、ALA 单元风扇 1 个、系统构成如图 5-3-3 所示。

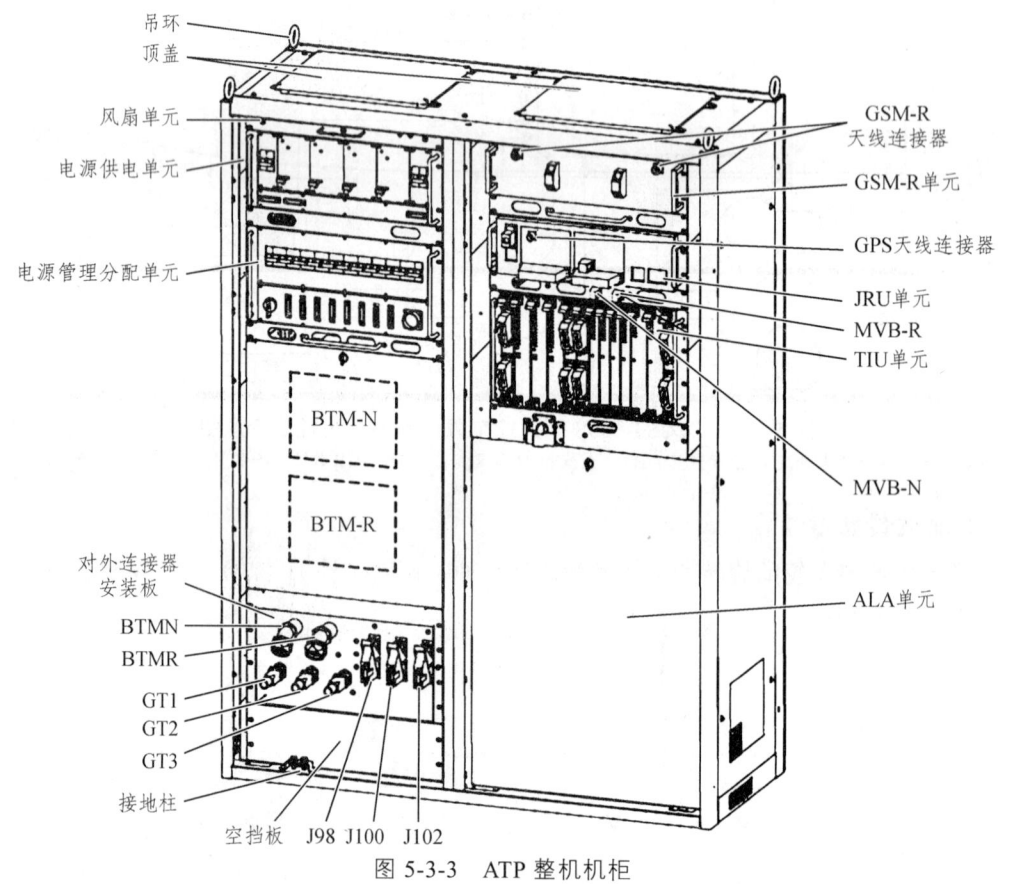

图 5-3-3 ATP 整机机柜

1）ALA 单元

ALA 单元由主备两系组成，内部为二乘二取二的结构。ALA 单元由 ALM、EVC、TMM 和 RIM 四个子单元组成。其中 CTCS3 逻辑由 EVC 子单元执行，而 CTCS2 逻辑（含轨道电路逻辑）由 ALM 子单元执行；TMM 子单元主要负责 ALA 单元和车体侧之间接口的管理；EVC 与 ALM 子单元从 TMM 子单元中获取对应的车辆状态，并向 TMM 子单元发送相关指令；RIM 子单元负责通过 GSM-R 电台与无线网络进行数据交互，RIM 子单元获取的信息发送给 EVC 子单元进行逻辑运算。

2）TIU 单元

TIU 单元是 CTCS3-300S ATP 设备的指令输出和采集单元，负责采集车体侧的状态信息；向车体输出 ATP 的指令，其外观如图 5-3-4 所示。

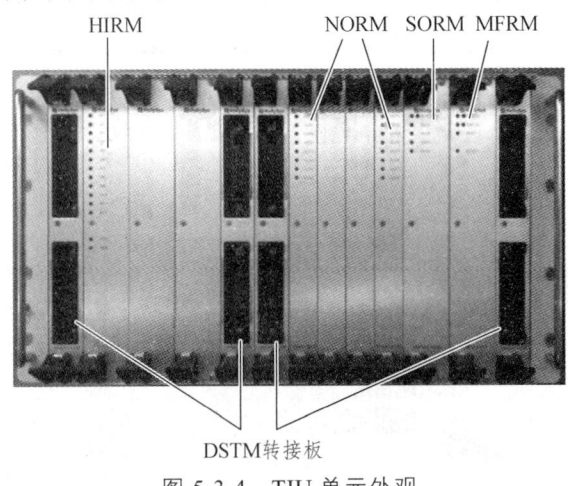

图 5-3-4　TIU 单元外观

3）PWU 单元

PWU 单元是 ATP 系统的供电单元。该单元的功能为将车体提供的 110 V 直流电压转化为 ATP 使用的 24 V 输入与 110 V 输出，如图 5-3-5 所示。

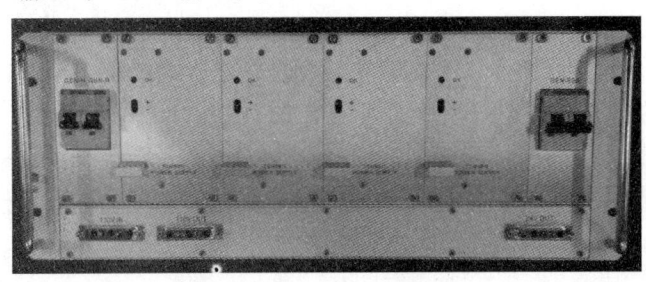

图 5-3-5　PWU 电源外观

4）PDU 单元

断路器 PDU 单元为 2 路直流输入，多路直流输出模块，如图 5-3-6 所示。断路器单元的两路输入，分别为 DC 24 V、DC 110 V。然后通过空气开关分别控制 ALA-N、ALA-R、DMI1、DM2、RADAR、LKJ、BTM-N、BTM-R、MT1 和 MT2 输出电压。对于 300S 系统，RADARLKJ 的空气开关为预留空开。

5）BTM 单元

BTM 单元系统包括功能完整且独立的两系（N 系、R 系）：在正常工作时，工作时只有一系 BTM 工作，另一系处于热备状态。解码 BTM 天线接收到的应答器信号，将解码后的数据传送给 ALA 单元，如图 5-3-7 所示。

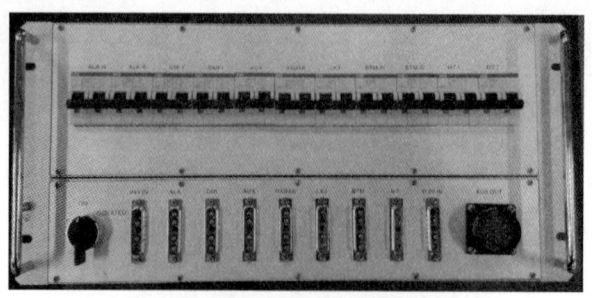

图 5-3-6　PDU 外观图

图 5-3-7　BTM 单元外观图

6）GSM-R 单元

GSM-R（300S）电台是车载系统中负责无线数据通信的设备。电台的设计采用双系冗余技术，每系中均包括 1 个 GSM-R 通信模块、1 个 MT 模块和配套的电源模块，两系共用一个记录模块，如图 5-3-8 所示。

GSM-R 通信模块将接收自 RIME 的通信数据传输给 MT 模块，再通过车载 GSM-R 天线发送至地面设备；在此过程中记录模块实时记录 RIME 模块与通信模块；接收地面设备信息的过程与发送过程相反。

图 5-3-8　GSM-R 单元

7）JRU 单元

JRU 单元为 ATP 系统的数据记录单元，负责记录行车过程中接收和发送的信息和数据，并将收到的 GPS 时间发送给 TMM 用于校时。

8）DMI

在 DMI 的画面上会以文本信息的形式表示出 ATP 控制设备的动作状态。文本信息中也包括 ATP 控制设备的故障信息。

知识点 2　CTCS-3 级列控车载设备显示和操作

1. DMI 的显示意义

1）显示屏

DMI 显示屏的显示分辨率为 640×480，主界面按功能分为 6 个主显示区，如图 5-3-9 所示。A 区显示距离监控信息，B 区显示速度信息，C 区显示补充驾驶信息，D 区显示运行计划信息，E 区显示监控信息，F 区显示功能键信息。

微课：CTCS-3 级列控车载设备显示与操作

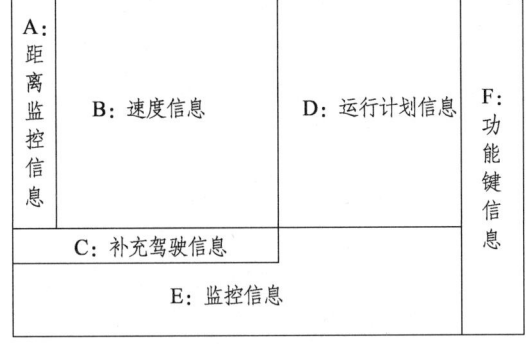

A：距离监控信息	B：速度信息	D：运行计划信息	F：功能键信息
	C：补充驾驶信息		
	E：监控信息		

图 5-3-9　主界面

2）各区域显示意义

各区域显示意义如图 5-3-10 所示。

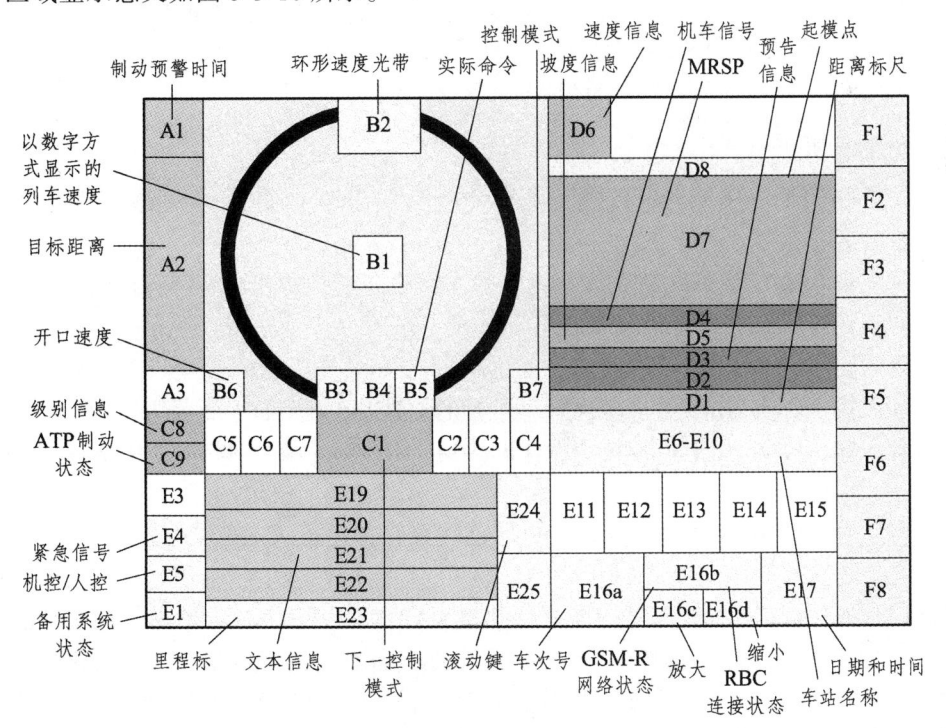

图 5-3-10　DMI 主界面功能细分

3）按键布局

DMI 共有 19 个按键、2 个键盘。右侧键盘为 8 个可扩展功能键，屏幕正下方 11 个按键为固定功能键，如图 5-3-11 所示。

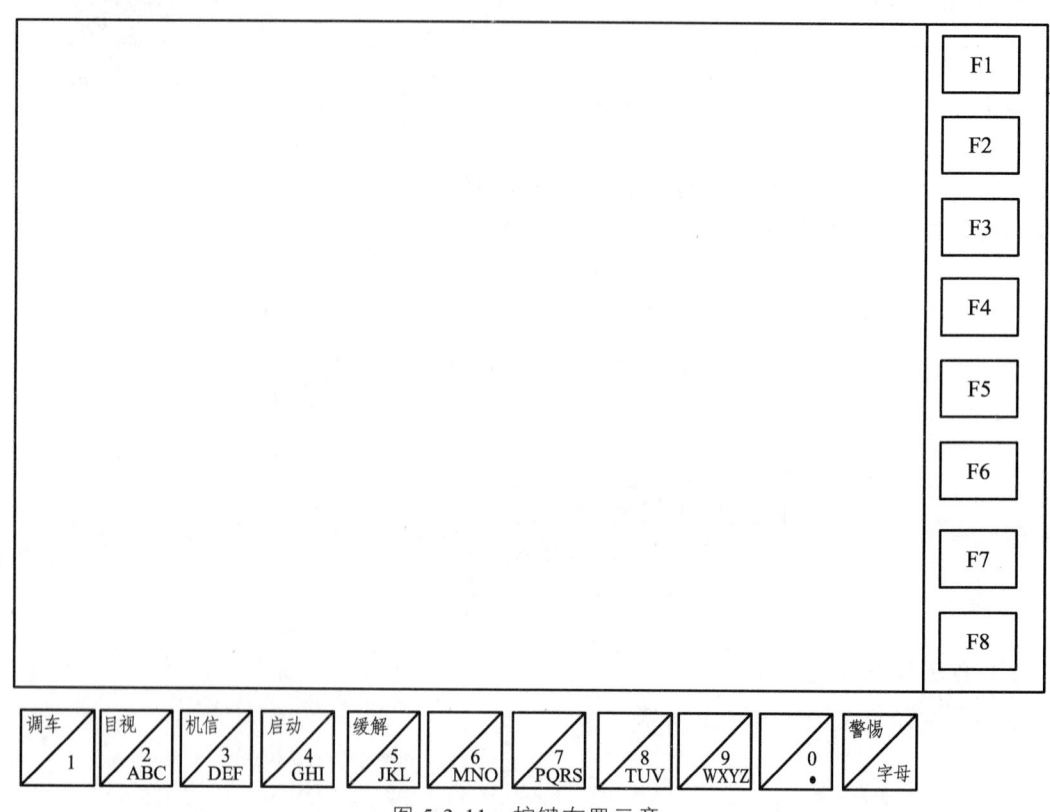

图 5-3-11 按键布置示意

4）按键说明

（1）数据键（F1）：用于显示数据子菜单，在此菜单下可以查看文本信息或进入下一级菜单修改司机号、车次号、列车数据等信息。

（2）模式键（F2）：允许司机手动选择列控车载设备的控制模式，可选择的模式包括：目视行车模式、调车模式和机车信号模式。

（3）载频键（F3）：用于选择列车上下行载频。

（4）等级键（F4）：用于司机切换列车运行的 CTCS-3 和 CTCS-2 等级。

（5）其他键（F5）：用于执行特殊操作的按钮，如制动测试、调节 DMI 屏幕亮度、调节音量等。

（6）启动键（F6）：用于开车时从待机状态转入正常运行状态。

（7）缓解键（F7）：在司机制动优先的状态下，如果列车触发了常用制动，当列车运行速度低于允许缓解速度后，列控车载设备允许司机缓解制动。当 DMI 上给出允许缓解的提示后司机按下"缓解"键，列控车载设备结束制动。在设备制动或司机制动优先的状态下，如果列车触发了紧急制动，当列车停车后，列控车载设备允许司机缓解制动。当 DMI 上给出允许缓解的提示后，司机按下"缓解"键，列控车载设备结束制动。

（8）警惕键（F8）：当列控车载设备处于目视行车模式、引导模式（CTCS-2 级）或机车信号模式（当收到限制码）时，司机在 60 s 或者 300 m（机车信号模式下为 200 m）内按"警惕"键，否则列控车载设备输出紧急制动使列车停车。此键还用于响应列控车载设备发送给司机的需要确认的消息。当有多个信息需要确认时，将需要确认的信息放入等待确认列表，由司机逐个进行确认。

2. 启动操作

（1）系统上电：在给列控车载设备上电前，要确认手柄处于未激活状态。上电后，列控车载设备开始进行自检，这个过程需要 1 min 40 s～1 min 50 s。自检完成后，列控车载设备进入待机模式。如果列控车载设备上电 2 min 后，还没有进入待机模式，就需要重启列控车载设备或切换到另一系统重新启动。

（2）系统自检完成后，列控车载设备进入待机模式，DMI 显示"司机室未激活"，并显示速度表盘等信息，这时激活司机室，DMI 就会出现驾驶数据输入界面。

（3）分别输入司机号和车次号，其中司机号位最多 8 位数字，车次号最多 3 位字母和 5 位数字。输错车次号会造成调度指挥运行图无法正常使用。

（4）驾驶数据输入完成后，DMI 显示"执行制动测试"，如果执行自动测试，按"确定"，如果不进行制动测试，按"取消"。建议每次启动列控车载设备都要进行制动测试。在进行自动测试前，要缓解车辆输出的制动。

（5）选择制动测试后，如果当前等级不是 CTCS-3 等级，DMI 会显示当前等级。如果仍使用当前等级，按"确定"，如果不使用当前等级，按"取消"，重新请求等级。如果当前等级是 CTCS-3 等级此时不能手动选择等级，列控车载设备直接呼叫 RBC。

（6）重新请求等级后，DMI 显示列控车载设备支持的所有等级（带白色边框的是当前等级选择要使用的等级），DMI 将选中的等级发送给列控车载设备。

（7）列控车载设备将选中的等级回送到 DMI，让司机进行确认。如果确认使用选择的等级，按"确定"，如果不使用选择的等级，按"取消"，重新请求等级。

（8）如果选择的等级是 CTCS-3，DMI 出现 RBC 数据输入界面包括输入 RBC ID 和 RBC 号码等信息（网络编号不需要输入，使用默认值即可）。

（9）在 CTCS-3 级下，列控车载设备与 RBC 建立连接后，或在其他等级下，等级输入完成后，列控车载设备就会提示输入列车数据。DMI 显示"输入列车数据或选择模式"文本。

（10）DMI 自动进入列车数据输入界面，可以输入列车长度等信息。列车长度是安全相关的数据，在输入时要确保输入的列车长度与实际列车的长度相符。

（11）由于列车数据是安全相关的数据，列控车载设备会提示对输入的列车数据进行确认。如果输入的数据确认正确，按"确定"键；如果不正确，按"取消"键，重新进行输入。如果列车长度输入错误，列控车载设备可以行车，但存在尾部超速等安全问题，司机须严格确认。

（12）列车数据输入完成后，列控车载设备提示输入载频信息。不管在 CTCS-2 级下还是在 CTCS-3 级下，都需要输入正确的载频信息。

（13）载频信息也需要进行确认。如果选择的载频正确，按"确定"键，如果载频不正确，按"取消"键，重新进行输入。带白色边框的是选择的载频。

（14）载频输入完成后，列控车载设备启动过程完成，DMI显示"启动完成"，按"确定"后，列控车载设备进入正常待机模式。

（15）在停车状态下，可以手动选择模式。可以选择的模式有调车模式、目视模式和机信模式，其中机车信号模式是CTCS-2级专有的模式。按"模式"键，进入模式选择菜单。

（16）按"调车"键，进入调车模式确认界面。在CTCS-2级下，确认后可直接进入调车模式，在CTCS-3下，按"确定"键后，ATP向RBC发送调车模式请求，RBC授权后，可进入调车模式。

（17）在CTCS-3级，可在待机模式下选择进入目视行车模式；在CTCS-2级下，在待机模式下无法进入目视行车模式，需要从部分行车或完全监控等模式下，才能进入目视行车模式。

（18）在CTCS-2级，可以选择进入机车信号模式。

（19）按"其他"键，再按"音量"键，就可进入音量调节界面，按"大"或"小"键调节音量。

【拓展阅读】

某站计算机联锁设备故障耽误列车一般D21事故

某日，某站计算机联锁设备故障，影响上下行接发列车。5时38分采用人工准备进路接发列车，6时37分人工准备进路完毕；13时33分，电务处理完毕，恢复设备正常行车。故障期间影响动车组11列，故障总延时8小时13分，构成铁路交通一般D类（D21）事故。

1. 事故原因分析

因46号道岔阻容盒电容容量下降（标准值4 μF，实测1.157 μF），致使46号道岔DBJ继电器（型号JPXC-1000）1~4线包电压偏低（标准为大于16 V可靠吸起，实测13.1 V），造成46DBJ不能可靠吸起，也不能处于可靠落下状态，导致中接点快速抖动，以致位于第三IO机笼第二槽位采集板第19位的46DFH采集信息处于0、1变化状态，采样信息异常时长超过了系统设定的2.5 s的限制标准。根据安全设计原则，联锁系统停止该采集板工作，并将对应的采集信息置于安全侧，位于该槽位的两块采集板均出现报错并停止工作，使双套系统失去当时应有的采集表示信息，造成控制台SI、SII、S3信号机显示为断丝状态，道岔2/4、6/8、46显示为失表示状态，从而影响到设备的正常使用。

2. 事故暴露出的主要问题

（1）厂家产品设计存在缺陷，使现场无法准确判断设备真正故障点。

（2）厂家应急处置不力。厂家没有充分观察、分析监测数据、计算机联锁系统记录的数据，没有发现故障时出现46号道岔失去表示在先，计算机联锁系统报警在后的顺序，失去了直接判断故障范围的机会。

（3）应急处置组织不当。故障处置指挥混乱，多头指挥，未实行集中统一指挥，技术支持、决策分析严重不到位，没有正确按照故障应急处置流程指挥现场进行故障处理，作出准确的故障判断，使现场不能有效、有序进行故障查找判断。

【电务小贴士】

电务人员应该提高应急处置能力，具体可从以下方面进行：

一是理顺应急指挥管理体系，明确各级人员的指挥职能，规范各种类型故障的领导指挥权限，避免出现故障处理时多头指挥、多线指挥造成现场无所适从，导致现场故障处理混乱。

二是设备管理部门应利用天窗、委培等方式，邀请厂家、专家帮助等方式坚持开展单项设备的应急演练，测试故障状态数据，建立经验台账，以提高设备故障时的迅速反应、快速处理。

三是制定各种设备故障的处理流程图，严格按规定进行故障处置。

四是加强设备基础管理工作，对室内设备的标签、标识，标明名称、位置、用途，方便故障应急处置。

【作业任务单】

（1）根据和利时 CTCS3-300S 型列控车载设备工作原理，补充框图 5-3-12 的设备组成。

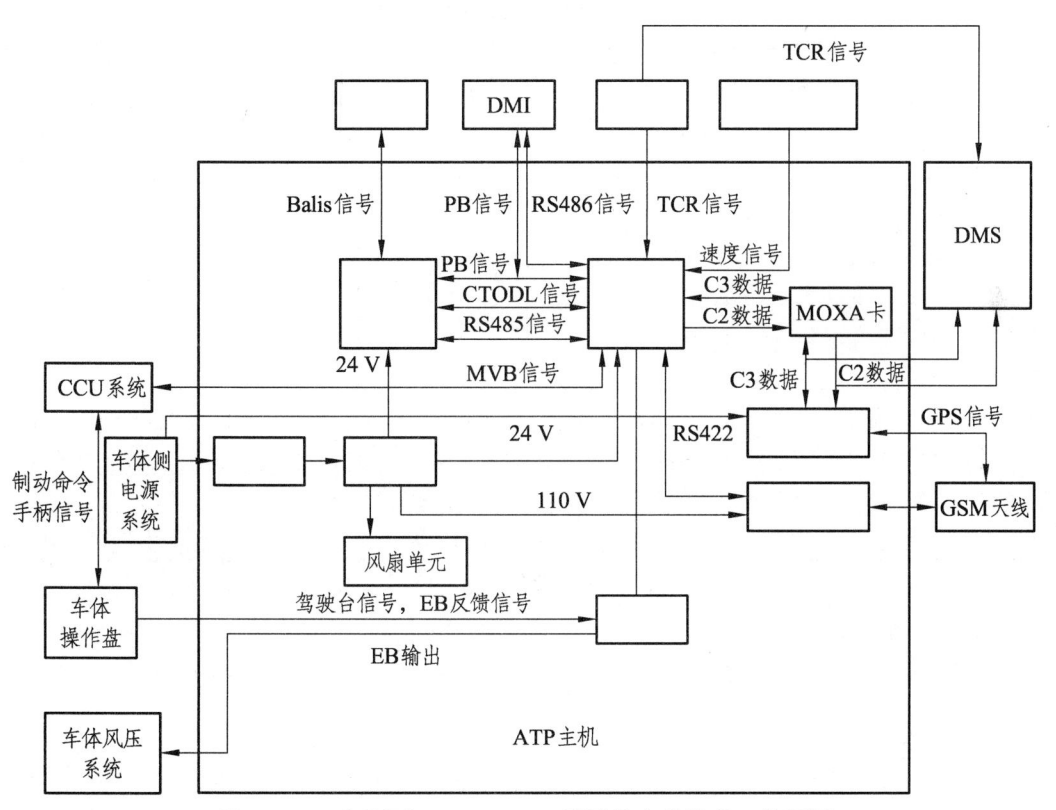

图 5-3-12 和利时 CTCS3-300S 型列控车载设备工作原理

（2）根据CTCS-3级列控车载设备人机界面显示含义，说明图5-3-13和图5-3-14中图形显示的含义。

（3）根据CTCS-3级列控车载设备人机界面操作说明，完成下表5-3-1操作。

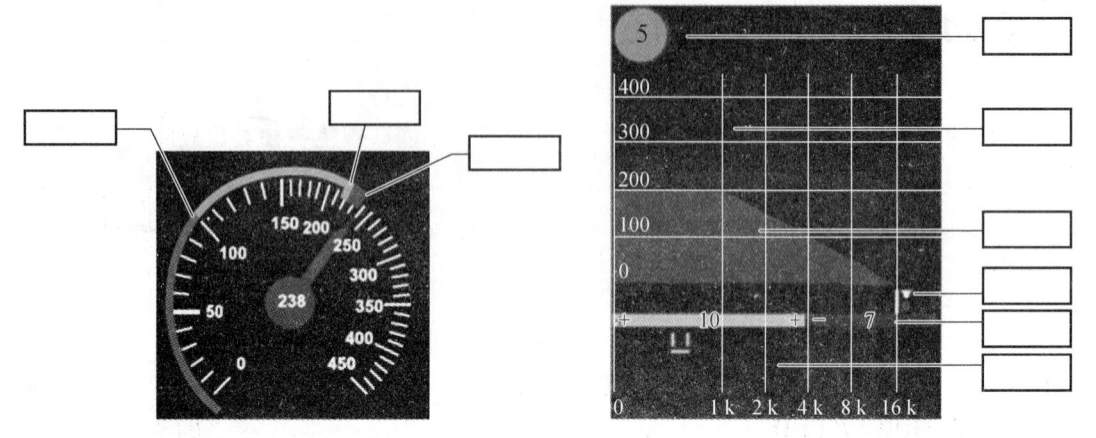

图 5-3-13　CTCS-3 级列控车载设备人机界面局部 1　图 5-3-14　CTCS-3 级列控车载设备人机界面局部 2

表 5-3-1　CTCS-3 级列控车载设备人机界面操作

序号	操作内容	是否完成	具体完成情况
1	修改列车长度	□是 □否	
2	设置列控车载设备时间	□是 □否	
3	调节 DMI 语音和声音的音量	□是 □否	
4	调节 DMI 亮度	□是 □否	
5	修改或输入车次号	□是 □否	
6	修改或输入司机号	□是 □否	

专项技能 5.4　CTCS-3 级列控系统的维护

【学习目标】

- 能力目标

（1）能按照作业流程正确完成 RBC-2-YH 型无线闭塞中心基本操作。

（2）能根据故障现象分析、处理常见 RBC-2-YH 型无线闭塞中心故障。

（3）能按照作业流程正确完成 CTCS3-300S 型列控车载设备检修作业。

- 知识目标

（1）掌握 RBC-2-YH 型无线闭塞中心基本操作和检修方法。

（2）了解 RBC-2-YH 型无线闭塞中心常见故障现象和处置方法。

（3）了解 CTCS3-300S 型列控车载设备检修作业方法。

- 素质目标

（1）培养严谨细致的学习习惯。

（2）强化岗位安全意识。

【任务下达】

CTCS-3 级列控系统检修是高速铁路运营的重要组环节。由于高速铁路的快速性，使车辆运行时负荷增加、振动加大，因此高速铁路对动车组车载列控系统提出了严格的要求，以确保动车组具有较高的利用率、完好率和可靠性，保证安全正点运行。本节从设备日常维护和故障维修两方面对 RBC-2-YH 型无线闭塞中心、CTCS3-300S 型列控车载设备进行详细的阐述，为维护人员的日常维护以及故障维修提供指导。

【理论学习】

知识点 1　CTCS-3 级列控地面设备的维护

本节以中国铁道科学研究院研制的 RBC-2-YH 型无线闭塞中心为例，说明其维护方法。

1. 无线闭塞中心的开关机操作

当系统的 220 V 电源被关闭时，给整个系统重新上电，应按照以下步骤进行：

（1）确认机柜内部所有电源均已关闭。

（2）确认 RBC 设备的输入电源应能正常供电，合上 220 V 输入空气开关。

（3）按顺序打开 RBC 系统综合柜各电源。

① 先打开机柜电源总开关，即机柜正面下部最左边的开关。

② 依次打开机柜防雷开关、其他各个电源开关（最后一个风扇开关除外），即电源总开关那一排开关。风扇开关一般情况下不用打开，只在 RBC 放置室室内温度超过 35℃时打开。

③ 依次打开维护终端、ISDN 转换接口装置后部电源开关，该电源开关位于后部电源线侧。

④ 打开液晶显示器开关（液晶显示器正面右方下部）；

⑤ 打开开关并通电后维护终端和 ISDN 转换接口装置会自动启动，启动完毕后可打开键盘盒利用键盘、鼠标查看维护终端 1 记录的维护信息；也可打开 KVM 模块利用其键盘、触摸屏查看维护终端 2 记录的维护信息。

（4）按顺序打开 RCC 机柜各电源。

① 依次打开机柜防雷开关，ISDN 接口 1、ISDN 接口 2、CTCS3-LAN 接口、CTCS3-LAN 接口 2 开关。

② 打开 SCX 控制器 1，SCX 控制器 2（同时上电）开关。

（5）按顺序打开 IFC 机柜各电源。

① 依次打开机柜防雷开关，CTC-LAN 接口 1，CTC-LAN 接口 2，安全-LAN 接口 1，安全-LAN 接口 2，CTCS3-LAN 接口 1，CTCS3-LAN 接口 2 开关。

② 打开 IFC-CTC 的 SCX 控制器 1，SCX 控制器 2（同时上电）开关。

③ 打开 IFC-TSRS 的 SCX 控制器 1，SCX 控制器 2（同时上电）开关。

（6）按顺序打开 RBC 机柜各电源。

① 依次打开机柜防雷开关，网络监视接口 1，网络监视接口 2，安全-LAN 接口 1，安全-LAN 接口 2，CTCS3-LAN 接口 1，CTCS3-LAN 接口 2 开关。

② 打开 SCX 控制器 1，SCX 控制器 2（同时上电）开关。

（7）说明：对 RBC 机柜、RCC 机柜、IFC 机柜的 SCX 控制器上电时，如果没能同时启动两系，只启动了一个系统，请稍等，等确认了先上电的系统启动之后，再给未启动的系统上电。

系统关机步骤按与启动相反的顺序依次断开各空气开关。

2. RBC 切系

RBC 系统有四个单元：RBC 单元、RCC 单元、IFC-T 单元、IFC-C 单元。每个单元都由 2 套机笼组成，一主一备。四个单元的主备是相互独立的。比如，系统运行中 RBC 单元 Ⅰ 系主用，RCC 单元可以是 Ⅱ 系主用，也可以是 Ⅰ 系主用。

日常维护中需要定期对系统进行主备系统切换时，先通过 CPU 板上指示灯确认当前 Ⅰ 系和 Ⅱ 系中谁为主用（也可通过维护终端网络状态图确认），然后关闭主用系机笼对应的空开，主系机笼断电后，备系自动升为主系，然后再合上空开，等机笼上电运行后，自动同步为备系。

3. RBC 的巡检

为了保障 RBC 设备正常运行，应对设备进行日常及定期的检修。检查的项目、间隔见表 5-4-1 所示。

表 5-4-1　检查的种类与间隔

序号	检查种类	检查间隔	检查内容
1	日常检查	1 个月以内	确认地面 RBC 设备的 LED 状态及维护终端的画面，确认设备的运转状态、传输状态应没有异常
2	定期检查	半年以内	对地面 RBC 设备的内部进行点检，确认设备中应没有异常
3	定期更换	10 年以内	为了保证系统的运转率，在规定的周期更换有寿命的部件。更换之后，实施与定期点检相同的检查，确认设备使用中应没有异常

RBC 设备的检查项目一览见表 5-4-2 所示。表中规定了需停电作业的检查时，应在列车不运行的夜晚等实施，不要对 RBC 设备或其他设备造成影响。

表 5-4-2 地面 RBC 设备的检查项目一览

序号	检查项目	检查的种类			备注
		日常检查	定期检查	定期更换	
1	LED 显示的确认	○	○	○	
2	防雷元件（SPD）的状态确认	—	○	○	
3	设备外观的确认	—	○	○	
4	拆卸清扫		○		停电作业
5	配线连接状态的确认		○		停电作业
6	电源电压的确认		○		停电作业
7	光发送级别的确认		○		
8	定期更换部件的更换	—	—	○	停电作业 作业后实施序号 1~6 的检查

1）拆卸清扫

（1）注意事项。

① SCX 控制器板卡的上下安装螺丝，不要拧得太紧。用力过猛会导致螺丝折断。如果拧歪了，应先拧松之后再重新拧。

② 在通电的状态下插拔网线，可能会导致电子部件的损坏。因此，不要对网线进行热插拔，一定要在电源断开的状态下进行。

③ 更换板卡时不能带电插拔。板卡需轻拿轻放，如果掉在地上，不要再使用。

（2）RBC 设备的拆卸清扫的步骤如下。

① 将地面 RBC 设备的电源单元的所有开关都断开（向下拨）。

② 取下 SCX 控制器的各板卡，确认没有附着灰尘。如附着了灰尘，用喷气除尘剂或吸尘器（日立推荐喷气除尘剂）进行清扫。确认清扫之后，将各板卡恢复到原来的状态。

③ 取下交换机（CTCS3-LAN、安全-LAN、CTC-LAN、RCC-LAN）的正面面板，确认交换机及电源设备中是否附着了灰尘。如果附着了灰尘，用喷气除尘剂或吸尘器（日立推荐喷气除尘剂）进行清扫。确认清扫之后，将各单元的正面面板恢复到原来的状态。

④ 检查作业完成之后，将地面 RBC 设备的电源单元的所有开关都打开（向上拨）。

2）配线连接状态的确认

（1）将地面 RBC 设备的电源单元的所有开关都断开（向下拨）。

（2）为了防止因静电而导致部件的损坏，务必要戴手套（绵制）及静电腕带。

（3）确认与内部单元类相连的各连接器没有松动。如有，松动将连接器往里按，并确认连接器已卡住。

（4）用目视确认内部配线中使用的网线的外皮应没有损伤。

（5）确认内部单元的安装螺丝或接线排的网线连接螺丝没有松动。检查的结果是有松动的情况下，用螺丝刀等给拧紧。确认了接线排的螺丝之后，再确认保护盖应被安装好。

（6）检查作业完成之后，将地面 RBC 设备的电源单元的所有开关都打开（向上拨）。

3）电源电压的确认

（1）SCX 控制器电源。

使用电源模块（LPJ003）的测量接线柱，测量 SCX 控制器的 DC（直流）输出电压。电压的测量部位以及各测量电压的允许范围为 5%。测量的结果如果不在允许范围内，则重新调整电压，使电压值在允许的范围之内。

（2）RPS30 交换机电源模块。

① 在机柜下方配电单元内断开对应交换机的空气开关。

② 确认电源完全停止，并拔下 RS20 交换机侧的电源插头。

③ 闭合交换机电源空开，测量交换机输入电压。测量的结果如果不在允许范围内，则重新调整电压，使电压在允许的范围内。

4. RBC 常见故障处理

日常维护期间，如果系统发生故障，维护终端上会有相应的报警。根据报警信息先初步判断故障位置，然后再检查设备 LED 灯显示是否正常。如果板卡故障，相应的 ERR 灯会亮红灯，如果断电重启仍不能恢复，则联系厂家处理。

日常巡检时，除了查看维护终端外，应定期对机笼、交换机、工控机等状态进行检查。检查板卡 LED 灯显示、交换机 LED 灯显示、ISDN 工控机指示灯、还需要检查数据服务器操作系统有无死机黑屏等。定期检查 ISDN、数据服务器、维护终端硬盘空间是否正常。RBC 异常现象见表 5-4-3。

表 5-4-3　RBC 异常汇总

序号	故障内容	故障现象	处理措施
1	维护终端工控机掉电	工控机电源灯熄灭	1. 重新进行上电。 2. 故障不能恢复,请专业人员进行检查
2	维护终端软件故障	维护终端无法正常运行显示	1. 重新启动维护终端软件。 2. 故障不能恢复,请专业人员进行检查
3	ISDN 工控机掉电	工控机电源灯熄灭	1. 重新进行上电。 2. 故障不能恢复,请专业人员进行检查
4	ISDN 服务器故障	本地维护终端设备工作状态页面显示 ISDN 状态异常	1. 检查 ISDN 设备是否正常运行,若未正常运行则重启 ISDN； 2. 检查 ISDN 与 RCC 物理连接是否正常； 3. 故障不能恢复,请专业人员进行检查
5	机柜交换机掉电	机柜交换机电源灯熄灭	1. 检查机柜交换机电源,重新进行上电。 2. 故障不能恢复,请专业人员进行检查

续表

序号	故障内容	故障现象	处理措施
6	RBC、RCC、IFC控制器掉电	1. SCX控制器电源模块的POWER ON指示灯熄灭； 2. 本地维护终端对应机柜的设备工作状态页面显示未知	1. 检查电源输入，电源开关是否正常； 2. 检查电源线接头，接地等是否有短路现象； 3. 查看机柜内各电源模块是否工作正常； 4. 重新对系统进行上电。 5. 故障不能恢复，请专业人员进行检查
7	RBC单系故障	1. 本地维护终端RBC设备工作状态页面显示一系设备异常； 2. RBC的SCX控制器指示灯异常	1. 断开该系电源，重新启动设备； 2. 故障不能恢复，请专业人员进行检查
8	RBC双系故障	1. 本地维护终端RBC设备工作状态页面显示双系设备异常； 2. RBC的SCX控制器指示灯异常	1. 断开双系电源，重新启动设备； 2. 故障不能恢复，请专业人员进行检查
9	RCC单系故障	1. 本地维护终端RCC设备工作状态页面显示一系设备异常； 2. RCC的SCX控制器指示灯异常	1. 断开该系电源，重新启动设备； 2. 故障不能恢复，请专业人员进行检查
10	RCC双系故障	1. 本地维护终端RCC设备工作状态页面显示双系设备异常； 2. RCC的SCX控制器指示灯异常； 3. 管辖范围内所有列车无法呼叫RBC	1. 断开双系电源，重新启动设备； 2. 故障不能恢复，请专业人员进行检查
11	IFC-C单系故障	1. 本地维护终端IFC-C设备工作状态页面显示一系设备异常； 2. IFC-C的SCX控制器指示灯异常	1. 断开该系电源，重新启动设备； 2. 故障不能恢复，请专业人员进行检查
12	IFC-C双系故障	1. 本地维护终端RBC设备工作状态页面显示双系设备异常； 2. IFC-C的SCX控制器指示灯异常。 3. 与CTC通信中断	1. 断开双系电源，重新启动设备； 2. 故障不能恢复，请专业人员进行检查
13	IFC-T单系故障	1. 本地维护终端IFC-T设备工作状态页面显示一系设备异常； 2. IFC-T的SCX控制器指示灯异常	1. 断开该系电源，重新启动设备； 2. 故障不能恢复，请专业人员进行检查
14	IFC-T双系故障	1. 本地维护终端IFC-T设备工作状态页面显示双系设备异常； 2. IFC-T的SCX控制器指示灯异常； 3. 与TSRS通信中断	1. 断开双系电源，重新启动设备； 2. 故障不能恢复，请专业人员进行检查

知识点 2　CTCS-3 级列控车载设备的维护

本节以和利时 CTCS3-300S 型列控车载设备为例，说明其检修方法。

1. CTCS-3 级列控车载设备检修种类

CTCS-3 级列控车载设备检修种类分为列车运行前的点检、日常检修、月检修、三级检修、四级检修和五级检修。

（1）点检在每次列车运行之前进行。
（2）日常检修结合动车组一级检修进行，2 天一次。
（3）月检修是结合动车组二级检修进行，一般 2 个月 1 次。
（4）三级检修是结合动车组四级修进行，一般在第 4 年和第 8 年进行。
（5）四级检修是结合动车组五级修进行，一般在第 6 年进行。
（6）五级检修结合动车组第二次五级修进行。

ATP 控制设备的检查种类和时间间隔见表 5-4-4。

微课：CTCS-3 车载 ATP 检修作业标准

表 5-4-4　ATP 控制设备的检查种类和时间间隔

检修种类	检查时间	主要检查内容
点检	列车运行前	ATP 隔离开关、DMI 及 BTM 切换开关、ATP 控制设备电源切断器状态
日常检修	每 2 天	在车辆出库、入库时，通过观察 ATP 控制设备的动作确认 LED 确认和设备的传送状态中无异常
月检修	每 60 天	将 ATP 控制设备安装于车辆上，确认设备的状态，性能，功能
三级检修	第 4 年、第 8 年	设备清扫，更换配件，设备状态及功能检验，电缆测试等
四级检修	第 6 年	设备清扫，更换配件，绝缘测试，电缆测试，设备状态及功能测试
五级检修	结合动车组第二次五级修进行	更换达到 10 年寿命期的器件

2. 检修方法

ATP 控制设备检查的部分项目有承接关系，如机笼级清扫和模块级清扫，如果两个级别都需要进行的话，可以先进行机笼级清扫，在拆下各个单元机笼后可以接着对应步骤做模块级清扫。这样会减少拆装单元及连接线缆的工作，加快工作效率。检修项目见表 5-4-5。

表 5-4-5　ATP 控制设备检查项目一览

序号	主要检查项目	检查种类					
		日常检查	月检查	三级检修	四级检修	五级检修
1	TCR 天线及其护套的确认	○	○	○	○	○
2	BTM 天线确认	○	○	○	○	○
3	GSM-R 天线确认	○	○	○	○	○
4	速度传感器确认	○	○	○	○	○
5	机笼级清扫	—	—	○	○	○
6	模块级清扫	—	—	—	○	○
7	继电器紧固螺丝确认	—	○	○	○	○
8	单元紧固螺丝确认	—	○	○	○	○
9	风扇动作状态确认	—	○	○	○	○
10	设备内部配线确认	—	—	○	○	○
11	接地线安装状态确认	—	○	○	○	○
12	设备柜体螺丝确认	—	○	○	○	○
13	面模块安装螺丝确认	—	○	○	○	○
14	设备外观确认	○	○	○	○	○
15	连接器安装状态确认	—	○	○	○	○
16	上电灯位	—	○	○	○	○
17	ATP 隔离开关切换	—	○	○	○	○
18	上电测试确认（备系）	○	○	—	—	—
19	上电测试确认（主系）	○	○	—	—	—
20	定期器件更换	—	—	○	○	○

具体检修方法如下：

1）TCR 天线及其护套的确认

在进行 TCR 天线及其护套确认时，须确保机车处于降弓状态，同时注意保证检修人员安全。

（1）安装牢固，无碰伤，无变形。

（2）连接线缆固定良好，无破损。

（3）确认 TCR 天线的安装高度符合标准。

2）BTM 天线确认

在进行 BTM 天线确认时，须确保机车处于降弓状态，同时注意保证检修人员安全。

（1）安装牢固，无碰伤，无变形。

（2）连接线缆固定良好，无破损。

（3）确认 BTM 用天线的安装高度符合标准。

3）GSM-R 天线确认

GSM-R 天线安装在车顶，在进行确认时，注意安全，检查时注意电线，并防止人员高空坠落。

（1）安装牢固，无碰伤，无变形，密封良好。

（2）连接线缆固定良好，无破损。

4）速度传感器确认

在进行速度传感器确认时，须确保机车处于降弓状态，同时注意保证检修人员安全。

（1）安装牢固，外观无异状。

（2）连接线缆固定良好，无破损。

（3）密封良好。

5）机笼级清扫

在进行机笼级清扫前，须将 ATP 控制设备的电源切断，并有防止误上电措施。

（1）将 ATP 控制设备的电源全部切断，并实施防误上电措施。

（2）将 ATP 控制设备机笼上连接的连接器及带螺丝的电缆拆下。为防止灰尘落入连接器里，贴上贴纸或做好防护措施。

（3）将 ATP 控制设备各个机笼拆下来，机笼比较重，拆卸和安装的过程中请注意安全。

（4）使用吸尘器对 ATP 控制设备的机笼、柜体、速度分配盘及风扇进行清扫，用毛刷小心清理吸尘器够不着的地方。

（5）请确认 ALA、PWUPDU、TIU、BTM、JRU 和 GSM-R 单元的各螺丝拧紧无松动。如果有松动将其拧紧。

（6）ATP 通电，确认全部空气开关处于打开状态，隔离开关处于运行位。确认机柜左上方的风扇单元工作状态是否正常。确认完成后，切断电源。

（7）将 ATP 各个机笼按原状装回机柜中，拧紧各单元机笼的紧固螺丝。

（8）将机笼上连接的连接器及带螺丝的电缆按照原状连接好。

6）模块级清扫

在进行机笼级清扫前，须将 ATP 控制设备的电源切断，并有防止误上电措施。

（1）将 ATP 控制设备的电源全部切断，并采取防误上电措施。

（2）将 ATP 控制设备机笼上连接的连接器及带螺丝的电缆拆下。为防止灰尘落入连接器里，需贴上贴纸或做好防护措施。

（3）将 ATP 控制设备各个机笼及 DMI 拆下来，机笼比较重，拆卸和安装的过程中注意安全。

（4）将各个机笼的模块拆下。

（5）用吸尘器吸取模块电路模块上，各机笼内部、ATP 机柜内部、DMI 内部的灰尘，再使用抹布和毛刷清理残留灰尘。

（6）ATP 通电，确认全部空气开关处于打开状态，隔离开关处于运行位确认机柜左上方的风扇单元工作状态是否正常。确认完毕，切断电源。

（7）将各个模块装回机笼，恢复原状。

（8）确认 ALA、PWU、PDU、TIU、BTM、JRU 和 GSM-R 单元的各螺丝无松动。如果有松动，将其拧紧。

（9）将 ATP 各个机笼按原状装回机柜中。

（10）将机笼上连接的连接器及带螺丝的电缆按照原状连接好。

7）继电器模块内紧固螺丝的确认

在进行继电器紧固螺丝确认前，须将 ATP 控制设备的电源切断，并采取防止误上电措施。

（1）将 ATP 控制设备的电源全部切断，并采取防范误上电措施。

（2）将 TIU 单元上的继电器模块全部拆卸下来。

（3）确认加强筋紧固螺丝无松动。如果有松动，将其拧紧。

（4）确认完毕，将继电器模块按原状装回 TIU 单元机笼。

8）单元紧固螺丝的确认

在进行单元紧固螺丝确认前，须将 ATP 控制设备的电源切断，并采取防止误上电措施。

（1）将 ATP 控制设备的电源全部切断，并实施防范误上电措施，注意不要误接通。

（2）确认 ALA、PWU、PDU、TIU、BTM、JRU 和 GSM-R 单元的单元紧周螺丝无松动。如果有松动，将其拧紧。

9）风扇动作状态的确认

在进行风扇动作状态确认前，须采取防止误上电措施。在风扇高速旋转时，保持距离，防止被旋转中的扇叶所伤。注：因为机笼级清扫包含此步骤，所以在有机笼级清扫时，则不需要此步骤。

（1）确保 AUX 空气开关置于开启状态。

（2）风扇单元面板前的指示灯常亮，表明风扇运转正常；否则，风扇单元故障。

10）设备内部配线的确认

在进行设备内部配线的确认前，须将 ATP 控制设备的电源全部切断，不需要拆下 ALA 及 BTM 单元。

（1）切断 ATP 控制设备的电源。

（2）将 ATP 控制设备的全部连接器拔下来，将带螺丝的电缆拆下。为了防止灰尘落在连接器上须贴上贴纸。

（3）拆下单元。

（4）将侧面的挡模块拆下来。

（5）目视确认 ATP 控制设备的内部配线没有损伤。

（6）确认 ATP 控制设备内部配线的终端接线模块的螺丝，连接器不松动。如果有松动，将其拧紧。

（7）确认完毕，将 ATP 控制设备恢复原状。

11）接地线安装状态的确认

在进行接地线安装状态确认前，将 ATP 控制设备的电源切断。

（1）将 ATP 制设备的电源切断。

（2）确认接地线确实已经安装在机柜接地座上。如果有松动，将其拧紧并安装好。

（3）BTM 单元没有地线。

12）设备柜体螺丝的确认

在进行设备柜体紧固螺丝确认前，须将 ATP 控制设备的电源切断。

（1）切断 ATP 控制设备的电源。

（2）确认 ATP 控制设备框体的各螺丝没有松动，如有松动，将其拧紧。

13）面板模块安装螺丝的确认

在进行面板模块安装螺丝确认前，须将 ATP 控制设备的电源切断。

（1）切断 ATP 控制设备的电源。

（2）请确认 ALA、PWU、PDU、TIU、BTM、JRU 和 GSM-R 单元的各模块上，面模块安装螺丝无松动。如果有松动，将其拧紧。

14）设备外观确认

在进行设备外观确认前，须将 ATP 控制设备的电源切断。

（1）切断 ATP 控制设备的电源。

（2）确认 ATP 控制设备的外观无歪斜、龟裂、损伤、腐蚀。

（3）确认 GSW-R 单元的 CF 卡是否插好。

（4）隔离开关完好。

15）连接器安装状态确认

在进行设备外观确认前，须将 ATP 控制设备的电源切断。

（1）切断 ATP 控制设备的电源。

（2）确认 ATP 控制设备所有的连接器无松动，如有松动，将其拧紧。

16）上电灯位判断

ATP 控制设备通电前，须确定车体不会因此而行走。

（1）系统自检正常后 ALA 单元中 ALM 子单元 TCR 模块面板上 ERROR 灯不闪。

（2）ALA 单元中 ALM 子单元、RIN 子单元、EVC 子单元、TMM 子单元中的 CPU 模块面板上的 HTOKA、HTOKB 常亮。

（3）ALA 单元中，IDVI、WOU、TACU、MULE、JULU 模块面板上的 MA、MB 灯闪烁。

（4）ALA 单元中，AL24 V 模块面板上的 Output Out OK、In OK 绿灯常亮。

（5）ALA 单元中 AUXT 模块面板上的 VCCLR、VCCLN、+/-15 VB、+/-15 VA 绿灯常亮，AL5 V 模块面板上下 2 个 Output out OK、In OK 绿灯常亮。

（6）PWU 单元中 4 个 TSM6911 面板上 OK 指示灯常亮。

（7）BTM 单元主备系的 16-24 V/5 A、24 V/0.2 A、5 VB、15 VB、5 VLN、5 VLR、5 VA、TX ON 指示灯常亮。

（8）GSM-R 单元中的 110 V、5 V、RINE、MT 指示灯常亮。

（9）ALA 单元的 WDOU、WDRS、RIME、TCR 模块，以及 BIM 主备系 BTMU 模块的 WD 灯点亮，系统正常。如果 WD 灯没有点亮，须下载 DUM 数据确认故障数据。

17）ATP 隔离开关确认

在 ATP 隔离开关切换前，须将 ATP 制设备的电源全部切断，并有防止误上电措施。

（1）全部切断 ATP 控制设备的电源，并实施防范误上电措施，请注意不要误接通。

（2）ATP 隔离开关"正常位""隔离位"进行 5 次左右的切换。

（3）将 ATP 隔离开关打到"正常"位置。

18）上电测试确认（主系）

上电测试确认（主系）主要测试主用的 BTM 和 DMI 是否能够正常工作。

（1）ATP 控制设备断电，确认各 ATP 断路器开关是否处于打开状态。将 PDU 单元上的 DMI2、BTM-R 空气开关置于关闭位置。

（2）ATP 通电，开启驾驶台，ATP 通过自检后，对照查看各单元模块是否工作正常，指示灯是否显示正确。

（3）在 DMI 上进行制动测试，观察 DHI 日期、时间是否显示正确。

（4）C2 等级调车模式正常，在调车模式下的轨道电路收码正常。

（5）进行应答器接收正常确认，观察 BTM 接收模块接收应答器时 A2、B2 指示灯，是否点亮。

19）上电测试确认（备系）

上电测试确认（备系）主要测试备系的 BTM 和 DMI 是否能够正常工作。

（1）关闭驾驶台，关闭 ATP 主电源，将 PDU 单元上的 DMI1、BTM-N 空气开关置于关闭位置。

（2）开启 ATP 主电源，开启驾驶台，ATP 通过自检后，查看各单元模块是否工作正常，指示灯是否显示正确。

（3）观察 DII 显示是否正常，日期、时间是否显示正确。

（4）进行 C2 等级调车模式正常。在调车模式下的轨道电路收码正常。

（5）进入 C3 等级，呼叫 RBC 正常，进入 CTCS3 模式正常。

（6）进行应答器接收正常确认，观察 BTN（接收模块）接收应答器时 VAL TEC 指示灯，是否点亮。

20）定期器件更换

定期器件更换主要是更换一些达到使用年限的器件，实施时机主要是三级检修、四级检修和五级检修。在进行机笼及模块级清扫的过程中，同时替换达到使用期限的器件。

设备指示灯显示确认在上电测试确认、静态调试的过程中进行。

【拓展阅读】

某线 G××次动车组 ATP 故障的情况调查

某日，高铁 G××次运行至××站××场 2 道发车时（1586+790 处）时，发生 ATP 故障，重启后恢复正常，影响本列及动车组 1 列晚发。

1. 故障原因分析

经调查、试验分析，G××次在××站××场 2 道发车时发生 ATP 故障原因为 DMI 的主系和备系都表现为"DMI 通信超时"的故障现象，但未能分析出 DMI 通信超时的具体原因，根据设备性能分析表现为 DMI 瞬间失电重启过，通过试验故障点应为以下三种情况之一：

（1）DMI 空开瞬间失电，与模拟试验一致，但 DMI、ATP 设计没有相关数据记录，未能证明 DMI 空开瞬间失电。

（2）DMI 自身存在隐性故障，但在库内检查、测试正常。

（3）DMI 总线存在隐性故障，但在库内对 PB 总线阻抗进行测量，阻值正常。

2. 故障存在问题及防范措施

（1）继续追踪，查明原因。要求××电务段加强质量跟踪和 DMS 的调阅，加强闭环跟踪管理，查找出故障原因。

（2）优化 ATP 数据记录。××电务处组织设备厂家，建议对 DMI 本身增加开关机、电压参数变化及数据交换等信息的记录，完善记录数据，便于分析故障。

【电务小贴士】

某铁路集团有限公司提出的"五事"工作理念：大气谋事、严格管事、精细做事、高效成事、团结共事。

【作业任务单】

（1）根据 RBC-2-YH 型无线闭塞中心巡检作业流程，简述表 5-4-6 中的作业要求，并完成作业任务。

表 5-4-6　无线闭塞中心巡检作业任务

序号	检修内容	作业要求	完成情况	备注
1	RBC 关机操作			
2	RBC 开机操作			
3	设备外观的确认			
4	拆卸清扫			
5	切系			

（2）根据 CTCS3-300S 型列控车载设备检修内容，补充表 5-4-7 中的检修标准及要求，并完成 CTCS-3 级列控车载设备日常检修作业任务，记录检修结果。

表 5-4-7　CTCS3-300S 型列控车载设备日常检修记录

动车组编号：　　　　　　端号：　　　　　　日期：　　　　　　检修人：

序号	检修项目	检修标准及要求	确认状态	备注
1	TCR 天线及护套			
2	速度传感器			
3	BTM 天线			
4	主观外观检查（含 GSM-R 单元、BTM 主机）			
5	上电测试（启用备用 DMI、备系 BTM）			
6	上电测试（启用主用 DMI、主系 BTM）			

（3）根据 CTCS3-300S 型列控车载设备检修内容，补充表 5-4-8 中的检修标准及要求，并完成 CTCS-3 级列控车载设备月检修作业任务，记录检修结果。

表 5-4-8　CTCS3-300S 型列控车载设备月检修记录

动车组编号：　　　　　　端号：　　　　　　日期：　　　　　　检修人：

序号	检修项目	检修标准及要求	确认状态	备注
1	TCR 天线及护套			
2	BTM 天线			
3	GSM-R 天线确认			
4	速度传感器			
5	风扇动作状态确认			
6	继电器紧固螺丝确认			
7	单元紧固螺丝确认			
8	接地线安装状态确认			
9	设备柜体螺丝确认			
10	面板模块安装螺丝确认			
11	连接器安装状态确认			
12	上电灯位确认			

续表

序号	检修项目	检修标准及要求	确认状态	备注
13	使用试验器进行动作确认			
14	ATP 隔离开关切换			
15	设备外观检查（含车载 GSM-R 单元、BTM 主机）			
16	上电测试（启用备用 DMI、备用 BTM）			
17	上电测试（启用主用 DMI、主用 BTM）			
18	关闭驾驶台			

模块 6 轨道车运行控制系统

教学目标

能力目标

（1）能熟练说出 GYK 系统的组成和工作原理。
（2）能熟知 GYK 正常监控模式的含义，并能正确操作。
（3）能处理常见的 GYK 故障。

知识目标

（1）掌握 GYK 系统的组成和原理。
（2）了解 GYK 系统的作业流程。

素质目标

（1）培养安全第一的责任意识。
（2）塑造故障导向安全的理念。
（3）培养高尚爱国的大国工匠精神。

专项技能 6.1　GYK 系统基本构成和原理

【学习目标】

- 能力目标

（1）能熟练说出 GYK 系统的组成和工作原理。
（2）能熟知 GYK 正常监控模式的含义，并能正确操作。

- 知识目标

掌握 GYK 系统的组成和原理。

- 素质目标

（1）培养安全第一的责任意识。
（2）树立故障导向安全的理念。

【任务下达】

轨道车运行控制系统（GYK）设备是列车运行控制系统的组成部分，是防止轨道车冒进信号、运行超速并辅助司乘人员提高操纵能力的重要行车设备。

【理论学习】

知识点 1　GYK 基本构成

GYK 包括装设于轨道车上的主机、人机界面（DMI）、制动装置（电磁阀）、机车信号机、接收线圈、故障隔离装置、速度传感器、压力传感器、熄火装置、警惕按钮、轴温监测装置接口。GYK 基本构成如图 6-1-1 所示。

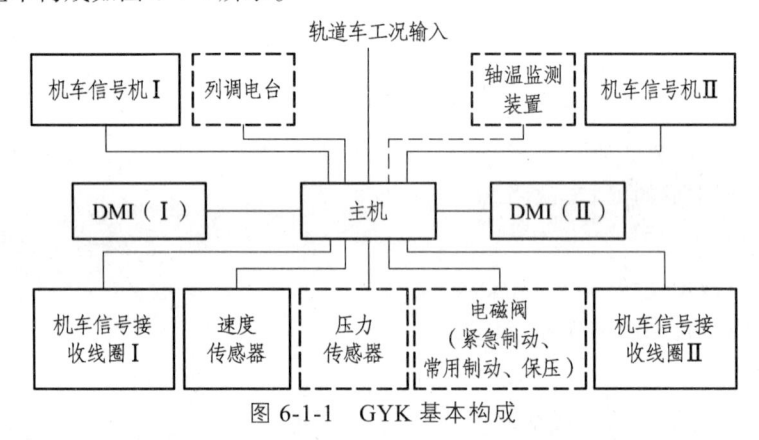

图 6-1-1　GYK 基本构成

知识点 2　GYK 原理

根据轨道车运行和作业特点，GYK 具有 5 种监控模式：正常监控模式、目视行车模式、调车模式、区间作业模式、非正常行车模式。

（1）正常监控模式用于轨道车区间正常运行控制。

（2）目视行车模式是司机控车的固定限速模式，限速值为 20 km/h 目视行车模式用于出入库作业，以及行车时遇停车信号或限速曲线闭口时，通过司机操作转入目视行车，控制轨道车运行。

（3）调车模式是轨道车进行调车作业的固定限速模式，限速值按牵引 40 km/h、推进 30 km/h、连挂 5 km/h 设置。

（4）区间作业模式分为 5 种状态：区间作业进入、区间作业返回、区间作业防碰、区间作业编组、5 km/h 连挂。

（5）非正常行车模式具有地面信号确认、路票、绿色许可证、引导进站 4 种控车状态，用于轨道车在特殊情况时的控制。

（6）GYK 具有补机状态，轨道车担当补机任务时使用。在补机状态下，GYK 只记录，不控制。

（7）GYK 具有防轨道车溜逸报警、警醒报警、轴温报警、风压报警功能。

轨道车在区间正常运行时采用速度分级控制：根据机车信号信息，以进入闭塞分区后

700 m 处为目标点，计算产生控制曲线，防止轨道车超速或越过关闭的信号机。

当轨道车速度达到控制模式曲线时，GYK 对轨道车实施常用制动、熄火及紧急制动，防止轨道车"两冒一超"。

知识点 3　正常监控模式

由于 GYK 操作较多，本小节以最常用的正常监控模式为例，重点讲解正常监控模式的原理和部分操作。

微课：GYK 检修标准作业流程

1. 模式进入

（1）停车状态下按压 DMI 面板上【正常】键进入正常监控模式设定界面。或停车状态时按压【模式】键，DMI 弹出"轨道车模式选择"界面，将光标移动到"1.正常监控模式"，按压【确认】键，或者按压数字键【1】，进入正常监控模式设定界面。显示器弹出"轨道车位置设定"界面，如图 6-1-2 所示。

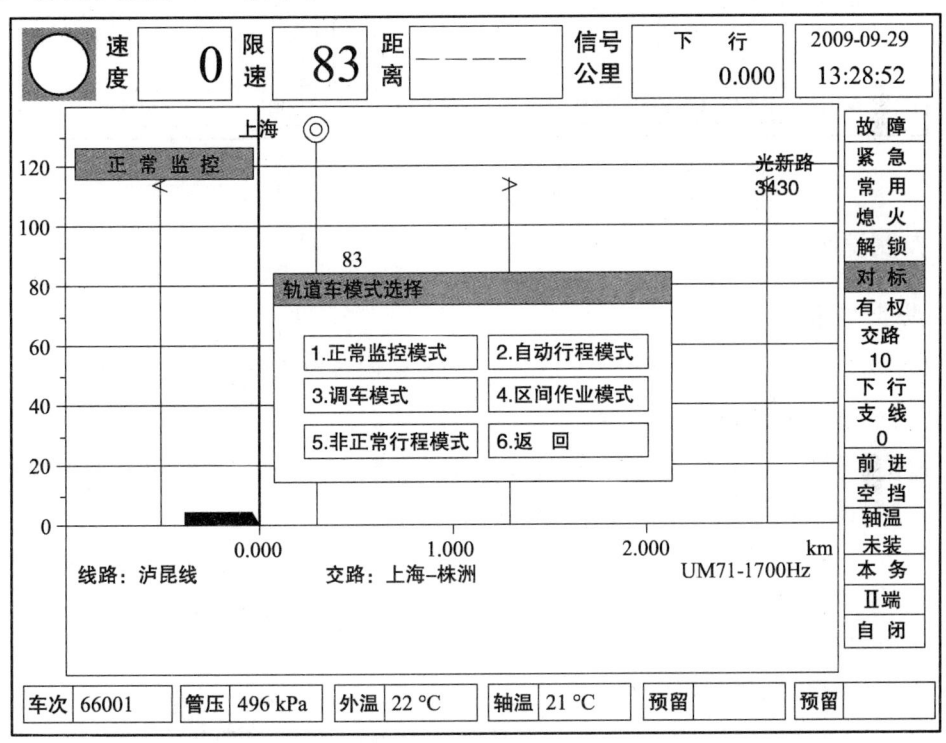

图 6-1-2　模式选择

（2）输入正确数据后，按压【确定】键，DMI 右侧"对标"灯底色变红，DMI 主窗口显示当前车站站名，若语音提示"输入无效"，表示数据输入错误，可查询车站信息表后重新设置，如图 6-1-3 所示。

（3）司机确认发车条件具备，轨道车动车时，GYK 语音提示"注意按开车键"，对标点司机按【开车】键对标，语音提示"对标成功"。GYK 按设定的监控交路控制轨道车运行。

（4）停车时，选择另外一种控制模式则退出"正常监控模式"。

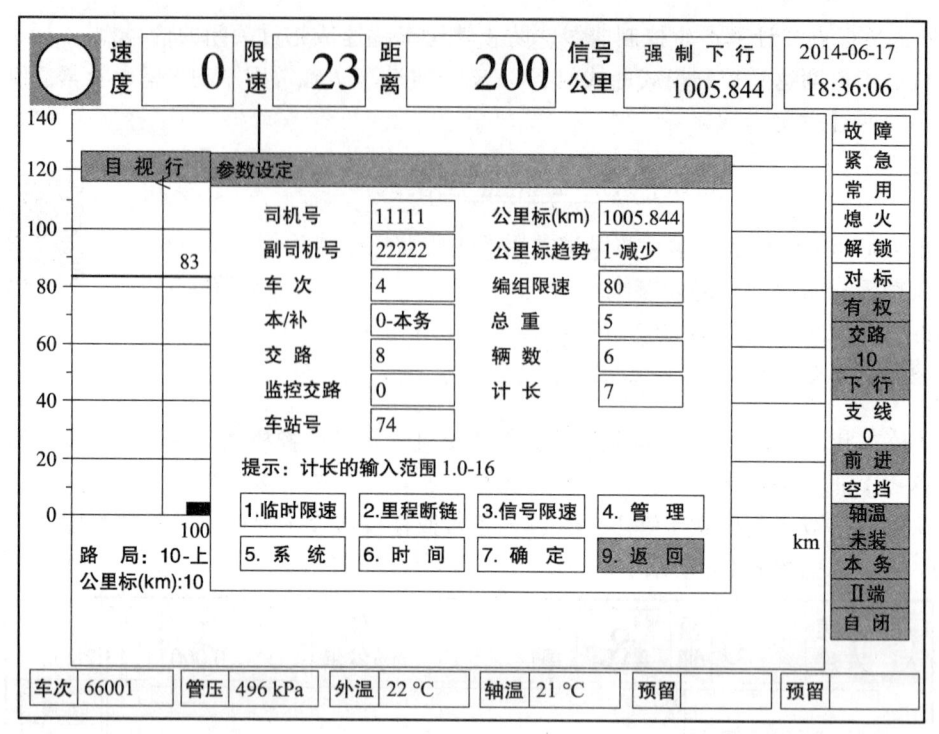

图 6-1-3 参数输入

2. 控制说明

1）防止超速

轨道车运行时，在固定、临时限速地段，GYK 按限速模式控制，防止超速。

2）机车信号为减速信号控制

当机车信号变为减速信号时，以信号变化点后 700 m 处为目标，按减速模式控制轨道车减速运行，如图 6-1-4 所示，DMI 距离窗口显示剩余距离。

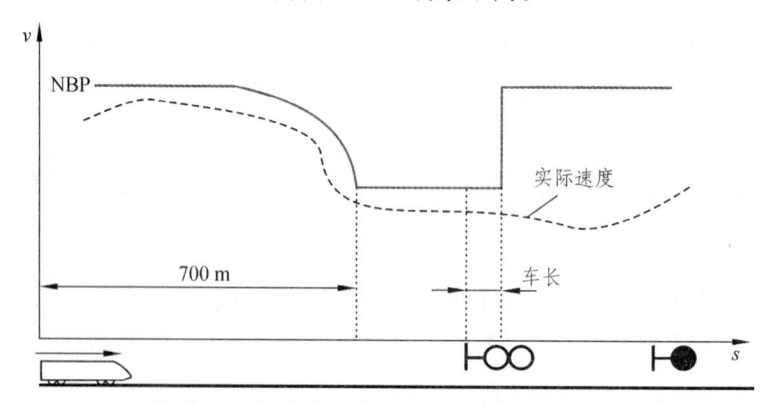

图 6-1-4 机车信号为减速信号时的控制曲线

（1）机车信号变为绿灯、绿黄灯时，控制轨道车不超过绿灯、绿黄灯的速度运行，距离窗口显示"-----"。

（2）机车信号变为黄灯时，控制轨道车运行 700 m 后降为黄灯的允许速度（60 km/h），距离窗口显示由 700 m 开始递减，递减为 0 后显示"-----"。

（3）机车信号变为黄 2 灯时，控制轨道车运行 700 m 后降为黄 2 灯的允许速度（60 km/h），距离窗口显示由 700 m 开始递减，递减为 0 后显示"-----"。

（4）机车信号变为双黄灯时，控制轨道车运行 700 m 后降为双黄灯的允许速度（30 km/h），距离窗口显示由 700 m 开始递减，递减为 0 后显示"-----"。

（5）机车信号变为双黄灯闪时，控制轨道车运行 700 m 后降为双黄灯闪的允许速度（60 km/h），距离窗口显示由 700 m 开始递减，递减为 0 后显示"-----"。

3）机车信号为红黄灯控制

机车信号变为红黄灯，控制轨道车在 500 m 内停车。距离窗口显示距离由 500 m 开始递减，递减为 0 后显示"-----"。

停车后，若轨道车须继续前行，且因 GYK 限速控制无法前行时，司机按规定操作按压【解锁】键，GYK 进入正常监控（目视行车）模式，当机车信号变为进行信号时，GYK 自动退出正常监控（目视行车），恢复正常监控模式。

4）机车信号变为红灯的控制

当机车信号突变为红灯立即输出紧急制动，停车后如机车信号仍显示红灯，司机在确认地面信号与停车位置后，按规定操作，转入目视行车模式。机车信号恢复正常显示后，司机确认地面信号显示正确，必须及时退出目视行车模式转入正常监控模式。

5）侧线进站控制

当机车信号由双黄灯、双黄灯闪变为白灯时，限速曲线自变灯点 700 m 后闭口，控制轨道车在 700 m 内停车，DMI 窗口左上角显示"侧线进站"。

速度低于 20 km/h，提供解锁条件。若因 GYK 限速控制导致轨道车无法前行至规定地点或侧线通过，司机按规定按压【解锁】键，GYK 进入正常监控（目视行车）模式，如图 6-1-5 所示。当机车信号变为进行信号时，GYK 自动退出正常监控（目视行车），恢复正常监控模式。

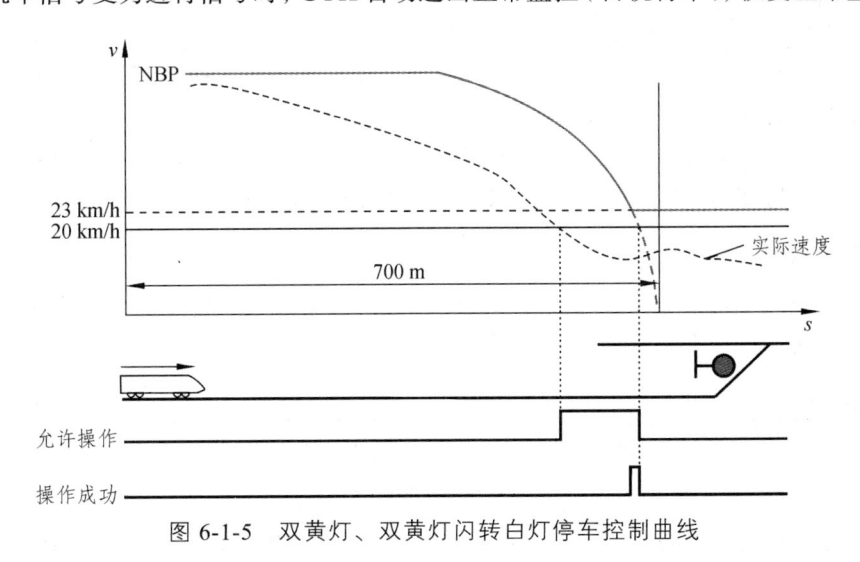

图 6-1-5 双黄灯、双黄灯闪转白灯停车控制曲线

此控制方式也适用于侧线无码股道车站通过。

注意：

（1）双黄灯侧线进站，机车信号显示白灯时，严禁按压【出站】键解锁，防止轨道车冒进出站信号机。

（2）当错过时机，机车信号机收到红黄灯时，须停车按压【解锁】键。

6）侧线出站控制

自闭区段：当机车信号变为双黄灯、双黄闪灯，司机在确认出站地面信号机显示为绿灯、绿黄灯后，观察 DMI 窗口左上角是否显示"侧线出站"，否则按压【出站】键，装置自动解除由双黄灯、双黄闪灯变为白灯的停车控制，按道岔限速 30 km/h 控制运行。如地面信号机显示为其他信号时不得按压【出站】键，出站后 700 m 内如仍未接收到机车信号，司机在确认地面信号显示进行信号后，控制速度在 20 km/h 以下时按压解锁键，进入正常监控（目视行车）。当机车信号变为进行信号时，GYK 按正常监控模式控制。

半自闭区段：当机车信号变为进行信号，司机在确认出站地面信号开放后，司机需按压【出站】键出站，按道岔限速 30 km/h 出站，越过道岔后按【解锁】键解除道岔限速，按模式限速控制。

7）机车信号变为白灯的控制

机车信号由绿灯、绿黄灯变为白灯，控制轨道车在 1 400 m 内停车。机车信号由黄灯、黄 2、黄 2 灯闪变为白灯，控制轨道车在 700 m 内停车。

停车后提供解锁条件，司机按规定按压【解锁】键后，GYK 进入正常监控（目视行车）模式。当机车信号变为进行信号时，GYK 按正常监控模式控制。

8）机车信号信息异常控制

机车信号由进行信号变为灭灯、多灯时，控制轨道车在 700 m 内停车。

9）机车信号突变控制

（1）机车信号由进行信号变为红黄灯时，若 GYK 发出"信号突变"语音报警，并 5、4、3、2、1 倒计数，司机确认地面信号机显示进行信号，在 7 s 内按压【警惕】键解除信号突变报警和紧急停车控制，按红黄灯停车信号控制。不按压【警惕】键 7 s 后，GYK 紧急制动。

（2）红黄灯变为红灯时，GYK 立即紧急制动。

停车后提供解锁条件，司机按规定按压【解锁】键后，GYK 进入正常监控（目视行车）模式。当机车信号变为进行信号时，GYK 按正常监控模式控制。

10）临时限速区段控制

在施工时段内，轨道车接近限速区段，距限速区段起点 1 000 m 时语音提示"距离限速区段 1 公里，减速运行"，并进行限速控制。

【拓展阅读】

电务故障案例

某日某时某站列控中心 B 机（备用系）发生故障脱机，故障时报警记录如图 6-1-6 所示。

图 6-1-6　故障报警记录

根据记录，列控维修机报警"与列控通信中断""列控 B 状态未知"表示维修机不能正常接收列控主机 B 机发来的状态信息，根据现场拍摄列控 B 机死机时的图片，列控主 CPU 停在 5、6 号灯表示与 CTC 通信板握手失败，因此推断是 CTC 通信板故障造成 B 机脱机。根据分析，更换故障的 CTC 通信板后故障排除。

【电务小贴士】

补缺陷、除隐患、防风险。

【作业任务单】

请根据所学知识，补全如图 6-1-7 所示的 GYK 系统框图。

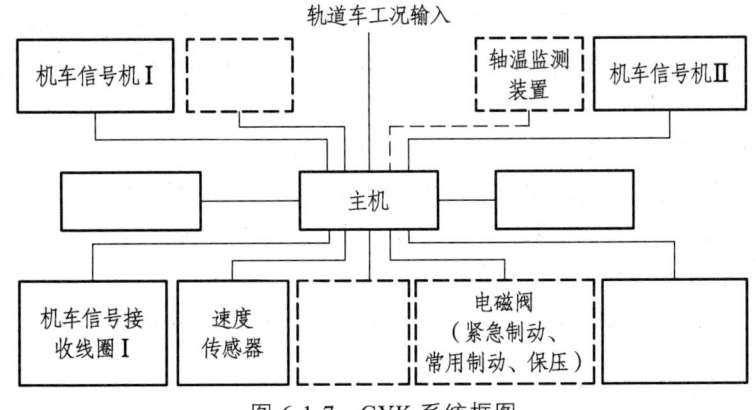

图 6-1-7　GYK 系统框图

专项技能 6.2　GYK 系统设备应急故障处置

【学习目标】

- 能力目标

能够处理常见的 GYK 故障。

- 知识目标

了解 GYK 系统的作业流程。

- 素质目标

（1）培养安全第一的责任意识。
（2）塑造故障导向安全的理念。

【任务下达】

轨道车运行控制系统（GYK）设备是列车运行控制系统的组成部分，是防止轨道车冒进信号、运行超速并辅助司乘人员提高操纵能力的重要行车设备。

【理论学习】

知识点 1　GYK 设备常见故障

1. 机车信号或速度传感器故障

在轨道车工况选择正确，电源正常的情况下，机车信号显示发生下列情况之一视为机车信号故障。

（1）机车信号显示与地面信号显示含义不符，且运行到下一闭塞分区（站内为下一发码区段）仍不能恢复正常时。

（2）机车信号机灭灯时。

（3）在车站电码化区段股道（设备发码股道）发车，机车信号显示与地面信号机的显示含义不符。司机向车站值班员询问后，得到车站值班员答复地面发码设备无故障时。

机车信号故障时的操作：

（1）在区间时，司机应立即停车，用无线列调将情况汇报给车站值班员或列车调度员，取得"列车机车信号故障，允许继续运行至前方站停车"的调度命令（可用列调电话发布、转达）后，按压【模式】键，将 GYK 设置为"目视行车"模式，以不超过 20 km/h 的速度，凭地面信号机的显示运行至前方站停车等待处理。

（2）在站内机车信号发生故障，不得继续运行，汇报后等待处理。

2. 监控部分故障

（1）轨道车运行途中 GYK 出现异常情况或发生故障，应立即停车。

（2）停车后重新启动 GYK。

（3）如果仍无法恢复正常，用无线列调将情况汇报车站值班员或列车调度员，取得"列车监控装置故障，允许继续运行至前方站停车"的调度命令。

（4）接到调度命令后，司机将 GYK 主机旁的熄火置于"直通位"、紧急隔离开关置于故障（隔离）位，使熄火、紧急制动输出转入隔离状态。

（5）机班根据地面信号机的显示，以不超过 20 km/h 的速度维持运行至前方车站停车等待处理。

（6）在站内 GYK 发生故障，不得继续运行，汇报后等待处理。

3. DMI 个别按键不良或全部失效

运行途中，如果 DMI 个别按键不良影响 GYK 控制，司机停车后，及时向上级汇报，得到允许后将非操纵端 DMI 拆下，换至操纵端使用。如果不良按键不影响 GYK 控制功能，运行至停车站后，将非操纵端 DMI 拆下，换至操纵端使用。

4. DMI 发生屏幕故障

由于设备本身或外界干扰等原因，造成操纵端 DMI 发生以下显示异常，常见有如下几种：

（1）黑屏、白屏：DMI 无法进入正常显示界面，全屏显示黑色或白色。

（2）花屏：屏幕界面显示杂乱。

（3）闪屏：DMI 显示界面频繁闪动。

（4）定屏：运行中显示屏动态变化的里程标、距离、时间等信息无变化且不能自动恢复。

处理方法：司机及时向上级汇报，得到允许后停车，关断 GYK 主机电源 40 s 以上，然后再次闭合电源，仍不能恢复的，及时通知前方调度按调度命令运行。

知识点 2　GYK 常见故障汇总

GYK 常见故障汇总见表 6-2-1。

表 6-2-1　GYK 常见故障汇总

常见的故障	故障的原因	排除的方法
管压为 0	轨道车本身没有风压	给轨道车列车管充风
	紧急管道折角塞门关闭	打开紧急管道折角塞门
	压力传感器插头接触不良	检查线路
	压力传感器故障	更换对应元器件
	模拟输出/入板故障	
	主控记录板故障	
	电源插件故障	
开车后速度为 0	速度传感器插头接触不良	检查并接好接线
	速度传感器故障	更换速度传感器

续表

常见的故障	故障的原因	排除的方法
打开监控总电源开关，GYK设备不能正常工作	车载电源关闭状态	打开电源开关
	主机开关关闭	打开主机开关
	主机背面的保险丝损坏	更换保险丝
	连接轨道车的电源线接触不良	检查并接好线路
机车接收不到信号	检查上下行设置是否正确	重新设置上行或下行
	检查"前进""后退"设置是否正确	重新设置"前进"或"后退"
	检查机感器与主机的连线是否松动、脱落	检查并接好线路
	检查信号板是否故障	更换信号板
	确认股道是否为无码股道	选择地面信号确认模式
	地面数据调用错误	根据相关资料调用正常数据

知识点3　GYK设备Ⅰ级修技术要求

（1）各设备安装牢固、布线整齐、外观清洁，空气管路、连接密封处无泄漏。

（2）电缆线铺装完毕未连接设备前绝缘检查正常。

（3）各设备之间的连接电缆根据系统布线图连接正确可靠，连接电缆绑扎牢固。

（4）设备上电自检过程及工作状态指示灯显示正确。

（5）显示器的屏幕显示、语音、按键等工作状态正常。

（6）GYK系统日期、时间正确，系统管理参数正确，工况显示正确。

（7）轨道车型号、车号设置正确。

（8）风压显示正常。

（9）信号接收线圈接收信号正常，机车信号机显示与接收一致，显示正确。

（10）运行时速度显示正常。

（11）常用制动、紧急制动和熄火功能正常。

（12）GYK运行记录数据转储功能正常。

（13）制动隔离装置工作正常。

GYK设备Ⅰ级修检测范围见表6-2-2。

表6-2-2　GYK设备Ⅰ级修检测范围

序号	部位	项目	检修范围	Ⅰ级修
1	主机	外部检查	1. 检查主机箱外观、安装固定状况，清洁机箱表面及安装位置周围环境。 2. 检查电源开关动作可靠；主机电源保险管型号、规格符合要求，紧固状态良好。 3. 清洁各插件面板，检查各插件紧固状态，检查各插件起拔器完整。 4. 清洁各插头、插座，检查连接插头、插座及线缆外观，安装正确紧固。 5. 检查各连线外观完整，无挤压，无破损，捆扎牢固	每次

续表

序号	部位	项目	检修范围	I级修
1	主机	UPS电源插件	正常工作时各指示灯含义如下： 1A：电源输入正常时亮；1B绿灯：电池放电时亮。 2A：电池充电时闪亮；2B：电池欠压时亮； 功能检测：关掉电源，主机延时工作大于等于10 s	每次
	系统上电后，观察主机各插件面板指示灯状态，自检时观察相关插件指示灯正常	电源插件	正常工作时各指示灯含义如下： 1A：+5 V CANA 电源正常时亮； 1B：+5 V 电源正常时亮； 2A：+5 V CANB 电源正常时亮； 2B 亮：+15 V 速度传感器电源正常时亮； 3A：+5 V RS422、RS485 通信电源正常时亮； 3B：+15 V 压力传感器电源正常时亮； 4A：+24 V 机车信号插件电源正常时亮； 4B：+15 V 轴温传感器电源正常时亮	每次
	系统上电后，观察主机各插件面板指示灯状态，自检时观察相关插件指示灯正常	数字入出插件	正常工作时各指示灯含义如下： 1A：空挡（I端）指示灯，有信号时亮； 1B：向前（I端）指示灯，有信号时亮； 2A：向后（I端）指示灯，有信号时亮； 2B：空档（II端）指示灯，有信号时亮； 3A：向前（II端）指示灯，有信号时亮； 3B：向后（II端）指示灯，有信号时亮； 4A：板卡自检时常亮/备用； 4B：自检电平指示灯/备用； 5A：熄火动作时亮； 5B：紧急制动时灭； 6A：关风动作时灭/亮； 6B：上/下行指示，灭表示上行，亮表示下行/备用； 7A：信号自检指示灯； 7B：前进/后退指示灯，亮表示前进，灭表示后退； 8A：常用制动 A 指示灯； 8B：常用制动 B 指示灯； 9A：系统故障指示灯，系统故障时亮； 9B：I/II端指示灯，灭表示I端，亮表示II端/备用	每次
		机车信号插件	正常工作时各指示灯含义如下： 1A：上行指示，上行时亮； 1B：CANA 发送数据，有数据发送时闪； 2A：下行指示，下行时亮； 2B：CANB 发送数据，有数据发送时闪； 3A：制式主机设定，程序设定时闪； 3B：CAN 总线接收数据成功，接收到数据后闪	每次

续表

序号	部位	项目	检修范围	I级修
1	主机	系统上电后，观察主机各插件面板指示灯状态，自检时观察相关插件指示灯正常	模拟入出插件	正常工作时各指示灯含义如下： 1A：速度0指示灯，有速度时闪； 1B：速度1指示灯，有速度时闪； 2A：速度2指示灯，有速度时闪； 2B：速度3指示灯，保持状态； 3A：CANA通道，有数据收发时亮； 3B：CANB通道，有数据收发时亮	每次
		系统上电后，观察主机各插件面板指示灯状态，自检时观察相关插件指示灯正常	主控记录插件	正常工作时各指示灯含义如下： 1A：工作状态指示灯，正常时亮； 1B：实时时钟 指示灯，正常时闪； 2A：DMI CANA 通信状态指示灯，正常时闪； 2B：DMI CANB 通信状态指示灯，正常时闪； 3A：机车信号插件CANA状态指示灯，正常时闪； 3B：机车信号插件CANB状态指示灯，正常时闪； 4A：数字入出插件CANA状态指示灯，正常时闪； 4B：数字入出插件CANB状态指示灯，正常时闪； 5A：轴温通信状态指示灯，正常时闪； 5B：RS422数字通信状态指示灯，正常时闪； 6A：数字入出插件工况状态指示灯，正常时亮； 6B：数字入出插件输出继电器状态指示灯，正常时亮； 7A：数字入出插件常用制动状态指示灯，正常时亮； 7B：机车信号插件信号自检状态指示灯，正常时亮； 8A：空； 8B：空	每次
		系统上电后，观察主机各插件面板指示灯状态，自检时观察相关插件指示灯正常	语音记录插件	正常工作时各指示灯含义如下： 1A：电源状态指示灯，电源正常时亮； 1B：运行状态指示灯，运行正常时闪。 2A：录音状态指示灯，录音时亮； 2B：放音状态指示灯，放音时亮。 3A：监听状态指示灯，监听时亮； 3B：通信指示灯，通信时闪。 4A：U盘工作指示灯，U盘插入时快闪，无U盘时慢闪； 4B：下载状态指示灯，正在下载时闪，下载完毕后亮	每次
2	DMI	外部检查	1. 检查显示器外观、安装固定状况，清洁机壳表面及安装位置周围环境。 2. 检查各插头、插座，检查连接插头、插座及线缆外观，安装正确紧固。 3. 检查各连线布线外观完整，捆扎整齐、牢固。 4. 检查按键面板和按键、按钮状态，背光功能正常	每次
		显示、语音及报警检查	1. 检查屏幕显示器显示辉度上下一致，字符、图形显示正确清晰。 2. 检查语音提示功能，语音提示、报警音正确清晰。 3. 转储功能正常	每次

续表

序号	部位	项目	检修范围	I级修
3	隔离装置	外部检查及清洁	1. 检查装置外观、安装固定状况，清洁机壳表面及安装位置周围环境。 2. 检查内、外部各开关状态良好，动作可靠，检查各保险管型号、规格符合要求，紧固状态良好。 3. 检查连接插头、插座及线缆外观，安装正确紧固。 4. 检查各连线外观完整，捆扎整齐、牢固	每次
		上电检查	上电后将各隔离开关拨至不同位置，检查各位置GYK对车辆制动的控制，制动隔离功能正常	每次
4	机车信号机	外部检查	1. 检查机车信号机安装情况，整体应牢固可靠，无明显锈蚀或失效性损伤。 2. 检查机车信号机外观，无明显破坏性或失效性损伤。 3. 检查各个接插头，应牢固可靠，接插良好。 4. 检查机车信号机各灯位及指示灯，应显示正常	每次
		上电检查	上电后信号自检时，检查各灯全亮，观察机车信号机双面从上到下各灯依次点亮，无异常	每次
5	速度传感器	外部检查	1. 检查外观、安装固定状况，清洁表面。 2. 检查线缆无破损，绝缘护套无老化断裂等现象。 3. 检查连接插头、插座及线缆无破损，安装正确紧固。 4. 检查各连线布线外观完整，捆扎整齐、牢固。 5. 检查防水部位无损坏	每次
6	压力传感器电缆	外部检查	1. 检查外观、安装固定状况，清洁表面及周围环境。 2. 检查线缆无破损，绝缘护套无老化断裂等现象。 3. 检查连接插头、插座及线缆无破损，安装紧固。 4. 检查各连线布线外观完整，捆扎整齐、牢固。 5. 检查防水部位无损坏	每次
7	机车信号接收线圈	外部检查	1. 检查接收线圈安装情况，整体应牢固可靠，各螺丝、开口销或其他防松措施良好、有效。 2. 检查接收线圈外观，线圈主体及吊装杆应无裂纹、无明显破坏性或失效性损伤。 3. 检查各个接插头，应牢固可靠，接插良好。 4. 检查接收线圈防水措施，应防水性良好。 5. 检查线缆，应无破损、挤压、绑扎牢固	每次
		发码检测	使用发码器进行全制式的信号发码，线圈接收信号正常，显示器、机车信号机显示与发码器发送信号一致	每次

续表

序号	部位	项目	检修范围	I级修
8	电磁阀电缆	外部检查及清洁	1. 检查外观、安装固定状况，清洁表面及周围环境。 2. 检查线缆无破损，绝缘护套无老化断裂等现象。 3. 检查各管连接紧固、密封，管路无有裂缝、漏风现象。 4. 检查各连线布线完整，捆扎整齐、牢固。 5. 检查防水部位有损坏	每次
		上电检查	检查电磁阀能正常吸合，排风、关风正常	每次
9	外配线	外部检查	布线是否完整，捆扎整齐、牢固，标签齐全、清晰	每次
10	GYK系统功能测试	夺权操作	若I端为无权端，按压【车位】+【开车】键，夺取操作权；I端显示器界面右侧"有权"灯点亮，II端显示器"无权"灯点亮，两端界面显示均正常	每次
		开机检测	开机后，显示器界面显示正常；机车信号白灯点亮；喇叭语音提示正常	
		参数设置	各参数输入功能正常；输入完成后，进入系统界面，显示器各区显示清晰、正确	
		时间设置及显示	日期、时间准确，每次校对时钟；校对完成后，关机并重启主机，系统时间显示准确	
		设备自检	利用"键盘检测"功能检查各按键，按压各键、警惕按钮、警醒按钮动作灵活、接触良好；背光工作正常；利用"信号自检"功能检查显示器、机车信号机灯型显示和语音提示的一致性；显示器、机车信号机各灯型显示正常，相应的语音提示正常	
		风压检测	显示器界面显示的风压数值变化与车辆列车管风压仪表盘数值变化一致	
		速度检测	速度脉冲数设置正确	每次
		档位指示	车辆挡位控制开关置位与显示器界面右侧显示区显示一致（没有工况指示的免检）	
		信号检测	切换上/下行（按压【上行】/【下行】键），语音提示正常，显示器界面右侧显示与提示一致；切换信号I、II端（空挡状态下长按【向前】或【向后】键），语音提示正常，显示器界面下方与提示一致；使用发码器进行全制式的信号发码，线圈接收信号正常，显示器、机车信号机显示与发码器发送信号一致且语音提示正常	
		设备状态	进入系统查询信息界面，语音提示"查看系统信息"；查看设备各项系统相关信息，各信息显示正常；各硬件工作正常；程序版本号和基本数据版本号与当前装车要求相符	

续表

序号	部位	项目	检修范围	I级修
10	GYK系统功能测试	常用制动自检	试验前在车辆司机配合下,系统各电气开关、控制手柄、制动手柄须置于相应位置,车辆列车管风压达到500 kPa。隔离装置的制动隔离开关拨至正常位,车辆制动机置于缓解位,利用"常用自检"功能实现。显示器"常用"状态灯点亮;语音提示"常用制动";列车管减压(120±20)kPa,语音提示"允许缓解",按压【缓解】键解除常用制动,语音提示"缓解成功",列车管风压恢复正常	每次
		紧急制动自检	试验前在车辆司机配合下,系统各电气开关、控制手柄、制动手柄须置于相应位置,车辆列车管风压达到500 kPa。隔离装置的制动隔离开关拨至正常位,车辆制动机置于缓解位,利用"紧急自检"功能实现。显示器"紧急"和"熄火"状态灯点亮;语音提示"紧急制动";列车管风压减为零(或小于20 kPa);放风结束后语音提示"允许缓解",按压【缓解】键解除紧急制动,语音提示"缓解成功",列车管风压恢复正常。隔离装置的制动隔离开关拨至故障位,GYK不输出紧急制动指令	
		录音功能	录音功能正常;转储功能正常	
11	转储分析	记录功能检查	分析检测转出的运行记录文件,检查GYK记录功能正常	每次
12	状态分析	GYK运行记录文件分析	1. 分析速度、压力、工况、信号等信息正常; 2. 分析系统控制正确; 3. 分析GYK系统设备有故障记录,根据故障记录对相关设备整修	每次

【拓展阅读】

电务故障案例

某时某站列控报警 LEU2 端口故障,1 s 后恢复。列控中心报警 LEU2 端口故障,表示 LEU2 所连接的应答器与 LEU2 通信异常。因 LEU2 属于热备 LEU,通过查看历史 IO 状态,在 LEU2 报警时刻 LEU2 处于热备状态,即 LEU2 的 4 个应答器端口通过列控热备切换装置连接的是终端电阻(180 Ω)。LEU2 在连接终端电阻的情况下报警端口故障,表示 LEU2 端口 2 的应答器尾缆至列控终端电阻这段线路发生故障。记录显示 LEU2 端口 2 报警故障到恢复发生两次,在 1 s 内恢复,因此推断可能是 LEU2 端口 2 的应答器尾缆到万可端子处接触不良造成的报警。建议将该尾缆重新接入并压接好即可。

【电务小贴士】

作为一名信号工,要深钻细研攻难题,一丝一毫不放过。

【作业任务单】

请填写表 6-2-3 中故障的处置方法。

表 6-2-3　故障处置办法

故障现象	处置方法
DMI 屏幕界面显示杂乱	
GYK 出现异常情况	
机车信号故障	
开车后速度为 0	
机车信号由进行信号变为红黄灯时，若 GYK 发出"信号突变"语音报警	

参考文献

[1] 林瑜筠. 机车信号车载系统和站内电码化[M]. 北京：中国铁道出版社，2008.

[2] 林瑜筠. 区间信号自动控制[M]. 2版. 北京：中国铁道出版社，2014.

[3] 刘利芳. 区间信号自动控制[M]. 成都：西南交大出版社，2014.

[4] 杨志刚. LKJ2000型列车运行监控记录装置[M]. 北京：中国铁道出版社，2007.

[5] 徐啸明，袁湘鄂，李萍. 列控地面设备[M]. 北京：中国铁道出版社，2007.

[6] 徐啸明，袁湘鄂，李萍. 列控车载设备（CTCS2-200H型）[M]. 北京：中国铁道出版社，2007.

[7] 安海君，殷惠媛. 叠加预发码和闭环电码化[M]. 北京：中国铁道出版社，2008.

[8] 中国铁路总公司. 铁路技术管理规程（普速铁路部分）[M]. 北京：中国铁道出版社，2017.

[9] 中国铁路总公司. 铁路技术管理规程（高速铁路部分）[M]. 北京：中国铁道出版社，2017.

[10] 中国铁路总公司. CTCS-2级列车运行控制系统[M]. 北京：中国铁道出版社，2013.

[11] 李映红. 高速铁路信号系统[M]. 成都：西南交通大学出版社，2017.

[12] 刘伯鸿. 列车运行控制系统[M]. 北京；中国铁道出版社，2019.

[13] 张铁增. 列车运行控制系统[M]. 北京；中国铁道出版社，2021.

[14] 林瑜筠. 高速铁路信号技术[M]. 北京：中国铁道出版社，2018.

[15]《轨道车运行控制设备（GYK）操作说明书》编委会. 轨道车运行控制设备（GYK）操作说明书[M]. 北京；中国铁道出版社，2015.